中华人民共和国行业推荐性标准

公路工程估算指标

JTG/T 3821—2018

主编单位：交通运输部路网监测与应急处置中心

批准部门：中华人民共和国交通运输部

实施日期：2019 年 05 月 01 日

人民交通出版社股份有限公司

律 师 声 明

　　本书所有文字、数据、图像、版式设计、插图等均受中华人民共和国宪法和著作权法保护。未经人民交通出版社股份有限公司同意，任何单位、组织、个人不得以任何方式对本作品进行全部或局部的复制、转载、出版或变相出版。

　　任何侵犯本书权益的行为，人民交通出版社股份有限公司将依法追究其法律责任。

　　有奖举报电话:(010)85285150

北京市星河律师事务所
2017 年 10 月 31 日

图书在版编目(CIP)数据

公路工程估算指标：JTG/T 3821—2018 / 交通运输部路网监测与应急处置中心主编. — 北京 ：人民交通出版社股份有限公司, 2019.1

ISBN 978-7-114-14363-2

Ⅰ.①公… Ⅱ.①交… Ⅲ.①道路工程—预算定额—中国 Ⅳ.①U415.13

中国版本图书馆 CIP 数据核字(2019)第 000054 号

标准类型：**中华人民共和国行业推荐性标准**

Gonglu Gongcheng Gusuan Zhibiao

标准名称：**公路工程估算指标**

标准编号：JTG/T 3821—2018

主编单位：交通运输部路网监测与应急处置中心

责任编辑：吴有铭　丁　遥　周佳楠

责任校对：宿秀英

责任印制：刘高彤

出版发行：人民交通出版社股份有限公司

地　　址：(100011)北京市朝阳区安定门外外馆斜街 3 号

网　　址：http://www.ccpress.com.cn

销售电话：(010)59757973

总 经 销：人民交通出版社股份有限公司发行部

经　　销：各地新华书店

印　　刷：北京市密东印刷有限公司

开　　本：880×1230　1/32

印　　张：15.375

字　　数：485 千

版　　次：2019 年 1 月　第 1 版

印　　次：2022 年 4 月　第 4 次印刷

书　　号：ISBN 978-7-114-14363-2

定　　价：120.00 元

(有印刷、装订质量问题的图书,由本公司负责调换)

中华人民共和国交通运输部公告

第 86 号

交通运输部关于发布《公路工程建设项目投资估算编制办法》

《公路工程建设项目概算预算编制办法》及《公路工程

估算指标》《公路工程概算定额》《公路工程预算定额》

《公路工程机械台班费用定额》的公告

现发布《公路工程建设项目投资估算编制办法》（JTG 3820—2018）、《公路工程建设项目概算预算编制办法》（JTG 3830—2018）作为公路工程行业标准；《公路工程估算指标》（JTG/T 3821—2018）、《公路工程概算定额》（JTG/T 3831—2018）、《公路工程预算定额》（JTG/T 3832—2018）、《公路工程机械台班费用定额》（JTG/T 3833—2018）作为公路工程行业推荐性标准，自 2019 年 5 月 1 日起施行。原《公路工程基本建设项目投资估算编制办法》

（JTG M20—2011）、《公路工程基本建设项目概算预算编制办法》（JTG B06—2007）、《公路工程估算指标》（JTG/T M21—2011）、《公路工程概算定额》（JTG/T B06-01—2007）、《公路工程预算定额》（JTG/T B06-02—2007）、《公路工程机械台班费用定额》（JTG/T B06-03—2007）同时废止。

上述标准的管理权和解释权归交通运输部，日常解释和管理工作由主编单位交通运输部路网监测与应急处置中心负责。请各有关单位注意在实践中总结经验，及时将发现的问题和修改建议函告交通运输部路网监测与应急处置中心（地址：北京市朝阳区安定路 5 号院 8 号楼外运大厦 21 层，邮政编码：100029）。

特此公告。

中华人民共和国交通运输部
2018 年 12 月 17 日

交通运输部办公厅　　　　　　　　　　　　　　　　　　　　　　　　**2018 年 12 月 19 日印发**

《公路工程估算指标》编委会

主 编 单 位：交通运输部路网监测与应急处置中心

参 编 单 位：四川省交通运输厅交通建设工程造价管理站

辽宁省交通工程造价管理中心

青海省交通运输厅交通建设工程造价管理站

江西省交通运输厅工程造价管理站

交通运输部规划研究院

国道网(北京)交通科技有限公司

四川省交通运输厅公路规划设计研究院

中交公路规划设计研究院有限公司

中交第一公路勘察设计研究院有限公司

中交第二公路勘察设计研究院有限公司

北京交科公路勘察设计研究院有限公司

深圳高速工程顾问有限公司

北京中交京纬公路造价技术有限公司

主　　　编：方　申

主要参编人员：王彩仙　帖卉霞　李　宁　李　燕　杨志朴　李　征　王宇鹏　周敬东　史福元
　　　　　　　王潇军　韩　玫　林英杰　杨智勇　胡蔓宁　闵美仿　于天才　钱育锋　伍　允
　　　　　　　张　帆　刘小燕　王　博　赵群萍　陈　强　陈　剑

主　　　审：赵晞伟

参与审查人员：张建军　张慧彧　张冬青　孙　静　桂志敬　唐世强　李春风　张晓波　姚　沅
　　　　　　　刘秋霞　李蔚萍　刘丽华　王乃家　易万中　陈　亮　杜洪烈　张　靖　王　荣

感 谢 单 位：珠海纵横创新软件有限公司
　　　　　　　广联达科技股份有限公司

总　说　明

一、《公路工程估算指标》(以下简称本指标)适用于公路基本建设新建、改扩建工程。

二、本指标是编制项目建议书和可行性研究报告投资估算的依据,也可作为技术方案比较的参考。

三、本指标是以人工、材料、机械台班消耗量表现的指标。编制估算时,其人工费、材料费、机械使用费应按《公路工程建设项目投资估算编制办法》(JTG 3820—2018)的规定计算。

四、本指标由路基工程、路面工程、隧道工程、桥涵工程、交叉工程、交通工程、临时工程共七章及附录组成。

五、本指标是根据交通运输部对公路建设项目建议书和可行性研究报告的工作深度要求,以公路工程行业标准、规范的规定以及近年来公路建设项目的设计和竣工资料为依据而制定的。编制投资估算时应按本指标的说明及附注正确使用本指标,不得随意抽换指标内容,以免造成重算或漏算。

对本指标中缺少的项目可以编制补充指标。补充指标应按照本指标的编制原则、方法进行编制,由各省、自治区、直辖市交通运输主管部门批准执行,并报交通运输部公路局备案。

当可行性研究报告的工作深度已达到初步设计的深度时,可采用《公路工程概算定额》(JTG/T 3831—2018)编制可行性研究报告投资估算。

六、绿化工程指标由各省、自治区、直辖市交通运输主管部门组织制定并发布。

七、特殊工程、特殊工艺的估算指标,可视具体情况制定专项标准或补充规定。

八、指标中注明"某某数以内"或"某某数以下"者,均包括某某数本身;而注明"某某数以外"或"某某数以上"者,则不包括某某数本身。

九、本指标的基价是人工费、材料费、机械使用费的合计值。基价中的人工费按 106.28 元/工日计算,材料费和设备费按《公路工程预算定额》(JTG/T 3832—2018)中附录四的材料、设备单价计算,施工机械使用费按《公路工程机械台班费用定额》(JTG/T 3833—2018)计算。项目所在地海拔超过 3000m 时,人工、材料、设备以及机械台班基价在上述单价的基础上乘以系数 1.3。

十、指标名称中带有"※"号者,均为参考指标,使用时可根据情况进行调整。

十一、指标中的"工料机代号"系对人工、材料、机械名称进行规范管理的识别符号,不得随意变动。

目　　录

第一章 路基工程

说 明

本章包括路基土、石方，排水、防护工程，特殊路基处理等项目。

1. 下列数量应由施工组织设计提出，并入路基填方数量内计算：

(1) 清除表土或零填方地段的基底压实、耕地填前夯(压)实后，回填至原地面高程所需的土、石方数量。

(2) 因路基沉陷需增加填筑的土、石方数量。

(3) 为保证路基边缘的压实度必须加宽填筑时，所需的土、石方数量。

2. 挖土方指标已综合伐树、挖根、砍挖灌木林等工作。

3. 自卸汽车运输路基土、石方指标仅适用于平均运距在15km以内的土、石方运输。当运距超过第一个指标运距单位时，其运距尾数不足一个增运指标单位的半数时不计，等于或超过半数时按一个增运指标运距单位计算。当平均运距超过15km时，按调查的市场运费价格计算。

4. 填土路堤指标中不包括路基掺灰，掺灰应按《公路工程概算定额》(JTG/T 3831—2018)另行计算。

5. 排水工程：其他排水工程指标已综合边沟涵和孔径≤0.5m的灌溉涵以及路肩、中央分隔带盲(渗)沟等排水工程。

6. 特殊路基处理：特殊路基处理中未包括的内容，需要时应根据设计的处治方式按公路工程概预算相关定额计算。

7. 客土喷混(播)植草指标综合了喷混植草、客土喷播植草、机械液压喷播植草、码砌植生袋、CS混合纤维喷灌植草等，使用指标时不得因植草方法不同而调整指标。

8. 工程量计算规则

（1）土石方体积的计算:路基挖装土方、开炸石方按天然密实体积计算,填土路基、借土方挖装按压实后的体积计算。

（2）自卸汽车运输土石方指标单位为 $1000m^3$ 自然方。指标已综合各种土质的压实系数及运输损耗,使用指标时,不应再计算压实系数和运输损耗系数。远运利用和弃方运输按天然密实体积计算,借方运输按压实后的体积计算。

（3）路基零星工程按路基长度(扣除桥隧长)计算。

（4）圬工排水、防护工程按实体数量计算。

（5）其他排水工程量按路基长度(扣除桥隧长)计算。

（6）植草防护、客土喷混(播)植草防护按护坡面积计算。客土喷播植草不含锚杆、挂网,需要时另行计算。

（7）喷射混凝土按喷射混凝土设计体积计算。

（8）锚杆框架梁按锚杆长度计算。

（9）预应力锚索框架防护按锚索长度计算。

（10）抗滑桩按桩身混凝土圬工实体体积数量计算。

（11）加筋土挡土墙按平、凹面板混凝土圬工实体体积数量计算。

（12）板桩式挡土墙、锚杆挡土墙按混凝土圬工实体体积数量计算。

（13）柔性防护网按防护网面积计算。

（14）金属网、土工织物网按挂网面积计算。

（15）防风固沙按防风固沙路基长度计算。

（16）石料垫层处理地基按处理体积计算。

（17）土工合成材料、强夯处理地基按处理面积计算。

（18）碎石(砂、灰)桩、CFG 桩处理地基按桩的体积计算。

（19）粉(浆)喷桩、旋喷桩、预应力管桩按桩的长度计算。

（20）采空区注浆孔按钻孔长度计算。

（21）采空区注浆按注浆体积计算。

1-1 挖、装土方

工程内容 挖、装土方,砍树挖根,砍挖灌木林,除草,挖竹根等全部工序。

顺序号	项 目	单位	代 号	挖、装土方
				1
1	人工	工日	1001001	16.4
2	90kW 以内履带式推土机	台班	8001003	0.01
3	135kW 以内履带式推土机	台班	8001006	0.97
4	1.0m³ 以内履带式液压单斗挖掘机	台班	8001027	0.03
5	2.0m³ 以内履带式液压单斗挖掘机	台班	8001030	1.16
6	小型机具使用费	元	8099001	10.7
7	基价	元	9999001	5094

1-2 填土路基

工程内容 清除表土、填方路基碾压、洒水等全部工序。

顺序号	项 目	单位	代 号	高速、一级公路	二级公路	三、四级公路
				1	2	3
1	人工	工日	1001001	3.0	2.9	2.9
2	135kW 以内履带式推土机	台班	8001006	0.21	0.16	0.17
3	120kW 以内自行式平地机	台班	8001058	1.61	1.66	1.63
4	10~12t 光轮压路机	台班	8001080	–	–	0.44
5	10t 以内振动压路机(单钢轮)	台班	8001088	–	2.88	1.81
6	15t 以内振动压路机(单钢轮)	台班	8001089	2.93	–	–
7	6000L 以内洒水汽车	台班	8007041	0.69	0.63	0.56
8	基价	元	9999001	6210	5580	4770

1-3 借土方挖、装

工程内容 借土方挖、装,取土场表土清除及排(截)水沟土方开挖等工序。

单位:1000m³ 压实方

顺序号	项　目	单位	代　号	借土方挖、装
				1
1	人工	工日	1001001	7.8
2	135kW 以内履带式推土机	台班	8001006	0.19
3	0.6m³ 以内履带式液压单斗挖掘机	台班	8001025	0.1
4	2.0m³ 以内履带式液压单斗挖掘机	台班	8001030	1.62
5	基价	元	9999001	3648

1-4 自卸汽车运土、石方

工程内容 等待、装、卸、远运、空回。

单位:1000m³ 自然方

顺序号	项 目	单位	代 号	土 方					
				10t 以内自卸汽车运土		20t 以内自卸汽车运土		30t 以内自卸汽车运土	
				第一个 1km	每增运 0.5km	第一个 1km	每增运 0.5km	第一个 1km	每增运 0.5km
				1	2	3	4	5	6
1	6t 以内自卸汽车	台班	8007013	3.56	0.46	-	-	-	-
2	8t 以内自卸汽车	台班	8007014	2.63	0.37	-	-	-	-
3	10t 以内自卸汽车	台班	8007015	2.89	0.35	-	-	-	-
4	12t 以内自卸汽车	台班	8007016	-	-	1.90	0.23	-	-
5	15t 以内自卸汽车	台班	8007017	-	-	1.59	0.19	-	-
6	20t 以内自卸汽车	台班	8007019	-	-	1.63	0.18	-	-
7	30t 以内自卸汽车	台班	8007020	-	-	-	-	3.05	0.34
8	基价	元	9999001	6033	782	4899	571	4136	461

单位:1000m³ 自然方

顺序号	项　目	单位	代　号	石　方					
				10t 以内自卸汽车运石		20t 以内自卸汽车运石		30t 以内自卸汽车运石	
				第一个 1km	每增运 0.5km	第一个 1km	每增运 0.5km	第一个 1km	每增运 0.5km
				7	8	9	10	11	12
1	6t 以内自卸汽车	台班	8007013	4.41	0.54	–	–	–	–
2	8t 以内自卸汽车	台班	8007014	3.41	0.44	–	–	–	–
3	10t 以内自卸汽车	台班	8007015	3.59	0.48	–	–	–	–
4	12t 以内自卸汽车	台班	8007016	–	–	2.32	0.31	–	–
5	15t 以内自卸汽车	台班	8007017	–	–	1.97	0.24	–	–
6	20t 以内自卸汽车	台班	8007019	–	–	2.02	0.24	–	–
7	30t 以内自卸汽车	台班	8007020	–	–	–	–	3.78	0.45
8	基价	元	9999001	7584	975	6041	752	5126	610

1−5 开 炸 石 方

工程内容 石方开炸、清运等全部内容。

单位:1000m³ 天然密实方

顺序号	项 目	单位	代 号	开炸石方
				1
1	人工	工日	1001001	82.1
2	钢钎	kg	2009002	2.99
3	空心钢钎	kg	2009003	10.14
4	φ50mm 以内合金钻头	个	2009004	16.95
5	煤	t	3005001	0.02
6	原木	m³	4003001	0.005
7	硝铵炸药	kg	5005002	149.09
8	非电毫秒雷管	个	5005008	169.63
9	导爆索	m	5005009	85.95
10	其他材料费	元	7801001	19.5
11	135kW 以内履带式推土机	台班	8001006	2.33
12	2.0m³ 以内轮胎式装载机	台班	8001047	2.29
13	9m³/min 以内机动空压机	台班	8017049	4.94
14	小型机具使用费	元	8099001	270.9
15	基价	元	9999001	21698

1-6 填石路基碾压

工程内容 机械整平石方、人工解小并摊平石方、碾压等全部内容。

单位:1000m³ 压实方

顺序号	项　　目	单位	代　号	公　路　等　级		
				高速、一级公路	二级公路	三、四级公路
				1	2	3
1	人工	工日	1001001	10.5	8.4	5.3
2	105kW 以内履带式推土机	台班	8001004	1.34	1.47	1.61
3	10t 以内振动压路机(单钢轮)	台班	8001088	-	2.65	2.68
4	20t 以内振动压路机	台班	8001090	2.32	-	-
5	9m³/min 以内机动空压机	台班	8017049	1.06	0.85	-
6	小型机具使用费	元	8099001	94.1	75.2	-
7	基价	元	9999001	6956	5708	4885

1－7 路基零星工程

工程内容 整修路拱、整修边坡、开挖土、石截水沟、挖台阶、填前压实、零星回填土、零填及挖方路基碾压等全部工序。

单位:1km

顺序号	项 目	单位	代 号	高速、一级公路		二级公路		三、四级公路	
				平原微丘区	山岭重丘区	平原微丘区	山岭重丘区	平原微丘区	山岭重丘区
				1	2	3	4	5	6
1	人工	工日	1001001	359.9	476.9	281.1	362.9	156.9	198.6
2	空心钢钎	kg	2009003	0.05	5.80	0.14	4.88	0.03	2.85
3	φ50mm 以内合金钻头	个	2009004	0.08	9.02	0.22	7.59	0.05	4.44
4	硝铵炸药	kg	5005002	0.60	66.13	1.63	55.67	0.34	32.56
5	非电毫秒雷管	个	5005008	0.68	75.88	1.87	63.87	0.39	37.35
6	导爆索	m	5005009	0.36	40.28	0.99	33.91	0.21	19.83
7	其他材料费	元	7801001	0.1	9.3	0.2	7.8	－	4.6
8	0.6m³ 以内履带式液压单斗挖掘机	台班	8001025	6.87	7.49	6.88	6.72	2.18	2.98
9	1.0m³ 以内履带式液压单斗挖掘机	台班	8001027	1.54	－	1.35	－	0.31	－
10	120kW 以内自行式平地机	台班	8001058	1.95	1.55	0.66	0.51	0.33	0.45
11	8～10t 光轮压路机	台班	8001079	3.16	2.50	1.06	0.82	0.53	0.72
12	12～15t 光轮压路机	台班	8001081	0.97		0.65			
13	蛙式夯土机	台班	8001095	14.90	－	9.62	－	4.75	－
14	3m³/min 以内机动空压机	台班	8017047	0.05	5.32	0.13	4.48	0.03	2.62
15	小型机具使用费	元	8099001	1.4	153.4	3.8	129.1	0.8	75.5
16	基价	元	9999001	50424	62940	39168	47777	19622	25977

1-8 排水工程

工程内容 圬工:挖基、垫层、砌石、混凝土浇筑及预制、安装等全部工序。

其他排水工程:渗沟、盲沟、集水井、PVC排水管、混凝土排水管、泄水槽、拦水带、边沟涵等全部工序。

单位:表列单位

顺序号	项 目	单位	代号	砌石圬工	混凝土圬工	其他排水工程			
						高速公路	一级公路	二级公路	三、四级公路
				1000m³		1km			
				1	2	3	4	5	6
1	人工	工日	1001001	1046.1	2930.7	515.5	318.6	125.4	59.5
2	HPB300 钢筋	t	2001001	–	1.638	0.120	0.058	–	0.001
3	HRB400 钢筋	t	2001002	–	13.340	0.358	–	–	–
4	8~12 号铁丝	kg	2001021	0.11	2.34	7.21	6.27	0.24	0.15
5	20~22 号铁丝	kg	2001022	–	152.23	5.61	1.05	–	0.02
6	钢模板	t	2003025	–	2.760	0.191	0.085	0.051	0.007
7	组合钢模板	t	2003026	–	0.817	0.084	0.051	0.041	0.013
8	空心钢钎	kg	2009003	–	–	1.05	0.46	0.38	0.27
9	φ50mm 以内合金钻头	个	2009004	–	–	1.64	0.71	0.59	0.42
10	铁件	kg	2009028	–	246.08	25.17	15.31	12.36	3.92
11	铁钉	kg	2009030	–	18.87	16.34	16.17	–	0.31
12	铸铁箅子	kg	2009032	–	36.00	475.94	230.52	–	–
13	U 形锚钉	kg	2009034	5.53	7.18	275.31	227.52	12.66	6.03

顺序号	项　目	单位	代号	砌石坞工	混凝土坞工	其他排水工程			
						高速公路	一级公路	二级公路	三、四级公路
				1000m³		1km			
				1	2	3	4	5	6
14	石油沥青	t	3001001	–	0.938	0.115	0.061	0.042	0.010
15	水	m³	3005004	1800.00	2245.18	234.20	132.18	88.31	52.08
16	锯材	m³	4003002	–	2.976	1.459	1.369	0.031	0.030
17	塑料打孔波纹管(φ100mm)	m	5001031	17.64	17.64	1364.95	1185.30	26.49	16.59
18	硝铵炸药	kg	5005002	–	–	12.01	5.19	4.33	3.11
19	非电毫秒雷管	个	5005008	–	–	13.78	5.96	4.97	3.56
20	导爆索	m	5005009	–	–	7.32	3.16	2.64	1.89
21	土工布	m²	5007001	85.00	110.50	4235.65	3500.42	194.74	92.78
22	中(粗)砂	m³	5503005	409.85	527.60	60.59	36.18	22.76	12.98
23	砂砾	m³	5503007	617.22	431.09	54.13	34.86	27.36	18.42
24	片石	m³	5505005	1068.63	–	9.94	14.41	15.82	25.74
25	碎石(2cm)	m³	5505012	–	830.77	82.77	45.17	25.20	5.95
26	碎石(4cm)	m³	5505013	–	–	4.16	2.68	1.91	–
27	碎石	m³	5505016	–	–	532.28	349.08	16.43	7.86
28	块石	m³	5505025	74.30	–	–	–	–	–
29	32.5 级水泥	t	5509001	101.896	328.276	36.080	20.477	11.952	4.632
30	φ300mm 以内混凝土排水管	m	5511005	–	–	50.21	39.56	28.16	–

单位:表列单位

顺序号	项　目	单位	代　号	砌石圬工	混凝土圬工	其他排水工程			
						高速公路	一级公路	二级公路	三、四级公路
				1000m³		1km			
				1	2	3	4	5	6
31	φ400mm 以内混凝土排水管	m	5511006	–	–	8.58	–	–	–
32	其他材料费	元	7801001	285.3	3393.3	4882.7	4013.6	195.8	78.3
33	0.6m³ 以内履带式液压单斗挖掘机	台班	8001025	8.13	7.75	11.42	9.44	0.57	0.30
34	1.0m³ 以内轮胎式装载机	台班	8001045	8.26	–	0.07	0.10	0.11	0.18
35	2.0m³ 以内轮胎式装载机	台班	8001047	–	–	1.52	0.99	0.05	0.02
36	60kW 以内履带式拖拉机	台班	8001065	–	10.97	0.14	0.07	0.06	–
37	蛙式夯土机	台班	8001095	6.83	6.83	–	–	–	–
38	250L 以内强制式混凝土搅拌机	台班	8005002	–	27.29	2.71	1.47	0.83	0.19
39	500L 以内强制式混凝土搅拌机	台班	8005004	–	–	0.20	0.13	0.09	–
40	400L 以内灰浆搅拌机	台班	8005010	14.98	–	0.13	0.19	0.21	0.34
41	4t 以内载货汽车	台班	8007003	–	51.07	4.35	1.85	1.11	0.15
42	1t 以内机动翻斗车	台班	8007046	–	–	0.52	0.33	0.24	–
43	8t 以内汽车式起重机	台班	8009026	–	–	0.25	0.17	0.12	–
44	3m³/min 以内机动空压机	台班	8017047	–	–	0.91	0.39	0.33	0.24
45	小型机具使用费	元	8099001	–	526.2	257.7	186.4	63.9	9.6
46	基价	元	9999001	301183	682537	195146	132756	30657	14271

1-9 防护工程

工程内容 植草护坡:人工植草、铺草皮等全部工序及初期养护。

坞工防护:护坡、护面墙、挡土墙等的挖基、垫层、砌石、混凝土浇筑及预制安装,墙后防排水、伸缩缝的设置等全部工序。

喷射混凝土护坡:喷混凝土、锚杆钻孔、锚杆制作安装、压浆等全部工序。

锚杆框架梁防护:锚杆制作、安设,框架梁混凝土浇筑等全部工序。

预应力锚索框架梁防护:脚手架、钻孔、预应力锚索、挂网、混凝土、钢筋、注浆等全部工序。

抗滑桩:挖孔、护壁、桩身混凝土、钢筋等全部工序。

加筋土挡土墙:挖基、垫层、预制安装混凝土面板、墙背回填、加筋拉带铺设、泄水管及伸缩缝的设置等全部工序。

板桩式挡土墙:挖基及回填、泄水层、现浇和预制混凝土、挡土板吊装、钢筋等全部工序。

锚杆挡土墙:挖基及回填、现浇和预制混凝土、安装肋柱、墙面板、钢筋、钻孔压浆、锚杆制作安装锚固、脚手架等全部工序。

柔性防护网:基础混凝土浇筑,挂网、锚杆、钢立柱制作、安设等全部工序。

客土喷混(播)植草防护:喷混植草、客土喷播植草、机械液压喷播植草、码砌植生袋、CS混合纤维喷灌植草等的全部工序及初期养护。

金属网:铁丝网、钢筋网制作、安设等全部工序。

土工织物网:土工格栅(室)、三维网制作、安设等全部工序。

防风固沙:植草、栽草、播草籽,压盖及沙障、人工清除流沙、沙基加固,防雪、防沙设施等全部工序。

单位:表列单位

顺序号	项目	单位	代号	植草护坡	砌石防护	混凝土防护			锚杆框架梁防护		预应力锚索框架梁防护	抗滑桩	加筋土挡土墙
						片石	混凝土	喷射	普通	预应力			
				1000m²	1000m³	1000m³		10m³	100m		100m	10m³	10m³
				1	2	3	4	5	6	7	8	9	10
1	人工	工日	1001001	9.8	977.2	1574.9	2610.7	30.9	29.8	74.9	99.7	26.3	115.8
2	HPB300 钢筋	t	2001001	–	0.057	–	10.627	0.091	0.603	0.189	0.187	1.153	0.281
3	HRB400 钢筋	t	2001002	–	–	–	–	0.390	0.441	1.841	1.189	–	–
4	钢绞线	t	2001008	–	–	–	–	–	–	0.742	–	–	–
5	8～12 号铁丝	kg	2001021	–	364.24	210.00	138.00	–	–	–	2.53	–	–
6	20～22 号铁丝	kg	2001022	–	–	–	26.39	0.08	2.52	6.29	12.26	5.72	0.99
7	铁丝编织网	m²	2001026	–	–	–	–	–	–	–	2.02	–	–
8	型钢	t	2003004	–	–	–	0.071	–	0.01	0.013	0.015	0.005	–
9	钢板	t	2003005	–	–	–	–	–	–	0.023	–	–	–
10	钢管	t	2003008	–	–	–	–	0.007	–	–	0.154	–	–
11	钢模板	t	2003025	–	–	–	–	–	–	–	–	–	0.014
12	组合钢模板	t	2003026	–	–	1.600	2.740	–	0.007	0.044	0.052	0.007	–
13	钢钎	kg	2009002	–	–	–	–	–	–	–	–	0.15	–
14	空心钢钎	kg	2009003	–	5.40	2.90	1.91	8.25	8.27	–	–	–	–
15	φ50mm 以内合金钻头	个	2009004	–	8.25	4.40	2.96	3.42	3.43	–	–	–	–
16	φ150mm 以内合金钻头	个	2009005	–	–	–	–	–	–	–	2.67	–	–

顺序号	项 目	单位	代 号	植草护坡	砌石防护	混凝土防护			锚杆框架梁防护		预应力锚索框架梁防护	抗滑桩	加筋土挡土墙
						片石	混凝土	喷射	普通	预应力			
				1000m²	1000m³			10m³	100m		100m	10m³	
				1	2	3	4	5	6	7	8	9	10
17	钻杆	kg	2009007	–	–	–	–	–	–	–	65.95	–	–
18	电焊条	kg	2009011	–	–	–	36.71	0.92	0.88	7.21	5.30	4.24	0.30
19	铁件	kg	2009028	–	–	5070.00	3561.56	2.30	0.91	34.44	43.03	2.42	4.46
20	铁钉	kg	2009030	–	9.74	–	0.65	–	–	–	21.67	–	–
21	铸铁管	kg	2009033	–	–	–	–	–	–	–	13.02	–	24.45
22	冲击器	个	2009035	–	–	–	–	–	–	–	0.37	–	–
23	偏心冲击锤	个	2009036	–	–	–	–	–	–	–	0.18	–	–
24	石油沥青	t	3001001	–	0.055	0.100	0.751	–	0.002	–	–	–	0.001
25	水	m³	3005004	9.50	961.07	1006.31	1500.23	46.08	30.87	14.54	21.51	14.65	18.65
26	原木	m³	4003001	–	1.976	4.000	2.628	–	–	0.105	–	0.012	–
27	锯材	m³	4003002	–	1.237	–	1.551	–	0.005	0.009	0.233	0.003	0.053
28	草籽	kg	4013001	28.93	–	–	–	–	–	–	–	–	–
29	草皮	m²	4013002	187	–	–	–	–	–	–	–	–	–
30	PVC塑料管(φ50mm)	m	5001013	–	59.22	180.00	118.28	–	–	–	–	–	–
31	塑料软管	kg	5001017	–	–	–	–	–	–	–	67.09	–	–
32	塑料打孔波纹管(φ100mm)	m	5001031	–	–	2.21	13.23	–	–	–	–	–	–

顺序号	项目	单位	代号	植草护坡 1000m²	砌石防护 1000m³	混凝土防护			锚杆框架梁防护		预应力锚索框架梁防护 100m	抗滑桩 10m³	加筋土挡土墙 10m³
						片石	混凝土	喷射	普通	预应力			
					1000m³			10m³	100m				
				1	2	3	4	5	6	7	8	9	10
33	PVC注浆管	m	5001043	–	–	–	–	–	–	–	157.49	–	–
34	塑料拉筋带	t	5001054	–	–	–	–	–	–	–	–	–	0.353
35	塑料扩张环	个	5001055	–	–	–	–	–	–	–	11.66	–	–
36	硝铵炸药	kg	5005002	–	61.65	33.00	21.69	–	–	–	–	1.84	–
37	非电毫秒雷管	个	5005008	–	78.87	42.20	27.73	–	–	–	–	2.38	–
38	导爆索	m	5005009	–	35.63	19.10	12.55	–	–	–	–	–	–
39	土工布	m²	5007001	–	8.68	–	130.21	–	–	–	–	–	–
40	黏土	m³	5501003	–	10.81	–	–	–	–	–	–	–	5.18
41	种植土	m³	5501007	28.35	–	–	–	–	–	–	–	–	–
42	熟石灰	t	5503003	–	–	–	–	–	–	–	–	–	1.430
43	中(粗)砂	m³	5503005	–	384.94	469.00	563.96	6.82	2.67	5.63	6.37	6.03	5.86
44	砂砾	m³	5503007	–	337.80	322.07	546.76	–	3.34	–	–	–	26.53
45	片石	m³	5505005	–	1112.56	219.00	–	–	–	–	–	–	–
46	大卵石	m³	5505008	–	0.02	–	0.27	–	–	–	–	–	–
47	碎石(2cm)	m³	5505012	–	–	–	–	6.11	–	–	–	–	2.23
48	碎石(4cm)	m³	5505013	–	–	–	330.25	–	4.08	7.38	8.53	10.39	6.16

顺序号	项 目	单位	代 号	植草护坡	砌石防护	混凝土防护			锚杆框架梁防护		预应力锚索框架梁防护	抗滑桩	加筋土挡土墙
						片石	混凝土	喷射	普通	预应力			
				1000m²	1000m³	1000m³		10m³	100m		100m	10m³	
				1	2	3	4	5	6	7	8	9	10
49	碎石(8cm)	m³	5505015	–	6.41	714.00	549.35	–	–	–	–	–	–
50	块石	m³	5505025	–	43.13	–	–	–	–	–	–	–	–
51	32.5级水泥	t	5509001	–	94.505	244.800	308.827	4.889	1.571	3.816	5.975	4.019	3.422
52	钢绞线圆锚(4孔)	套	6005006	–	–	–	–	–	–	–	3.74	–	–
53	钢绞线圆锚(6孔)	套	6005008	–	–	–	–	–	–	–	0.94	–	–
54	其他材料费	元	7801001	–	507.6	2262.3	4472.4	538.6	18.9	216.0	429.1	23.2	273.5
55	1.0m³以内履带式机械单斗挖掘机	台班	8001035	–	2.36	6.20	–	–	–	–	–	–	–
56	1.0m³以内轮胎式装载机	台班	8001045	–	10.20	–	–	–	–	–	–	–	–
57	气腿式风动凿岩机	台班	8001103	–	–	–	–	5.00	4.64	–	–	–	–
58	φ38~170mm液压锚固钻机	台班	8001116	–	–	–	–	–	–	7.45	8.48	–	–
59	250L以内强制式混凝土搅拌机	台班	8005002	–	–	28.90	33.84	1.70	0.16	0.29	0.34	0.98	0.30
60	200L以内灰浆搅拌机	台班	8005009	–	–	–	–	–	–	–	0.24	–	–
61	400L以内灰浆搅拌机	台班	8005010	–	15.00	–	–	–	–	–	–	–	–
62	混凝土喷射机	台班	8005011	–	–	–	–	1.89	–	–	–	–	–
63	3m³/h以内灰浆输送泵	台班	8005013	–	–	–	–	–	–	–	0.25	–	–

续前页 单位:表列单位

顺序号	项目	单位	代号	植草护坡	砌石防护	混凝土防护			锚杆框架梁防护		预应力锚索框架梁防护	抗滑桩	加筋土挡土墙
						片石	混凝土	喷射	普通	预应力			
				1000m²	1000m³			10m³	100m		100m	10m³	
				1	2	3	4	5	6	7	8	9	10
64	单液压电动注浆泵	台班	8005021	–	–	–	–	–	–	–	0.01	–	–
65	钢绞线拉伸设备	台班	8005078	–	–	–	–	–	–	–	1.37	–	–
66	3t 以内载货汽车	台班	8007002	–	–	–	–	–	–	–	0.09	–	–
67	4t 以内载货汽车	台班	8007003	–	–	–	25.20	–	–	–	0.07	–	–
68	8t 以内汽车式起重机	台班	8009026	–	–	20.40	15.44	–	–	–	–	–	–
69	12t 以内汽车式起重机	台班	8009027	–	–	–	–	–	–	–	1.23	–	–
70	30kN 以内单筒慢动电动卷扬机	台班	8009080	–	–	–	–	–	–	–	0.06	–	–
71	50kN 以内单筒慢动电动卷扬机	台班	8009081	–	–	–	–	–	–	–	–	2.56	–
72	φ150mm 以内潜水泵	台班	8013020	–	1.20	–	–	–	–	–	–	–	–
73	32kV·A 以内交流电弧焊机	台班	8015028	–	–	–	4.98	0.30	0.38	2.42	2.19	0.49	0.05
74	3m³/min 以内机动空压机	台班	8017047	–	–	–	1.64	–	–	–	–	–	–
75	9m³/min 以内机动空压机	台班	8017049	–	2.80	1.60	–	4.07	2.20	2.01	–	0.10	–
76	17m³/min 以内机动空压机	台班	8017051	–	–	–	–	–	–	–	6.51	–	–
77	小型机具使用费	元	8099001	9.8	136.2	1490.3	1098.9	108.0	107.0	267.4	303.3	32.3	2.0
78	基价	元	9999001	4926	281322	444195	637803	12457	10084	22970	36849	10336	21480

顺序号	项 目	单位	代 号	挡土墙 板桩式	挡土墙 锚杆	柔性防护网 主动	柔性防护网 被动	客土喷混（播）植草	金属网	土工织物网	防风固沙
				10m³	10m³	1000m²	1000m²	1000m²	1000m²	1000m²	1km
				11	12	13	14	15	16	17	18
1	人工	工日	1001001	26.2	86.9	106.1	282.6	37.0	39.2	37.1	640.4
2	HPB300 钢筋	t	2001001	0.316	0.387	–	0.048	–	3.869	–	–
3	HRB400 钢筋	t	2001002	0.750	1.497	0.590	1.930	0.017	–	–	–
4	钢丝绳	t	2001019	–	–	1.060	1.977	–	–	–	–
5	8～12 号铁丝	kg	2001021	–	0.11	10.00	15.00	0.05	3.14	–	3.51
6	20～22 号铁丝	kg	2001022	4.48	5.18	–	1.68	0.15	–	–	–
7	铁丝编织网	m²	2001026	–	–	–	–	10.85	940.58	–	–
8	格栅网	m²	2001028	–	–	1100	1100	–	–	–	–
9	钢绳网	m²	2001029	–	–	1000	1000	–	–	–	–
10	型钢	t	2003004	0.023	0.024	–	–	–	–	–	0.015
11	钢板	t	2003005	–	0.030	–	0.341	–	–	–	–
12	钢管	t	2003008	–	0.010	–	–	–	–	–	–
13	型钢立柱	t	2003016	–	–	–	4.936	–	–	–	–
14	组合钢模板	t	2003026	0.016	0.023	–	–	–	–	–	0.051
15	钢钎	kg	2009002	0.04	–	–	–	0.64	–	–	–
16	空心钢钎	kg	2009003	–	0.01	16.80	4.33	–	–	–	0.15
17	φ50mm 以内合金钻头	个	2009004	–	0.01	5.60	1.84	0.45	–	–	0.23

续前页

单位:表列单位

顺序号	项 目	单位	代 号	挡土墙		柔性防护网		客土喷混(播)植草	金属网	土工织物网	防风固沙
				板桩式	锚杆	主动	被动				
				10m³		1000m²					1km
				11	12	13	14	15	16	17	18
18	钢绳锚杆	t	2009010	–	–	0.800	0.179	–	–	–	–
19	电焊条	kg	2009011	3.82	3.93	–	0.95	–	3.40	–	0.03
20	铁件	kg	2009028	18.99	30.07	–	54.30	–	–	–	37.47
21	铁钉	kg	2009030	–	–	–	–	–	–	–	0.55
22	滑动槽	kg	2009031	–	–	–	80	–	–	–	–
23	U形锚钉	kg	2009034	–	–	–	–	11.27	–	258.90	–
24	石油沥青	t	3001001	–	–	–	–	–	–	–	0.006
25	水	m³	3005004	11.31	19.47	58.40	31.51	78.34	–	–	233.34
26	稻草纤维	kg	4001003	–	–	–	–	23.15	–	–	–
27	原木	m³	4003001	0.059	0.134	–	–	–	–	–	0.043
28	锯材	m³	4003002	0.038	0.082	–	–	–	–	–	0.489
29	木粉	m³	4003006	–	–	–	–	0.28	–	–	–
30	木柴	kg	4003007	–	–	–	–	–	–	–	10124.40
31	木纤维	kg	4003008	–	–	–	–	1.85	–	–	–
32	乔木	株	4009001	–	–	–	–	–	–	–	978.92
33	草籽	kg	4013001	–	–	–	–	23.95	–	–	126.18
34	三维植被网	m²	5001009	–	–	–	–	–	–	852.17	–

顺序号	项 目	单位	代 号	挡土墙		柔性防护网		客土喷混（播）植草	金属网	土工织物网	防风固沙
				板桩式	锚杆	主动	被动				
				10m³				1000m²			1km
				11	12	13	14	15	16	17	18
35	PVC塑料管（φ50mm）	m	5001013	–	0.08	–	–	–	–	–	2.36
36	植生袋	个	5001058	–	–	–	–	2120.16	–	–	–
37	高次团粒剂	kg	5003002	–	–	–	–	2.78	–	–	–
38	硝铵炸药	kg	5005002	0.44	0.09	–	0.36	–	–	–	1.74
39	非电毫秒雷管	个	5005008	0.58	0.11	–	0.47	–	–	–	2.22
40	导爆索	m	5005009	–	0.05	–	0.21	–	–	–	1.00
41	土工布	m²	5007001	0.65	–	–	–	–	–	–	–
42	土工格栅	m²	5007003	–	–	–	–	–	–	270.80	–
43	土工格室	m²	5007004	–	–	–	–	–	–	92.21	–
44	泥炭	m³	5501001	–	–	–	–	0.19	–	–	–
45	黏土	m³	5501003	–	0.01	–	–	8.24	–	–	0.19
46	种植土	m³	5501007	–	–	–	–	60.38	–	–	172.36
47	植物营养土	m³	5501008	–	–	–	–	20.50	–	–	–
48	椰粉	m³	5503001	–	–	–	–	0.09	–	–	–
49	中（粗）砂	m³	5503005	4.89	6.39	0.71	8.62	0.03	–	–	12.56
50	砂砾	m³	5503007	0.46	0.21	–	–	–	–	–	24.36

顺序号	项目	单位	代号	挡土墙		柔性防护网		客土喷混（播）植草	金属网	土工织物网	防风固沙
				板桩式	锚杆	主动	被动				
				10m³		1000m²					1km
				11	12	13	14	15	16	17	18
51	片石	m³	5505005	–	0.64	–	–	–	–	–	15.60
52	大卵石	m³	5505008	–	–	–	–	–	–	–	102.02
53	碎石(4cm)	m³	5505013	8.46	6.93	–	–	–	–	–	9.73
54	碎石(8cm)	m³	5505015	–	1.00	–	12.85	–	–	–	2.55
55	32.5级水泥	t	5509001	3.413	4.083	0.366	4.500	0.181	–	–	5.971
56	其他材料费	元	7801001	66.2	243.7	3423.8	2019.5	2675.1	–	89.6	6723.0
57	165kW以内履带式推土机	台班	8001007	–	–	–	–	–	–	–	0.83
58	2.0m³以内履带式液压单斗挖掘机	台班	8001030	–	–	–	–	–	–	–	0.23
59	1.0m³以内履带式机械单斗挖掘机	台班	8001035	–	–	–	–	–	–	–	0.05
60	1.0m³以内轮胎式装载机	台班	8001045	–	0.01	–	–	–	–	–	0.14
61	手持式风动凿岩机	台班	8001102	–	–	12.85	3.29	–	–	–	–
62	φ38~170mm液压锚固钻机	台班	8001116	–	8.26	–	–	–	–	–	–
63	液压喷播机	台班	8001132	–	–	–	–	1.14	–	–	–
64	250L以内强制式混凝土搅拌机	台班	8005002	0.29	0.27	–	–	0.80	–	–	0.48
65	400L以内灰浆搅拌机	台班	8005010	–	0.01	–	–	–	–	–	0.21
66	混凝土喷射机	台班	8005011	–	–	–	–	0.57	–	–	–
67	2t以内载货汽车	台班	8007001	–	–	–	2.01	–	–	–	–

顺序号	项 目	单位	代 号	挡土墙		柔性防护网		客土喷混（播）植草	金属网	土工织物网	防风固沙
				板桩式	锚杆	主动	被动				
				10m³		1000m²					1km
				11	12	13	14	15	16	17	18
68	4t 以内载货汽车	台班	8007003	–	0.02	–	–	1.61	–	–	0.11
69	5t 以内载货汽车	台班	8007004	–	–	–	1.86	–	–	–	–
70	6t 以内载货汽车	台班	8007005	–	–	–	–	–	–	–	0.04
71	12t 以内自卸汽车	台班	8007016	–	–	–	–	–	–	–	1.22
72	4000L 以内洒水汽车	台班	8007040	–	–	–	–	–	–	–	0.74
73	6000L 以内洒水汽车	台班	8007041	–	–	–	–	1.68	–	–	–
74	1t 以内机动翻斗车	台班	8007046	–	–	–	–	–	–	–	12.75
75	5t 以内汽车式起重机	台班	8009025	–	–	–	–	0.05	–	–	0.03
76	8t 以内汽车式起重机	台班	8009026	0.58	–	–	–	–	–	–	0.07
77	12t 以内汽车式起重机	台班	8009027	0.17	1.87	–	–	–	–	–	–
78	30kN 以内单筒慢动电动卷扬机	台班	8009080	0.05	0.19	12.85	8.47	–	–	–	–
79	50kN 以内单筒慢动电动卷扬机	台班	8009081	0.69	–	–	–	–	–	–	–
80	32kV·A 以内交流电弧焊机	台班	8015028	0.29	0.36	–	0.23	–	0.48	–	–
81	3m³/min 以内机动空压机	台班	8017047	–	–	–	0.03	–	–	–	0.01
82	9m³/min 以内机动空压机	台班	8017049	0.03	2.23	8.16	1.74	2.06	–	–	0.08
83	小型机具使用费	元	8099001	21.5	264.7	214.4	136.1	50.0	69.9	–	49.7
84	基价	元	9999001	9861	24740	97192	144906	22911	36470	16682	160949

1-10 特殊路基处理

工程内容 石料垫层:砂、碎(砾)石垫层,抛石挤淤等全部工序。

土工合成材料处理地基:铺设土工布、土工格栅(室)等全部工序。

强夯:夯击、夯坑平整及回填土等全部工序。

碎石(砂、灰)桩:石灰砂桩、挤密灰土、挤密碎石、振冲碎石桩等全部工序。

旋喷桩:钻孔、高压喷射、泥浆池修筑及清理等全部工序。

CFG桩:钻孔或振动沉管成孔、灌注混凝土、凿桩头等全部工序。

粉(浆)喷桩:钻孔、粉体、浆体喷射等全部工序。

预应力管桩:打(压)预应力钢管、混凝土或砂填心等全部工序。

采空区注浆孔:注浆孔成孔、注浆管安设、孔口管浇筑等全部工序。

采空区注浆:填砂、灌注浆液等全部工序。

单位:表列单位

顺序号	项目	单位	代号	石料垫层 1000m³	土工合成材料 1000m²	强夯	碎石(砂、灰)桩 10m³	旋喷桩 10m
					1000m²			
				1	2	3	4	5
1	人工	工日	1001001	16.4	29.1	60.0	5.1	4.7
2	铁钉	kg	2009030	–	0.82	–	–	–
3	U形锚钉	kg	2009034	–	32.72	–	–	–
4	水	m³	3005004	–	–	–	2.78	5.30
5	土工布	m²	5007001	–	162.77	–	–	–
6	土工格栅	m²	5007003	–	656.76	–	–	–
7	土工格室	m²	5007004	–	262.50	–	–	–

顺序号	项　目	单位	代　号	石料垫层 1000m³	土工合成材料 1000m²	强夯	碎石(砂、灰)桩 10m³	旋喷桩 10m
				1	2	3	4	5
8	土	m³	5501002	–	–	–	2.80	–
9	黏土	m³	5501003	–	–	–	0.23	–
10	熟石灰	t	5503003	–	–	–	1.802	–
11	砂	m³	5503004	27.96	–	–	–	–
12	中(粗)砂	m³	5503005	–	–	–	2.49	–
13	砂砾	m³	5503007	538.10	–	–	–	–
14	石渣	m³	5503012	44.46	–	–	–	–
15	片石	m³	5505005	110.00	–	–	–	–
16	大卵石	m³	5505008	–	0.33	–	–	–
17	碎石	m³	5505016	497.28	–	–	6.90	–
18	32.5级水泥	t	5509001	–	–	–	–	4.898
19	其他材料费	元	7801001	–	51.9	200.7	26.5	22.3
20	设备摊销费	元	7901001	–	–	–	41.7	22.4
21	75kW以内履带式推土机	台班	8001002	1.14	–	–	–	–
22	90kW以内履带式推土机	台班	8001003	–	–	0.47	–	–
23	165kW以内履带式推土机	台班	8001007	0.28	–	–	–	–
24	1.0m³以内轮胎式装载机	台班	8001045	–	–	–	0.50	–
25	12~15t光轮压路机	台班	8001081	1.26	–	–	0.02	–
26	15t以内振动压路机(单钢轮)	台班	8001089	0.01	–	–	–	–

顺序号	项 目	单位	代号	石料垫层 1000m³	土工合成材料 1000m²	强夯	碎石(砂、灰)桩 10m³	旋喷桩 10m
				1	2	3	4	5
27	1200kN·m 以内强夯机	台班	8001097	−	−	2.86	−	−
28	2000kN·m 以内强夯机	台班	8001098	−	−	2.36	−	−
29	3000kN·m 以内强夯机	台班	8001099	−	−	4.60	−	−
30	4000kN·m 以内强夯机	台班	8001100	−	−	6.06	−	−
31	1t 以内机动翻斗车	台班	8007046	−	−	−	0.15	−
32	10t 以内履带式起重机	台班	8009001	−	−	−	0.10	−
33	15t 以内履带式起重机	台班	8009002	−	−	−	0.02	−
34	300kN 以内振动打拔桩机	台班	8011008	−	−	−	0.49	−
35	400kN 以内振动打拔桩机	台班	8011009	−	−	−	0.06	−
36	300kN 以内振动打拔桩锤	台班	8011012	−	−	−	0.09	−
37	55kW 以内振冲器	台班	8011062	−	−	−	0.02	−
38	φ600mm 以内螺旋钻孔机	台班	8011065	−	−	−	0.05	−
39	高压旋喷钻机	台班	8011072	−	−	−	−	0.42
40	高压注浆泵	台班	8011074	−	−	−	−	0.33
41	φ100mm 电动多级水泵(≤120m)	台班	8013011	−	−	−	−	0.04
42	φ150mm 电动多级水泵(≤180m)	台班	8013013	−	−	−	0.02	−
43	6m³/min 以内机动空压机	台班	8017048	−	−	−	−	0.22
44	小型机具使用费	元	8099001	−	−	−	1.6	78.3
45	基价	元	9999001	77607	14161	29262	2971	2539

单位:表列单位

顺序号	项　目	单位	代　号	CFG 桩	粉(浆)喷桩	预应力管桩	采空区	
							注浆孔	注浆
				10m³ 实体	10m	100m	100m	100m³
				6	7	8	9	10
1	人工	工日	1001001	11.7	0.4	18.2	25.6	4.6
2	8～12 号铁丝	kg	2001021	－	－	－	－	0.04
3	钢管	t	2003008	－	－	－	0.150	－
4	电焊条	kg	2009011	－	－	14.7	0.28	－
5	铁钉	kg	2009030	－	－	－	－	0.02
6	φ89mm 全破碎复合片钻头	个	2009037	－	－	－	0.65	－
7	φ127mm 全破碎复合片钻头	个	2009038	－	－	－	0.09	－
8	φ73mm 复合片取芯钻头	个	2009041	－	－	－	0.12	－
9	φ127mm 金刚石取芯钻头	个	2009042	－	－	－	0.13	－
10	水	m³	3005004	3.00	0.16	19.76	449.09	66.47
11	锯材	m³	4003002	－	－	0.07	－	0.003
12	粉煤灰	t	5501009	1.350	－	－	－	54.683
13	熟石灰	t	5503003	－	0.151	－	－	－
14	中(粗)砂	m³	5503005	6.64	－	10.7	－	0.59
15	碎石(2cm)	m³	5505012	－	－	9.47	－	－

顺序号	项　目	单位	代　号	CFG 桩	粉(浆)喷桩	预应力管桩	采空区	
							注浆孔	注浆
				10m³ 实体	10m	100m	100m	100m³
				6	7	8	9	10
16	碎石(4cm)	m³	5505013	8.58	–	–	–	–
17	青(红)砖	千块	5507003	–	–	–	–	0.54
18	32.5 级水泥	t	5509001	2.901	0.457	3.64	0.370	11.741
19	预应力管桩	m	5511003	–	–	102	–	–
20	其他材料费	元	7801001	24.6	25.2	56.5	75.8	12.2
21	设备摊销费	元	7901001	70.8	–	–	1040.5	–
22	1.0m³ 以内轮胎式装载机	台班	8001045	0.66	–	–	–	0.39
23	液压工程地质钻机	台班	8001121	–	–	–	7.15	–
24	250L 以内强制式混凝土搅拌机	台班	8005002	0.59	–	0.41	–	–
25	200L 以内灰浆搅拌机	台班	8005009	–	0.02	–	–	–
26	400L 以内灰浆搅拌机	台班	8005010	–	–	–	–	0.01
27	60m³/h 以内混凝土输送泵	台班	8005051	0.07	–	–	–	–
28	压浆机(含拌浆机)	台班	8005083	–	0.03	–	–	–
29	15t 以内履带式起重机	台班	8009002	–	–	0.39	–	–
30	25t 以内履带式起重机	台班	8009004	0.33	–	–	–	–

单位:表列单位

顺序号	项 目	单位	代 号	CFG桩	粉(浆)喷桩	预应力管桩	采 空 区	
							注浆孔	注浆
				10m³ 实体	10m	100m	100m	100m³
				6	7	8	9	10
31	2.5t 以内轨道式柴油打桩机	台班	8011005	–	–	0.57	–	–
32	600kN 内振动打拔桩锤	台班	8011014	0.32	–	–	–	–
33	2000kN 以内液压式静力压桩机	台班	8011020	–	–	0.55	–	–
34	φ600mm 以内螺旋钻孔机	台班	8011065	0.15	–	–	–	–
35	粉体发送设备	台班	8011073	–	0.08	–	–	–
36	15m 以内深层喷射搅拌机	台班	8011075	–	0.09	–	–	–
37	25m 以内深层喷射搅拌机	台班	8011077	–	0.02	–	–	–
38	φ50mm 电动单级离心水泵	台班	8013001	–	–	–	–	0.32
39	φ50mm 以内泥浆泵	台班	8013023	–	–	–	–	1.48
40	21kV·A 以内交流电弧焊机	台班	8015027	–	–	–	0.09	–
41	32kV·A 以内交流电弧焊机	台班	8015028	–	–	0.87	–	–
42	3m³/min 以内机动空压机	台班	8017047	–	0.08	–	–	–
43	小型机具使用费	元	8099001	21.5	6.2	23.4	10.7	71.2
44	基价	元	9999001	5045	365	15729	10560	12933

第二章 路 面 工 程

说　明

本章指标分路面垫层、稳定土基层、其他路面基层、冷再生基层、沥青路面面层、水泥混凝土路面面层、其他路面面层、路面零星工程等项目。

1. 各类稳定土基层压实厚度在 20cm 以内,其他路面基层压实厚度在 10cm 以内,冷再生基层压实厚度在 18cm 以内,垫层压实厚度在 20cm 以内,拖拉机、平地机、摊铺机和压路机的台班消耗按定额数量计算。当超过上述压实厚度进行分层碾压时,拖拉机、平地机、摊铺机和压路机的台班消耗按定额数量加倍计算,每 1000m² 增加 1.5 个工日。

2. 稳定土和沥青混合料拌和站安拆、水泥混凝土搅拌站安拆,稳定土、沥青混合料、水泥混凝土的拌和及运输、铺筑、压实,透层、黏层、磨耗层、保护层等已综合在指标中。路面封层需要时按公路工程概预算定额另行计算。

3. 当设计为单车道路面宽度时,压路机台班可按指标用量乘以下列系数:

两轮光轮压路机 1.14,三轮光轮压路机 1.33,轮胎式压路机和振动压路机 1.29。

4. 本指标沥青的油石比系按《公路工程预算定额》(JTG/T 3832—2018)附录一的油石比编制。当设计能提出项目的油石比时,可按设计油石比调整指标中的沥青用量。换算公式如下:

$$S_i = S_d \times i/L_i$$

式中:S_i——按设计油石比换算后的沥青数量;

S_d——指标中的沥青数量；

i——设计采用的油石比；

L_i——《公路工程预算定额》(JTG/T 3832—2018)附录一中的油石比。

5. 橡胶沥青路面指标是按干拌法编制的。

6. 路面零星工程指标综合培路肩、中央分隔带填土或硬化、中间带路缘石、沥青路面镶边石及路肩加固(路肩硬化、路边石)等全部工作。土路肩采用水泥混凝土、沥青混凝土进行硬化，硬化厚度，高速、一级公路 10cm，二级公路 5cm。当设计提出硬化厚度时，其增减部分可按相应的公路工程概预算定额进行计算。

7. 工程量计算规则：

(1)基层、垫层按顶层面积计算，泡沫沥青冷再生基层、沥青路面和水泥混凝土路面按实体计算。

(2)路面零星工程按路基长度进行计算。

2-1 路 面 垫 层

工程内容 铺筑、洒水、碾压成型等全部工序。

单位:1000m²

顺序号	项 目	单位	代 号	压实厚度15cm	每增减1cm
				1	2
1	人工	工日	1001001	4.1	0.2
2	水	m³	3005004	3.60	0.20
3	砂砾	m³	5503007	95.63	6.38
4	碎石	m³	5505016	93.33	6.22
5	120kW 以内自行式平地机	台班	8001058	0.20	-
6	12～15t 光轮压路机	台班	8001081	0.22	-
7	18～21t 光轮压路机	台班	8001083	0.39	-
8	10000L 以内洒水汽车	台班	8007043	0.15	0.01
9	基价	元	9999001	12796	801

2-2 稳定土基层

工程内容 混合料拌和、运输、铺筑、碾压成型，拌和设备安拆等全部工序，初期养护。

I. 高速、一级公路

单位：1000m²

顺序号	项 目	单位	代 号	水泥砂砾基层		水泥碎石基层	
				压实厚度20cm	每增减1cm	压实厚度20cm	每增减1cm
				1	2	3	4
1	人工	工日	1001001	7.6	0.3	7.6	0.3
2	水泥砂砾	m³	1507003	(200.00)	(10.00)	—	—
3	水泥碎石	m³	1507004	—	—	(200.00)	(10.00)
4	铁件	kg	2009028	0.33	0.03	0.33	0.03
5	水	m³	3005004	28.4	1.13	29.40	1.13
6	中(粗)砂	m³	5503005	0.90	0.08	0.90	0.08
7	砂砾	m³	5503007	268.18	13.41	—	—
8	片石	m³	5505005	1.11	0.10	1.11	0.10
9	碎石(4cm)	m³	5505013	0.34	0.03	0.34	0.03
10	碎石	m³	5505016	—	—	296.73	14.84
11	块石	m³	5505025	1.02	0.09	1.02	0.09
12	32.5级水泥	t	5509001	22.403	1.131	22.844	1.153
13	其他材料费	元	7801001	301.7	0.1	301.7	0.1
14	0.6m³以内履带式液压单斗挖掘机	台班	8001025	0.02	—	0.02	—

顺序号	项 目	单位	代 号	水泥砂砾基层		水泥碎石基层	
				压实厚度20cm	每增减1cm	压实厚度20cm	每增减1cm
				1	2	3	4
15	3.0m³以内轮胎式装载机	台班	8001049	0.44	0.03	0.44	0.03
16	12～15t光轮压路机	台班	8001081	0.08	－	0.08	－
17	20t以内振动压路机	台班	8001090	0.43	－	0.43	－
18	300t/h以内稳定土厂拌设备	台班	8003011	0.09	－	0.09	－
19	400t/h以内稳定土厂拌设备	台班	8003012	0.11	0.01	0.12	0.01
20	9.5m以内稳定土摊铺机	台班	8003016	0.14	－	0.14	－
21	12.5m以内稳定土摊铺机	台班	8003017	0.07	－	0.07	－
22	16～20t轮胎式压路机	台班	8003067	0.26	－	0.26	－
23	250L以内强制式混凝土搅拌机	台班	8005002	0.01	－	0.01	－
24	15t以内自卸汽车	台班	8007017	1.92	0.10	1.92	0.10
25	20t以内平板拖车组	台班	8007024	0.03	－	0.03	－
26	10000L以内洒水汽车	台班	8007043	0.17	－	0.17	－
27	12t以内汽车式起重机	台班	8009027	0.01	－	0.01	－
28	40t以内汽车式起重机	台班	8009032	0.04	－	0.04	－
29	75t以内汽车式起重机	台班	8009034	0.04	－	0.04	－
30	小型机具使用费	元	8099001	1.3	0.1	1.3	0.1
31	基价	元	9999001	25351	1178	35479	1684

顺序号	项　目	单位	代　号	水泥砂砾基层		水泥碎石基层		水泥石灰砂砾基层		水泥石灰碎石基层	
				压实厚度20cm	每增减1cm	压实厚度20cm	每增减1cm	压实厚度20cm	每增减1cm	压实厚度20cm	每增减1cm
				5	6	7	8	9	10	11	12
1	人工	工日	1001001	7.8	0.3	7.8	0.3	7.7	0.3	7.8	0.3
2	水泥砂砾	m³	1507003	(200.00)	(10.00)	—	—	—	—	—	—
3	水泥碎石	m³	1507004	—	—	(200.00)	(10.00)	—	—	—	—
4	水泥石灰砂砾	m³	1507029	—	—	—	—	(200.00)	(10.00)	—	—
5	水泥石灰碎(砾)石	m³	1507030	—	—	—	—	—	—	(200.00)	(10.00)
6	铁件	kg	2009028	0.27	0.03	0.27	0.03	0.27	0.03	0.27	0.03
7	水	m³	3005004	28.09	1.13	29.09	1.13	29.09	2.13	29.09	2.13
8	熟石灰	t	5503003	—	—	—	—	22.855	1.143	14.277	0.714
9	中(粗)砂	m³	5503005	0.71	0.08	0.71	0.08	0.71	0.08	0.71	0.08
10	砂砾	m³	5503007	268.18	13.41	—	—	244.04	12.20	—	—
11	片石	m³	5505005	0.89	0.11	0.89	0.11	0.89	0.11	0.89	0.11
12	碎石(4cm)	m³	5505013	0.24	0.03	0.24	0.03	0.24	0.03	0.24	0.03
13	碎石	m³	5505016	—	—	296.73	14.84	—	—	278.64	13.93
14	块石	m³	5505025	0.82	0.10	0.82	0.10	0.82	0.10	0.82	0.10
15	32.5级水泥	t	5509001	22.337	1.131	22.778	1.153	21.405	1.085	17.694	0.899
16	其他材料费	元	7801001	301.5	0.1	301.5	0.1	301.5	0.1	301.5	0.1
17	0.6m³以内履带式液压单斗挖掘机	台班	8001025	0.01	—	0.01	—	0.01	—	0.01	—

单位:1000m²

顺序号	项 目	单位	代号	水泥砂砾基层		水泥碎石基层		水泥石灰砂砾基层		水泥石灰碎石基层	
				压实厚度20cm	每增减1cm	压实厚度20cm	每增减1cm	压实厚度20cm	每增减1cm	压实厚度20cm	每增减1cm
				5	6	7	8	9	10	11	12
18	2.0m³ 以内轮胎式装载机	台班	8001047	0.29	0.02	0.30	0.02	0.28	0.02	0.28	0.02
19	3.0m³ 以内轮胎式装载机	台班	8001049	0.34	0.02	0.35	0.02	0.33	0.02	0.33	0.02
20	12~15t 光轮压路机	台班	8001081	0.08	–	0.08	–	0.08	–	0.08	–
21	20t 以内振动压路机	台班	8001090	0.43		0.43		0.43	–	0.43	–
22	200t/h 以内稳定土厂拌设备	台班	8003010	0.15	0.01	0.15	0.01	0.14	0.01	0.14	0.01
23	300t/h 以内稳定土厂拌设备	台班	8003011	0.16	0.01	0.16	0.01	0.15	0.01	0.15	0.01
24	7.5m 以内稳定土摊铺机	台班	8003015	0.16		0.16		0.16	–	0.16	–
25	9.5m 以内稳定土摊铺机	台班	8003016	0.12		0.12		0.12	–	0.12	–
26	16~20t 轮胎式压路机	台班	8003067	0.26		0.26		0.26		0.26	
27	250L 以内强制式混凝土搅拌机	台班	8005002	0.01		0.01		0.01		0.01	
28	12t 以内自卸汽车	台班	8007016	2.25	0.11	2.25	0.11	2.25	0.11	2.22	0.11
29	20t 以内平板拖车组	台班	8007024	0.02	–	0.02	–	0.02	–	0.02	–
30	10000L 以内洒水汽车	台班	8007043	0.17		0.17		0.17		0.17	
31	12t 以内汽车式起重机	台班	8009027	0.01		0.01		0.01		0.01	
32	40t 以内汽车式起重机	台班	8009032	0.04		0.04		0.04		0.04	
33	75t 以内汽车式起重机	台班	8009034	0.03		0.03		0.03		0.03	
34	小型机具使用费	元	8099001	1.1	0.1	1.1	0.1	1.1	0.1	1.1	0.1
35	基价	元	9999001	25599	1195	35734	1701	30457	1444	36656	1754

顺序号	项 目	单位	代号	水泥砂砾基层		水泥碎石基层		水泥石灰土基层	
				压实厚度 20cm	每增减 1cm	压实厚度 20cm	每增减 1cm	压实厚度 20cm	每增减 1cm
				13	14	15	16	17	18
1	人工	工日	1001001	9.8	0.3	9.9	0.3	12.3	0.5
2	水泥砂砾	m³	1507003	(200.00)	(10.00)	–	–	–	–
3	水泥碎石	m³	1507004	–	–	(200.00)	(10.00)	–	–
4	水泥石灰土	m³	1507031	–	–	–	–	(200.00)	(10.00)
5	铁件	kg	2009028	0.29	0.02	0.29	0.02	–	–
6	水	m³	3005004	28.10	1.07	29.10	1.07	–	–
7	土	m³	5501002	–	–	–	–	268.07	13.40
8	熟石灰	t	5503003	–	–	–	–	14.943	0.747
9	中(粗)砂	m³	5503005	0.73	0.05	0.73	0.05	–	–
10	砂砾	m³	5503007	268.18	13.41	–	–	–	–
11	片石	m³	5505005	0.93	0.06	0.93	0.06	–	–
12	碎石(4cm)	m³	5505013	0.22	0.02	0.22	0.02	–	–
13	碎石	m³	5505016	–	–	296.73	14.84	–	–
14	块石	m³	5505025	0.85	0.06	0.85	0.06	–	–
15	32.5级水泥	t	5509001	22.337	1.120	22.778	1.142	20.392	1.020
16	其他材料费	元	7801001	301.4		301.4	–	301.0	
17	0.6m³ 以内履带式液压单斗挖掘机	台班	8001025	0.01	–	0.01	–		
18	2.0m³ 以内轮胎式装载机	台班	8001047	0.73	0.05	0.74	0.05		
19	120kW 以内自行式平地机	台班	8001058	–	–	–	–	0.32	

单位：1000m²

顺序号	项　　目	单位	代　号	水泥砂砾基层		水泥碎石基层		水泥石灰土基层	
				压实厚度 20cm	每增减 1cm	压实厚度 20cm	每增减 1cm	压实厚度 20cm	每增减 1cm
				13	14	15	16	17	18
20	12~15t 光轮压路机	台班	8001081	0.08	–	0.08	–	0.26	–
21	18~21t 光轮压路机	台班	8001083	–	–	–	–	0.84	–
22	20t 以内振动压路机	台班	8001090	0.43	–	0.43	–	–	–
23	235kW 以内稳定土拌和机	台班	8003005	–	–	–	–	0.27	0.02
24	100t/h 以内稳定土厂拌设备	台班	8003009	0.30	0.02	0.30	0.02	–	–
25	200t/h 以内稳定土厂拌设备	台班	8003010	0.22	0.01	0.23	0.01	–	–
26	7.5m 以内稳定土摊铺机	台班	8003015	0.33	–	0.33	–	–	–
27	16~20t 轮胎式压路机	台班	8003067	0.26	–	0.26	–	–	–
28	250L 以内强制式混凝土搅拌机	台班	8005002	0.01	–	0.01	–	–	–
29	10t 以内自卸汽车	台班	8007015	2.56	0.13	2.56	0.13	–	–
30	15t 以内平板拖车组	台班	8007023	0.01	–	0.01	–	–	–
31	20t 以内平板拖车组	台班	8007024	0.02	–	0.02	–	–	–
32	10000L 以内洒水汽车	台班	8007043	0.17	–	0.17	–	0.35	0.02
33	12t 以内汽车式起重机	台班	8009027	0.01	–	0.01	–	–	–
34	20t 以内汽车式起重机	台班	8009029	0.02	–	0.02	–	–	–
35	40t 以内汽车式起重机	台班	8009032	0.04	–	0.04	–	–	–
36	75t 以内汽车式起重机	台班	8009034	0.03	–	0.03	–	–	–
37	小型机具使用费	元	8099001	1.1	0.1	1.1	0.1	–	–
38	基价	元	9999001	26009	1195	36153	1701	16716	766

单位:1000m²

顺序号	项 目	单位	代 号	水泥石灰砂砾基层		水泥石灰碎石基层	
				压实厚度20cm	每增减1cm	压实厚度20cm	每增减1cm
				19	20	21	22
1	人工	工日	1001001	9.6	0.4	9.7	0.4
2	水泥石灰砂砾	m³	1507029	(200.00)	(10.00)	–	–
3	水泥石灰碎(砾)石	m³	1507030	–	–	(200.00)	(10.00)
4	铁件	kg	2009028	0.29	0.03	0.29	0.03
5	水	m³	3005004	29.10	2.12	29.10	2.12
6	熟石灰	t	5503003	22.855	1.143	14.277	0.714
7	中(粗)砂	m³	5503005	0.73	0.08	0.73	0.08
8	砂砾	m³	5503007	244.04	12.20	–	–
9	片石	m³	5505005	0.93	0.10	0.93	0.10
10	碎石(4cm)	m³	5505013	0.22	0.02	0.22	0.02
11	碎石	m³	5505016	–	–	278.64	13.93
12	块石	m³	5505025	0.85	0.09	0.85	0.09
13	32.5级水泥	t	5509001	21.405	1.083	17.694	0.897
14	其他材料费	元	7801001	301.4	0.1	301.4	0.1
15	0.6m³以内履带式液压单斗挖掘机	台班	8001025	0.01	–	0.01	–
16	2.0m³以内轮胎式装载机	台班	8001047	0.70	0.04	0.71	0.05
17	12～15t光轮压路机	台班	8001081	0.08	–	0.08	–

顺序号	项　目	单位	代　号	水泥石灰砂砾基层		水泥石灰碎石基层	
				压实厚度20cm	每增减1cm	压实厚度20cm	每增减1cm
				19	20	21	22
18	20t 以内振动压路机	台班	8001090	0.43	–	0.43	–
19	100t/h 以内稳定土厂拌设备	台班	8003009	0.28	0.02	0.29	0.02
20	200t/h 以内稳定土厂拌设备	台班	8003010	0.22	0.01	0.22	0.01
21	7.5m 以内稳定土摊铺机	台班	8003015	0.33	–	0.33	–
22	16~20t 轮胎式压路机	台班	8003067	0.26	–	0.26	–
23	250L 以内强制式混凝土搅拌机	台班	8005002	0.01	–	0.01	–
24	10t 以内自卸汽车	台班	8007015	2.56	0.13	2.56	0.13
25	15t 以内平板拖车组	台班	8007023	0.01	–	0.01	–
26	20t 以内平板拖车组	台班	8007024	0.02	–	0.02	–
27	10000L 以内洒水汽车	台班	8007043	0.17	–	0.17	–
28	12t 以内汽车式起重机	台班	8009027	0.01	–	0.01	–
29	20t 以内汽车式起重机	台班	8009029	0.02	–	0.02	–
30	40t 以内汽车式起重机	台班	8009032	0.04	0.01	0.04	0.01
31	75t 以内汽车式起重机	台班	8009034	0.03	–	0.03	–
32	小型机具使用费	元	8099001	1.1	0.1	1.1	0.1
33	基价	元	9999001	30858	1477	37100	1798

单位:1000m²

顺序号	项 目	单位	代 号	水泥石灰砂砾土基层		水泥石灰碎石土基层	
				压实厚度20cm	每增减1cm	压实厚度20cm	每增减1cm
				23	24	25	26
1	人工	工日	1001001	9.0	0.3	9.2	0.3
2	水泥石灰砂砾土	m³	1507033	(200.00)	(10.00)	—	—
3	水泥石灰碎石土	m³	1507034	—	—	(200.00)	(10.00)
4	铁件	kg	2009028	0.29	0.02	0.29	0.02
5	水	m³	3005004	31.10	2.07	31.10	2.07
6	碎石土	m³	5501005	—	—	244.95	12.25
7	砂砾土	m³	5501006	222.86	11.14	—	—
8	熟石灰	t	5503003	17.195	0.860	13.203	0.660
9	中(粗)砂	m³	5503005	0.73	0.05	0.73	0.05
10	片石	m³	5505005	0.93	0.06	0.93	0.06
11	碎石(4cm)	m³	5505013	0.22	0.02	0.22	0.02
12	块石	m³	5505025	0.85	0.06	0.85	0.06
13	32.5级水泥	t	5509001	19.953	1.001	16.378	0.822
14	其他材料费	元	7801001	301.4	—	301.4	—
15	0.6m³以内履带式液压单斗挖掘机	台班	8001025	0.01		0.01	
16	2.0m³以内轮胎式装载机	台班	8001047	0.63	0.04	0.64	0.04

顺序号	项 目	单位	代 号	水泥石灰砂砾土基层		水泥石灰碎石土基层	
				压实厚度20cm	每增减1cm	压实厚度20cm	每增减1cm
				23	24	25	26
17	12~15t光轮压路机	台班	8001081	0.08	–	0.09	–
18	20t以内振动压路机	台班	8001090	0.42	–	0.46	–
19	100t/h以内稳定土厂拌设备	台班	8003009	0.26	0.01	0.26	0.01
20	200t/h以内稳定土厂拌设备	台班	8003010	0.19	0.01	0.20	0.01
21	7.5m以内稳定土摊铺机	台班	8003015	0.32	–	0.35	–
22	16~20t轮胎式压路机	台班	8003067	0.26	–	0.28	–
23	250L以内强制式混凝土搅拌机	台班	8005002	0.01	–	0.01	–
24	10t以内自卸汽车	台班	8007015	2.49	0.12	2.49	0.12
25	15t以内平板拖车组	台班	8007023	0.01	–	0.01	–
26	20t以内平板拖车组	台班	8007024	0.02	–	0.02	–
27	10000L以内洒水汽车	台班	8007043	0.16	–	0.18	–
28	12t以内汽车式起重机	台班	8009027	0.01	–	0.01	–
29	20t以内汽车式起重机	台班	8009029	0.02	–	0.02	–
30	40t以内汽车式起重机	台班	8009032	0.04	–	0.04	–
31	75t以内汽车式起重机	台班	8009034	0.03	–	0.03	–
32	小型机具使用费	元	8099001	1.1	0.1	1.1	0.1
33	基价	元	9999001	21961	987	22917	1025

单位:1000m²

顺序号	项　目	单位	代　号	石灰土基层		石灰土砂砾基层		石灰土碎石基层	
				压实厚度 20cm	每增减 1cm	压实厚度 20cm	每增减 1cm	压实厚度 20cm	每增减 1cm
				27	28	29	30	31	32
1	人工	工日	1001001	24.9	1.1	7.7	0.3	8.7	0.3
2	石灰土	m³	1507009	(200.00)	(10.00)	–	–	–	–
3	石灰土砂砾	m³	1507014	–	–	(200.00)	(10.00)	–	–
4	石灰土碎石	m³	1507015	–	–	–	–	(200.00)	(10.00)
5	铁件	kg	2009028	–	–	0.29	0.02	0.24	0.02
6	水	m³	3005004	–	–	26.10	1.07	26.92	1.07
7	土	m³	5501002	263.81	13.18	50.11	2.51	50.83	2.54
8	熟石灰	t	5503003	34.600	1.730	20.813	1.041	21.109	1.055
9	中(粗)砂	m³	5503005	–	–	0.73	0.05	0.60	0.05
10	砂砾	m³	5503007	–	–	196.99	9.85	–	–
11	片石	m³	5505005	–	–	0.93	0.06	0.78	0.06
12	碎石(4cm)	m³	5505013	–	–	0.22	0.02	0.18	0.02
13	碎石	m³	5505016			–	–	216.74	10.84

单位:1000m²

顺序号	项　　目	单位	代　号	石灰土基层		石灰土砂砾基层		石灰土碎石基层	
				压实厚度 20cm	每增减 1cm	压实厚度 20cm	每增减 1cm	压实厚度 20cm	每增减 1cm
				27	28	29	30	31	32
14	块石	m³	5505025	–	–	0.85	0.06	0.71	0.06
15	32.5 级水泥	t	5509001	–	–	0.212	0.014	0.177	0.014
16	其他材料费	元	7801001	301.0	–	301.4	–	301.4	–
17	0.6m³ 以内履带式液压单斗挖掘机	台班	8001025	–	–	0.01	–	0.01	–
18	2.0m³ 以内轮胎式装载机	台班	8001047	–	–	0.37	0.04	0.63	0.04
19	3.0m³ 以内轮胎式装载机	台班	8001049	–	–	0.19	–	–	–
20	120kW 以内自行式平地机	台班	8001058	0.32	–	–	–	–	–
21	12～15t 光轮压路机	台班	8001081	0.27	–	0.09	–	0.09	–
22	18～21t 光轮压路机	台班	8001083	0.86	–	–	–	–	–
23	20t 以内振动压路机	台班	8001090	–	–	0.46	–	0.46	–
24	235kW 以内稳定土拌和机	台班	8003005	0.26	0.02	–	–	–	–
25	100t/h 以内稳定土厂拌设备	台班	8003009	–	–	–	0.01	0.25	0.01
26	200t/h 以内稳定土厂拌设备	台班	8003010	–	–	0.19	0.01	0.19	0.01
27	300t/h 以内稳定土厂拌设备	台班	8003011	–	–	0.09	–	–	–

单位:1000m²

顺序号	项　　目	单位	代　号	石灰土基层		石灰土砂砾基层		石灰土碎石基层	
				压实厚度20cm	每增减1cm	压实厚度20cm	每增减1cm	压实厚度20cm	每增减1cm
				27	28	29	30	31	32
28	7.5m 以内稳定土摊铺机	台班	8003015	–	–	0.35	–	0.35	–
29	16～20t 轮胎式压路机	台班	8003067	–	–	0.28	–	0.28	–
30	250L 以内强制式混凝土搅拌机	台班	8005002	–	–	0.01	–	0.01	–
31	10t 以内自卸汽车	台班	8007015	–	–	2.49	0.12	2.49	0.12
32	15t 以内平板拖车组	台班	8007023	–	–	0.01	–	0.01	–
33	20t 以内平板拖车组	台班	8007024	–	–	0.02	–	0.01	–
34	10000L 以内洒水汽车	台班	8007043	0.49	0.03	0.18	–	0.18	–
35	12t 以内汽车式起重机	台班	8009027	–	–	0.01	–	–	–
36	20t 以内汽车式起重机	台班	8009029	–	–	0.02	–	0.01	–
37	40t 以内汽车式起重机	台班	8009032	–	–	0.04	–	0.04	–
38	75t 以内汽车式起重机	台班	8009034	–	–	0.03	–	0.02	–
39	小型机具使用费	元	8099001	–	–	1.1	0.1	0.9	0.1
40	基价	元	9999001	17334	797	21684	976	29102	1342

2-3 其他路面基层

工程内容 调浆、灌浆，撒铺嵌缝料，拌和，铺筑，洒水，碾压成型，找补等全部工序。

单位：1000m²

顺序号	项 目	单位	代 号	泥灰结碎石基层		泥结碎石基层		级配碎石基层	
				压实厚度10cm	每增加1cm	压实厚度10cm	每增加1cm	压实厚度10cm	每增加1cm
				1	2	3	4	5	6
1	人工	工日	1001001	13.7	1.3	12.4	1.3	2.2	0.1
2	黏土	m³	5501003	24.18	2.42	28.58	2.86	–	–
3	熟石灰	t	5503003	4.326	0.432	–	–	–	–
4	碎石	m³	5505016	120.82	12.08	123.73	12.37	153.34	15.34
5	120kW以内自行式平地机	台班	8001058	0.32	–	0.25	–	0.54	–
6	12~15t光轮压路机	台班	8001081	0.27	–	0.27	–	0.13	–
7	18~21t光轮压路机	台班	8001083	0.48	–	0.48	–	0.86	–
8	10000L以内洒水汽车	台班	8007043	0.24	0.02	0.25	0.02	0.11	0.01
9	基价	元	9999001	13250	1223	12114	1130	13334	1183

单位:1000m²

顺序号	项　目	单位	代　号	级配砾石基层		填隙碎石基层	
				压实厚度10cm	每增加1cm	压实厚度10cm	每增加1cm
				7	8	9	10
1	人工	工日	1001001	3.0	0.2	2.2	0.2
2	土	m³	5501002	15.38	1.54	－	－
3	砂	m³	5503004	36.29	3.63	－	－
4	砾石(2cm)	m³	5505001	66.36	6.64	－	－
5	砾石(4cm)	m³	5505002	33.18	3.32	－	－
6	碎石	m³	5505016	－	－	133.89	10.04
7	120kW以内自行式平地机	台班	8001058	0.54	－	0.19	0.01
8	12~15t光轮压路机	台班	8001081	0.13		0.18	0.01
9	18~21t光轮压路机	台班	8001083	0.86		0.21	0.02
10	15t以内振动压路机(单钢轮)	台班	8001089	－		0.14	0.01
11	石屑撒布机	台班	8003030	－		0.10	0.01
12	10000L以内洒水汽车	台班	8007043	0.11	0.01	0.04	－
13	基价	元	9999001	10992	951	11129	832

2-4 冷再生基层

工程内容 冷再生基层:喷洒水泥稀浆、拌和、整平、碾压、初期养护等全部工序。

泡沫沥青就地冷再生:添加新料、拌和、整平、碾压、初期养护等全部工作。

泡沫沥青厂拌冷再生:铣刨、运输既有沥青混合料,添加新料、拌和、运输、摊铺、碾压、初期养护等全部工作。

单位:1000m²

顺序号	项　目	单位	代　号	冷再生基层		泡沫沥青就地冷再生		泡沫沥青厂拌冷再生	
				压实厚度18cm	每增加1cm	压实厚度18cm	每增加1cm	压实厚度18cm	每增加1cm
				1	2	3	4	5	6
1	人工	工日	1001001	4.5	0.1	12.8	0.7	33.0	2.5
2	石油沥青	t	3001001	–	–	7.587	0.506	7.587	0.506
3	水	m³	3005004	20	1	6	1	6	1
4	石屑	m³	5503014	–	–	49.35	3.29	–	–
5	路面用石屑	m³	5503015	–	–	–	–	49.35	3.29
6	32.5级水泥	t	5509001	19.747	1.097	3.365	0.224	3.365	0.224
7	2.0m³以内轮胎式装载机	台班	8001047	0.58	0.01	–	–	0.97	0.06
8	3.0m³以内轮胎式装载机	台班	8001049	–	–	0.33	0.02	–	–
9	120kW以内自行式平地机	台班	8001058	0.60	–	–	–	–	–
10	200kW以内自行式平地机	台班	8001062	–	–	0.47	–	–	–
11	18~21t光轮压路机	台班	8001083	0.59					

顺序号	项　目	单位	代　号	冷再生基层		泡沫沥青就地冷再生		泡沫沥青厂拌冷再生	
				压实厚度 18cm	每增加 1cm	压实厚度 18cm	每增加 1cm	压实厚度 18cm	每增加 1cm
				1	2	3	4	5	6
12	20t 以内振动压路机	台班	8001090	0.59	–	–	–	–	–
13	22000L 以内液态沥青运输车	台班	8003034	–	–	0.35	0.02	0.35	0.02
14	12.5m 以内沥青混合料摊铺机	台班	8003060	–	–	–	–	0.53	–
15	15t 以内振动压路机(双钢轮)	台班	8003065	–	–	0.57	0.03	0.57	0.03
16	20~25t 轮胎式压路机	台班	8003068	–	–	0.50	0.03	0.50	0.03
17	2000mm 以内路面铣刨机	台班	8003094	–	–	–	–	0.96	0.06
18	泡沫沥青就地冷再生机	台班	8003097	–	–	0.66	0.04	–	–
19	泡沫沥青厂拌冷再生设备	台班	8003098	–	–	–	–	0.42	0.02
20	450kW 冷再生机	台班	8003100	0.41	0.02	–	–	–	–
21	8t 以内自卸汽车	台班	8007014	–	–	–	–	1.09	0.08
22	12t 以内自卸汽车	台班	8007016	–	–	–	–	2.84	0.19
23	15t 以内自卸汽车	台班	8007017	–	–	–	–	1.99	0.13
24	6000L 以内洒水汽车	台班	8007041	–	–	0.79	0.06	0.30	0.02
25	10000L 以内洒水汽车	台班	8007043	0.62	0.01	–	–	0.61	0.03
26	小型机具使用费	元	8099001	–	–	–	–	85.3	5.7
27	基价	元	9999001	14936	618	55178	3521	64391	4044

2-5 沥青路面面层

工程内容 沥青混合料路面:拌和,运输,铺筑,洒透层油、黏层,碾压成型,拌和设备安拆等全部工序,初期养护。
其他沥青路面:熬、运油,洒透层油,铺筑,碾压成型,熬油设备安拆等全部工序,初期养护。

I. 高速、一级公路

单位:1000m³ 路面实体

顺序号	项 目	单位	代 号	沥 青 碎 石				沥 青 混 凝 土			
				特粗式	粗粒式	中粒式	细粒式	粗粒式	中粒式	细粒式	砂粒式
				1	2	3	4	5	6	7	8
1	人工	工日	1001001	108.5	110.0	110.9	112.8	116.1	115.2	113.9	119.2
2	特粗式沥青碎石	m³	1505001	(1020.00)	–	–	–	–	–	–	–
3	粗粒式沥青碎石	m³	1505002	–	(1020.00)	–	–	–	–	–	–
4	中粒式沥青碎石	m³	1505003	–	–	(1020.00)	–	–	–	–	–
5	细粒式沥青碎石	m³	1505004	–	–	–	(1020.00)	–	–	–	–
6	粗粒式沥青混凝土	m³	1505005	–	–	–	–	(1020.00)	–	–	–
7	中粒式沥青混凝土	m³	1505006	–	–	–	–	–	(1020.00)	–	–
8	细粒式沥青混凝土	m³	1505007	–	–	–	–	–	–	(1020.00)	–
9	砂粒式沥青混凝土	m³	1505008	–	–	–	–	–	–	–	(1020.00)
10	型钢	t	2003004	0.003	0.003	0.003	0.003	0.003	0.003	0.003	0.003
11	组合钢模板	t	2003026	0.006	0.006	0.006	0.006	0.006	0.006	0.006	0.006
12	铁件	kg	2009028	3.74	3.74	3.74	3.74	3.68	3.68	3.68	3.68

单位:1000m³ 路面实体

顺序号	项　目	单位	代　号	沥青碎石				沥青混凝土			
				特粗式	粗粒式	中粒式	细粒式	粗粒式	中粒式	细粒式	砂粒式
				1	2	3	4	5	6	7	8
13	石油沥青	t	3001001	85.390	95.691	104.580	113.826	119.342	127.151	133.232	152.014
14	改性沥青	t	3001002	–	–	–	–	–	–	–	–
15	橡胶沥青	t	3001004	–	–	–	–	–	–	–	–
16	煤	t	3005001	1.304	2.200	2.933	3.520	2.514	2.545	1.956	2.200
17	水	m³	3005004	50.85	50.85	50.85	50.85	51.01	51.01	51.01	51.01
18	锯材	m³	4003002	0.001	0.001	0.001	0.001	0.001	0.001	0.001	0.001
19	纤维稳定剂	t	5003001	–	–	–	–	–	–	–	–
20	中(粗)砂	m³	5503005	26.84	26.84	26.84	26.84	26.65	26.65	26.65	26.65
21	路面用机制砂	m³	5503006	157.04	173.47	225.30	268.92	–	–	–	892.74
22	矿粉	t	5503013	45.227	52.637	56.387	66.412	105.700	106.330	85.210	161.629
23	路面用石屑	m³	5503015	134.98	167.59	233.16	369.68	430.76	403.85	402.60	551.25
24	片石	m³	5505005	27.13	27.13	27.13	27.13	26.56	26.56	26.56	26.56
25	碎石(4cm)	m³	5505013	5.58	5.58	5.58	5.58	5.81	5.81	5.81	5.81
26	路面用碎石(1.5cm)	m³	5505017	268.24	299.11	486.21	880.85	518.20	686.09	1103.61	–

顺序号	项 目	单位	代 号	沥青碎石				沥青混凝土			
				特粗式	粗粒式	中粒式	细粒式	粗粒式	中粒式	细粒式	砂粒式
				1	2	3	4	5	6	7	8
27	路面用碎石(2.5cm)	m³	5505018	253.21	285.80	587.25	–	553.01	426.96	–	–
28	路面用碎石(3.5cm)	m³	5505019	352.89	608.46	–	–	73.65	–	–	–
29	路面用碎石(5cm)	m³	5505020	362.10	–	–	–	–	–	–	–
30	块石	m³	5505025	37.16	37.16	37.16	37.16	36.37	36.37	36.37	36.37
31	32.5级水泥	t	5509001	7.908	7.908	7.908	7.908	7.884	7.884	7.884	7.884
32	其他材料费	元	7801001	322.5	451.6	572.6	695.6	487.6	584.9	654.8	1165.4
33	设备摊销费	元	7901001	2610.7	2772.4	2913.8	3069.2	3156.5	3350	3501.7	3866.9
34	0.6m³ 以内履带式液压单斗挖掘机	台班	8001025	0.51	0.51	0.51	0.51	0.54	0.54	0.54	0.54
35	3.0m³ 以内轮胎式装载机	台班	8001049	2.60	2.60	2.59	2.57	2.14	2.13	2.11	2.11
36	8000L 以内沥青洒布车	台班	8003040	0.33	0.56	0.75	0.90	0.64	0.65	0.49	0.55
37	320t/h 以内沥青混合料拌和设备	台班	8003053	1.21	1.21	1.21	1.20	0.50		0.50	0.50
38	380t/h 以内沥青混合料拌和设备	台班	8003054	–	–	–	–	0.61	0.61	0.61	0.61
39	12.5m 以内沥青混合料摊铺机	台班	8003060	1.43	1.43	1.45	1.47	1.44	1.45	1.46	1.46
40	15t 以内振动压路机(双钢轮)	台班	8003065	6.00	6.00	6.08	6.16	6.75	6.79	6.83	6.83

顺序号	项　目	单位	代　号	沥青碎石				沥青混凝土			
				特粗式	粗粒式	中粒式	细粒式	粗粒式	中粒式	细粒式	砂粒式
				1	2	3	4	5	6	7	8
41	9～16t 轮胎式压路机	台班	8003066	6.48	7.17	7.81	8.31	1.92	1.33	–	–
42	16～20t 轮胎式压路机	台班	8003067	2.00	2.00	2.12	2.22	1.84	1.84	1.86	1.86
43	20～25t 轮胎式压路机	台班	8003068	–	–	–	–	1.59	1.60	1.61	1.61
44	250L 以内强制式混凝土搅拌机	台班	8005002	0.21	0.21	0.21	0.21	0.26	0.26	0.26	0.26
45	5t 以内自卸汽车	台班	8007012	1.44	1.44	1.44	1.42	1.39	1.38	1.38	1.38
46	20t 以内自卸汽车	台班	8007019	9.42	9.42	9.42	9.42	9.42	9.42	9.42	9.42
47	20t 以内平板拖车组	台班	8007024	0.27	0.27	0.27	0.27	0.25	0.25	0.25	0.25
48	10000L 以内洒水汽车	台班	8007043	0.51	0.51	0.51	0.51	0.51	0.51	0.51	0.51
49	12t 以内汽车式起重机	台班	8009027	0.13	0.13	0.13	0.13	0.05	0.05	0.05	0.05
50	40t 以内汽车式起重机	台班	8009032	0.57	0.57	0.57	0.57	0.50	0.50	0.50	0.50
51	75t 以内汽车式起重机	台班	8009034	0.53	0.53	0.53	0.53	0.49	0.49	0.49	0.49
52	小型机具使用费	元	8099001	61.9	75.6	86.9	95.8	80.2	80.6	71.6	75.4
53	基价	元	9999001	676625	727508	771425	817158	852911	882904	905823	994361

单位:1000m³ 路面实体

顺序号	项 目	单位	代号	橡胶沥青混凝土			改性沥青混凝土		玛蹄脂碎石	
				粗粒式	中粒式	细粒式	中粒式	细粒式	沥青	橡胶沥青
				9	10	11	12	13	14	15
1	人工	工日	1001001	116.5	116.6	115.3	112.9	113.9	118.0	118.0
2	中粒式改性沥青混凝土	m³	1505009	–	–	–	(1020.00)	–	–	–
3	细粒式改性沥青混凝土	m³	1505010	–	–	–	–	(1020.00)	–	–
4	粗粒式橡胶沥青混凝土	m³	1505011	(1020.00)	–	–	–	–	–	–
5	中粒式橡胶沥青混凝土	m³	1505012	–	(1020.00)	–	–	–	–	–
6	细粒式橡胶沥青混凝土	m³	1505013	–	–	(1020.00)	–	–	–	–
7	沥青玛蹄脂	m³	1505014	–	–	–	–	–	(1020.00)	–
8	橡胶沥青玛蹄脂	m³	1505015	–	–	–	–	–	–	(1020.00)
9	型钢	t	2003004	0.003	0.003	0.003	0.003	0.003	0.003	0.003
10	组合钢模板	t	2003026	0.006	0.006	0.006	0.006	0.006	0.006	0.006
11	铁件	kg	2009028	3.68	3.68	3.68	3.68	3.68	3.68	3.68
12	石油沥青	t	3001001	13.109	13.109	10.987	8.240	10.071	7.553	7.553
13	改性沥青	t	3001002	–	–	–	116.277	123.317	145.276	–
14	橡胶沥青	t	3001004	109.366	117.890	139.860	–	–	–	157.328
15	煤	t	3005001	2.545	2.545	2.133	1.600	1.956	1.467	1.467
16	水	m³	3005004	51.01	51.01	51.01	51.01	51.01	51.01	51.01
17	锯材	m³	4003002	0.001	0.001	0.001	0.001	0.001	0.001	0.001
18	纤维稳定剂	t	5003001	–	–	–	–	–	7.344	–

单位:1000m³ 路面实体

顺序号	项 目	单位	代 号	橡胶沥青混凝土			改性沥青混凝土		玛蹄脂碎石	
				粗粒式	中粒式	细粒式	中粒式	细粒式	沥青	橡胶沥青
				9	10	11	12	13	14	15
19	中(粗)砂	m³	5503005	26.65	26.65	26.65	26.65	26.65	26.65	26.65
20	路面用机制砂	m³	5503006	517.50	545.18	523.05	406.73	416.26	148.12	229.24
21	矿粉	t	5503013	118.767	117.970	139.800	124.450	132.260	207.640	231.484
22	路面用石屑	m³	5503015	27.82	27.82	–	–	–	–	–
23	片石	m³	5505005	26.56	26.56	26.56	26.56	26.56	26.56	26.56
24	碎石(4cm)	m³	5505013	5.81	5.81	5.81	5.81	5.81	5.81	5.81
25	路面用碎石(1.5cm)	m³	5505017	243.07	364.50	923.02	662.93	1072.53	1236.02	1146.18
26	路面用碎石(2.5cm)	m³	5505018	281.96	570.10	–	440.03	–	–	–
27	路面用碎石(3.5cm)	m³	5505019	447.25	–	–	–	–	–	–
28	块石	m³	5505025	36.37	36.37	36.37	36.37	36.37	36.37	36.37
29	32.5级水泥	t	5509001	7.884	7.884	7.884	7.884	7.884	7.884	7.884
30	其他材料费	元	7801001	547.7	584.9	687.7	533.2	654.8	564.4	564.4
31	设备摊销费	元	7901001	3196.5	3350.0	3511.4	3293.8	3419.1	3914.4	3914.4
32	0.6m³ 以内履带式液压单斗挖掘机	台班	8001025	0.54	0.54	0.54	0.54	0.54	0.54	0.54
33	3.0m³ 以内轮胎式装载机	台班	8001049	2.14	2.13	2.11	2.13	2.68	2.82	2.82
34	8000L 以内沥青洒布车	台班	8003040	0.65	0.65	0.53	0.40	0.49	0.37	0.37

单位:1000m³ 路面实体

顺序号	项　　目	单位	代　号	橡胶沥青混凝土			改性沥青混凝土		玛蹄脂碎石	
				粗粒式	中粒式	细粒式	中粒式	细粒式	沥青	橡胶沥青
				9	10	11	12	13	14	15
35	320t/h 以内沥青混合料拌和设备	台班	8003053	0.53	0.53	0.53	0.50	0.50	0.59	0.59
36	380t/h 以内沥青混合料拌和设备	台班	8003054	0.64	0.64	0.64	0.61	0.61	0.72	0.72
37	12.5m 以内沥青混合料摊铺机	台班	8003060	1.48	1.49	1.50	1.45	1.46	1.71	1.71
38	15t 以内振动压路机(双钢轮)	台班	8003065	6.22	6.26	6.30	6.79	6.83	10.41	10.41
39	9~16t 轮胎压路机	台班	8003066	1.33	1.33	–	–	–	–	–
40	16~20t 轮胎式压路机	台班	8003067	2.08	2.08	2.10	1.84	1.86	3.29	3.29
41	20~25t 轮胎式压路机	台班	8003068	3.98	4.00	4.02	1.60	1.61	–	–
42	250L 以内强制式混凝土搅拌机	台班	8005002	0.26	0.26	0.26	0.26	0.26	0.26	0.26
43	5t 以内自卸汽车	台班	8007012	1.38	1.38	1.38	1.38	1.38	1.34	1.34
44	20t 以内自卸汽车	台班	8007019	9.42	9.42	9.42	9.42	9.42	9.42	9.42
45	20t 以内平板拖车组	台班	8007024	0.25	0.25	0.25	0.25	0.25	0.25	0.25
46	10000L 以内洒水汽车	台班	8007043	0.51	0.51	0.51	0.51	0.51	0.56	0.56
47	12t 以内汽车式起重机	台班	8009027	0.05	0.05	0.05	0.05	0.05	0.05	0.05
48	40t 以内汽车式起重机	台班	8009032	0.50	0.50	0.50	0.50	0.50	0.50	0.50
49	75t 以内汽车式起重机	台班	8009034	0.49	0.49	0.49	0.49	0.49	0.49	0.49
50	小型机具使用费	元	8099001	80.6	80.6	74.3	66.2	71.6	64.1	64.1
51	基价	元	9999001	869445	908588	997912	972570	1020857	1241847	1087758

顺序号	项 目	单位	代 号	沥青碎石			沥青混凝土			改性沥青混凝土	
				粗粒式	中粒式	细粒式	粗粒式	中粒式	细粒式	中粒式	细粒式
				16	17	18	19	20	21	22	23
1	人工	工日	1001001	120.8	121.6	123.9	122.3	121	119.8	121.8	119.8
2	粗粒式沥青碎石	m³	1505002	(1020.00)	–	–	–	–	–	–	–
3	中粒式沥青碎石	m³	1505003	–	(1020.00)	–	–	–	–	–	–
4	细粒式沥青碎石	m³	1505004	–	–	(1020.00)	–	–	–	–	–
5	粗粒式沥青混凝土	m³	1505005	–	–	–	(1020.00)	–	–	–	–
6	中粒式沥青混凝土	m³	1505006	–	–	–	–	(1020.00)	–	–	–
7	细粒式沥青混凝土	m³	1505007	–	–	–	–	–	(1020.00)	–	–
8	中粒式改性沥青混凝土	m³	1505009	–	–	–	–	–	–	(1020.00)	–
9	细粒式改性沥青混凝土	m³	1505010	–	–	–	–	–	–	–	(1020.00)
10	型钢	t	2003004	0.002	0.002	0.002	0.002	0.002	0.002	0.002	0.002
11	组合钢模板	t	2003026	0.005	0.005	0.005	0.005	0.005	0.005	0.005	0.005
12	铁件	kg	2009028	3.46	3.46	3.46	3.46	3.46	3.46	3.46	3.46
13	石油沥青	t	3001001	99.468	107.602	118.358	121.501	128.050	134.491	18.025	12.360
14	改性沥青	t	3001002	–	–	–	–	–	–	116.277	123.317
15	煤	t	3005001	2.933	3.520	4.400	2.933	2.720	2.200	3.500	2.400
16	水	m³	3005004	45.61	45.61	45.61	45.61	45.61	45.61	45.61	45.61
17	锯材	m³	4003002	0.001	0.001	0.001	0.001	0.001	0.001	0.001	0.001

顺序号	项 目	单位	代 号	沥青碎石			沥青混凝土			改性沥青混凝土	
				粗粒式	中粒式	细粒式	粗粒式	中粒式	细粒式	中粒式	细粒式
				16	17	18	19	20	21	22	23
18	中(粗)砂	m³	5503005	24.76	24.76	24.76	24.76	24.76	24.76	24.76	24.76
19	路面用机制砂	m³	5503006	173.47	225.30	268.92	–	–	–	406.73	416.26
20	矿粉	t	5503013	52.637	56.387	66.412	105.700	106.330	85.210	124.450	132.260
21	路面用石屑	m³	5503015	179.28	242.51	383.71	437.44	404.08	402.60	38.25	–
22	片石	m³	5505005	25.88	25.88	25.88	25.88	25.88	25.88	25.88	25.88
23	碎石(4cm)	m³	5505013	4.41	4.41	4.41	4.41	4.41	4.41	4.41	4.41
24	路面用碎石(1.5cm)	m³	5505017	299.11	486.21	880.85	518.20	686.09	1103.61	662.93	1072.53
25	路面用碎石(2.5cm)	m³	5505018	285.80	587.25	–	553.01	426.96	–	440.03	–
26	路面用碎石(3.5cm)	m³	5505019	608.46	–	–	73.65	–	–	–	–
27	块石	m³	5505025	35.44	35.44	35.44	35.44	35.44	35.44	35.44	35.44
28	32.5 级水泥	t	5509001	7.130	7.130	7.130	7.130	7.130	7.130	7.130	7.130
29	其他材料费	元	7801001	533.7	638.0	794.4	533.7	614.3	698.2	713.4	735.2
30	设备摊销费	元	7901001	2897.6	3036.9	3215.4	3383.0	3534.5	3700.7	3571.4	3624.2
31	0.6m³ 以内履带式液压单斗挖掘机	台班	8001025	0.52	0.52	0.52	0.52	0.52	0.52	0.52	0.52
32	2.0m³ 以内轮胎式装载机	台班	8001047	5.75	5.72	5.68	5.96	5.94	5.93	5.95	5.93
33	8000L 以内沥青洒布车	台班	8003040	0.75	0.90	1.13	0.75	0.69	0.55	0.89	0.60
34	160t/h 以内沥青混合料拌和设备	台班	8003051	1.19	1.19	1.18	1.23	1.23	1.23	1.23	1.23
35	240t/h 以内沥青混合料拌和设备	台班	8003052	0.80	0.79	0.79	0.83	0.82	0.82	0.83	0.82

单位：1000m³ 路面实体

顺序号	项　　目	单位	代　号	沥青碎石			沥青混凝土			改性沥青混凝土	
				粗粒式	中粒式	细粒式	粗粒式	中粒式	细粒式	中粒式	细粒式
				16	17	18	19	20	21	22	23
36	9.0m 以内沥青混合料摊铺机	台班	8003059	1.41	1.42	1.44	1.45	1.46	1.47	1.46	1.47
37	12.5m 以内沥青混合料摊铺机	台班	8003060	0.94	0.95	0.96	0.97	0.98	0.99	0.98	0.99
38	10t 以内振动压路机(双钢轮)	台班	8003063	5.53	5.53	5.53	5.53	5.53	5.53	5.53	5.53
39	15t 以内振动压路机(双钢轮)	台班	8003065	2.63	2.65	2.70	2.72	2.74	2.75	2.74	2.75
40	9～16t 轮胎式压路机	台班	8003066	6.73	7.24	7.97	2.24	1.34	–	1.83	–
41	16～20t 轮胎式压路机	台班	8003067	1.32	1.33	1.35	2.49	2.49	2.51	2.49	2.51
42	20～25t 轮胎式压路机	台班	8003068	–	–	–	2.98	3.01	3.03	3.01	3.03
43	250L 以内强制式混凝土搅拌机	台班	8005002	0.16	0.16	0.16	0.16	0.16	0.16	0.16	0.16
44	5t 以内自卸汽车	台班	8007012	2.11	2.10	2.09	2.19	2.18	2.18	2.19	2.18
45	12t 以内自卸汽车	台班	8007016	14.42	14.42	14.42	14.42	14.42	14.42	14.42	14.42
46	20t 以内平板拖车组	台班	8007024	0.31	0.31	0.31	0.31	0.31	0.31	0.31	0.31
47	10000L 以内洒水汽车	台班	8007043	0.46	0.46	0.46	0.46	0.46	0.46	0.46	0.46
48	12t 以内汽车式起重机	台班	8009027	0.10	0.10	0.10	0.10	0.10	0.10	0.10	0.10
49	20t 以内汽车式起重机	台班	8009029	0.33	0.33	0.33	0.33	0.33	0.33	0.33	0.33
50	40t 以内汽车式起重机	台班	8009032	0.35	0.35	0.35	0.35	0.35	0.35	0.35	0.35
51	75t 以内汽车式起重机	台班	8009034	0.62	0.62	0.62	0.62	0.62	0.62	0.62	0.62
52	小型机具使用费	元	8099001	83.9	92.9	106.4	83.9	80.7	72.7	92.6	75.8
53	基价	元	9999001	754341	793672	847419	876055	898687	923304	1036278	1042491

顺序号	项　目	单位	代　号	沥青碎石			沥青混凝土		
				粗粒式	中粒式	细粒式	粗粒式	中粒式	细粒式
				24	25	26	27	28	29
1	人工	工日	1001001	437.9	439.1	443.3	439.8	438.4	437
2	粗粒式沥青碎石	m³	1505002	(1020.00)	－	－	－	－	－
3	中粒式沥青碎石	m³	1505003	－	(1020.00)	－	－	－	－
4	细粒式沥青碎石	m³	1505004	－	－	(1020.00)	－	－	－
5	粗粒式沥青混凝土	m³	1505005	－	－	－	(1020.00)	－	－
6	中粒式沥青混凝土	m³	1505006	－	－	－	－	(1020.00)	－
7	细粒式沥青混凝土	m³	1505007	－	－	－	－	－	(1020.00)
8	型钢	t	2003004	0.011	0.011	0.011	0.011	0.011	0.011
9	组合钢模板	t	2003026	0.023	0.023	0.023	0.023	0.023	0.023
10	铁件	kg	2009028	18.32	18.32	18.32	18.32	18.32	18.32
11	石油沥青	t	3001001	100.841	110.074	123.164	122.874	130.522	136.894
12	煤	t	3005001	3.200	4.000	5.333	3.200	3.200	2.667
13	水	m³	3005004	235.45	235.45	235.45	235.45	235.45	235.45
14	锯材	m³	4003002	0.002	0.002	0.002	0.002	0.002	0.002
15	中(粗)砂	m³	5503005	129.21	129.21	129.21	129.21	129.21	129.21
16	路面用机制砂	m³	5503006	173.47	225.30	268.92	－	－	－
17	矿粉	t	5503013	52.637	56.387	66.412	105.700	106.330	85.210

— 61 —

单位:1000m³ 路面实体

顺序号	项　目	单位	代　号	沥青碎石			沥青混凝土		
				粗粒式	中粒式	细粒式	粗粒式	中粒式	细粒式
				24	25	26	27	28	29
18	路面用石屑	m³	5503015	183.53	250.16	398.58	441.69	407.91	402.60
19	片石	m³	5505005	136.73	136.73	136.73	136.73	136.73	136.73
20	碎石(4cm)	m³	5505013	21.44	21.44	21.44	21.44	21.44	21.44
21	路面用碎石(1.5cm)	m³	5505017	299.11	486.21	880.85	518.20	686.09	1103.61
22	路面用碎石(2.5cm)	m³	5505018	285.80	587.25	–	553.01	426.96	–
23	路面用碎石(3.5cm)	m³	5505019	608.46	–	–	73.65	–	–
24	块石	m³	5505025	187.26	187.26	187.26	187.26	187.26	187.26
25	32.5级水泥	t	5509001	36.85	36.85	36.85	36.85	36.85	36.85
26	其他材料费	元	7801001	613.5	742.2	950.5	613.5	735.5	833.9
27	设备摊销费	元	7901001	7512.0	7669.3	7904.4	8026.5	8199.5	8376.7
28	0.6m³ 以内履带式液压单斗挖掘机	台班	8001025	2.78	2.78	2.78	2.78	2.78	2.78
29	2.0m³ 以内轮胎式装载机	台班	8001047	6.72	6.68	6.72	6.97	6.94	6.92
30	8000L 以内沥青洒布车	台班	8003040	0.82	1.03	1.37	0.82	0.81	0.67
31	120t/h 以内沥青混合料拌和设备	台班	8003050	1.35	1.35	1.67	1.40	1.40	1.35
32	160t/h 以内沥青混合料拌和设备	台班	8003051	1.43	1.43	1.18	1.48	1.48	1.48
33	6.0m 以内沥青混合料摊铺机	台班	8003058	1.59	1.62	2.04	1.65	1.66	1.67

单位：1000 m³ 路面实体

顺序号	项　目	单位	代　号	沥青碎石			沥青混凝土		
				粗粒式	中粒式	细粒式	粗粒式	中粒式	细粒式
				24	25	26	27	28	29
34	9.0m 以内沥青混合料摊铺机	台班	8003059	1.69	1.71	1.44	1.74	1.76	1.77
35	10t 以内振动压路机(双钢轮)	台班	8003063	11.33	11.33	11.40	11.33	11.33	11.33
36	9～16t 轮胎式压路机	台班	8003066	8.72	9.43	10.75	2.44	1.53	–
37	16～20t 轮胎式压路机	台班	8003067	–	–	–	3.57	3.58	3.60
38	20～25t 轮胎式压路机	台班	8003068	–	–	–	2.95	2.99	3.01
39	250L 以内强制式混凝土搅拌机	台班	8005002	0.80	0.80	0.80	0.80	0.80	0.80
40	5t 以内自卸汽车	台班	8007012	3.10	3.08	3.18	3.20	3.19	3.19
41	10t 以内自卸汽车	台班	8007015	16.92	16.92	16.92	16.92	16.92	16.92
42	15t 以内平板拖车组	台班	8007023	0.66	0.66	0.66	0.66	0.66	0.66
43	20t 以内平板拖车组	台班	8007024	1.14	1.14	1.14	1.14	1.14	1.14
44	10000L 以内洒水汽车	台班	8007043	0.41	0.41	0.41	0.41	0.41	0.41
45	12t 以内汽车式起重机	台班	8009027	0.49	0.49	0.49	0.49	0.49	0.49
46	20t 以内汽车式起重机	台班	8009029	4.15	4.15	4.15	4.15	4.15	4.15
47	40t 以内汽车式起重机	台班	8009032	1.49	1.49	1.49	1.49	1.49	1.49
48	75t 以内汽车式起重机	台班	8009034	2.37	2.37	2.37	2.37	2.37	2.37
49	小型机具使用费	元	8099001	253.4	265.7	286.1	253.4	253.4	245.3
50	基价	元	9999001	865277	910795	976842	987740	1015967	1038504

顺序号	项　目	单位	代　号	沥青表处			贯入式路面				上拌下贯式路面	
							石油沥青		乳化沥青			
				石油沥青	改性沥青	乳化沥青	基层	面层	基层	面层	石油沥青	乳化沥青
				30	31	32	33	34	35	36	37	38
1	人工	工日	1001001	188.8	188.8	188.8	96.1	175.1	115.4	210.1	61.8	61.8
2	石油沥青	t	3001001	183.698	36.066	36.066	103.869	140.786	–	–	103.869	–
3	改性沥青	t	3001002	–	147.632	–	–	–	–	–	–	–
4	乳化沥青	t	3001005	–	–	175.098	–	–	178.200	215.800	–	148.503
5	煤	t	3005001	35.666	35.666	7.000	20.167	27.334	–	–	20.167	–
6	砂	m³	5503004	86.67	86.67	86.67	–	43.33	52.00	104.00	–	43.33
7	路面用石屑	m³	5503015	12.67	12.67	144.67	18.67	222.67	141.80	386.60	13.67	101.17
8	路面用碎石(1.5cm)	m³	5505017	697.99	697.99	520.33	197.17	197.17	393.20	393.20	151.34	219.67
9	路面用碎石(2.5cm)	m³	5505018	93.67	93.67	88.33	245.67	245.67	222.40	222.40	245.67	216.84
10	路面用碎石(3.5cm)	m³	5505019	606.99	606.99	606.99	135.17	135.17	–	–	135.17	384.67
11	路面用碎石(5cm)	m³	5505020	–	–	–	–	–	1017.40	1017.40	–	–
12	路面用碎石(6cm)	m³	5505021	–	–	–	1086.36	1086.36	–	–	1086.36	803.35

单位:1000m³ 路面实体

顺序号	项 目	单位	代 号	沥青表处			贯入式路面				上拌下贯式路面	
							石油沥青		乳化沥青			
				石油沥青	改性沥青	乳化沥青	基层	面层	基层	面层	石油沥青	乳化沥青
				30	31	32	33	34	35	36	37	38
13	其他材料费	元	7801001	2333.3	2333.3	683.3	1270.0	1775.0	–	–	1270.0	–
14	设备摊销费	元	7901001	1946.6	1946.6	383.3	930.0	1283.4	–	–	930.0	–
15	12～15t 光轮压路机	台班	8001081	16.67	16.67	29.57	8.50	14.78	10.20	14.68	6.28	6.28
16	石屑撒布机	台班	8003030	4.43	4.43	3.07	3.57	4.07	3.88	4.48	3.40	3.73
17	8000L 以内沥青洒布车	台班	8003040	9.50	9.50	10.87	5.43	7.30	8.96	11.00	5.43	7.65
18	15t 以内振动压路机（双钢轮）	台班	8003065	–	–	–	10.72	10.72	10.20	10.20	12.07	9.68
19	9～16t 轮胎式压路机	台班	8003066	–	–	–	–	5.10	–	6.12	–	–
20	20～25t 轮胎式压路机	台班	8003068	24.13	24.13	14.63	19.22	19.22	28.96	28.96	19.22	24.13
21	小型机具使用费	元	8099001	547.4	547.4	108.8	309.4	421.6	–	–	309.4	–
22	基价	元	9999001	1058784	1197584	949488	696178	910876	835408	1009730	688472	715674

2-6 水泥混凝土路面面层

工程内容 水泥混凝土拌和、运输、浇筑、捣固成型,模板,钢筋,胀缩缝,压(刻)纹,养护,拌和站安拆等全部工序。

单位:1000m³ 路面实体

顺序号	项 目	单位	代 号	普通混凝土	钢纤维混凝土
				1	2
1	人工	工日	1001001	673.8	716.4
2	HPB300 钢筋	t	2001001	0.503	0.305
3	HRB400 钢筋	t	2001002	25.385	14.858
4	钢纤维	t	2001020	—	49.644
5	8~12 号铁丝	kg	2001021	0.08	0.08
6	20~22 号铁丝	kg	2001022	128.69	75.33
7	型钢	t	2003004	0.097	0.096
8	组合钢模板	t	2003026	0.027	0.027
9	铁件	kg	2009028	10.47	10.47
10	石油沥青	t	3001001	0.604	0.333
11	煤	t	3005001	0.122	0.066
12	水	m³	3005004	186.81	216.76
13	原木	m³	4003001	0.013	0.013

顺序号	项 目	单位	代 号	普通混凝土	钢纤维混凝土
				1	2
14	锯材	m³	4003002	0.150	0.159
15	中(粗)砂	m³	5503005	479.79	581.78
16	天然砂砾	m³	5503008	11.26	11.26
17	碎石(4cm)	m³	5505013	855.24	855.26
18	青(红)砖	千块	5507003	11.36	11.36
19	32.5级水泥	t	5509001	389.392	430.396
20	其他材料费	元	7801001	1444.3	1461.9
21	75kW以内履带式推土机	台班	8001002	2.02	2.02
22	1.0m³以内轮胎式装载机	台班	8001045	2.02	2.02
23	8~10t光轮压路机	台班	8001079	0.48	0.48
24	3.0~9.0m滑模式水泥混凝土摊铺机	台班	8003076	0.94	0.96
25	2.5~4.5m轨道式水泥混凝土摊铺机	台班	8003077	0.29	0.30
26	混凝土电动真空吸水机组	台班	8003079	3.78	4.11
27	混凝土电动刻纹机	台班	8003083	25.77	32.22
28	混凝土电动切缝机	台班	8003085	13.67	10.15

单位:1000m³ 路面实体

顺序号	项 目	单位	代 号	普通混凝土	钢纤维混凝土
				1	2
29	250L以内强制式混凝土搅拌机	台班	8005002	8.64	8.65
30	8m³以内混凝土搅拌运输车	台班	8005032	1.03	1.03
31	60m³/h以内混凝土搅拌站	台班	8005060	2.16	2.16
32	40t以内平板拖车组	台班	8007026	0.39	0.39
33	10000L以内洒水汽车	台班	8007043	7.00	8.75
34	1t以内机动翻斗车	台班	8007046	39.41	39.41
35	12t以内汽车式起重机	台班	8009027	0.28	0.28
36	30t以内汽车式起重机	台班	8009031	0.73	0.73
37	小型机具使用费	元	8099001	644.2	540.0
38	基价	元	9999001	443983	691282

2-7 其他路面面层

工程内容 清扫整理下承层,铺料,洒水,调浆、灌浆,拌和,整平,碾压,找补等全部工序。

单位:1000m²

顺序号	项 目	单位	代号	泥结碎石路面		级配碎石路面		级配砾石	
				压实厚度10cm	每增减1cm	压实厚度10cm	每增减1cm	压实厚度10cm	每增减1cm
				1	2	3	4	5	6
1	人工	工日	1001001	23.9	2.5	13.9	1.4	14.6	1.4
2	型钢	t	2003004	0.010	0.001	0.010	0.001	0.010	0.001
3	水	m³	3005004	17.15	1.72	17.15	1.72	17.15	1.72
4	锯材	m³	4003002	0.071	0.007	0.071	0.007	0.071	0.007
5	黏土	m³	5501003	28.58	2.86	18.32	1.83	18.32	1.83
6	砂	m³	5503004	–	–	–	–	42.60	4.26
7	中(粗)砂	m³	5503005	7.15	0.72	7.15	0.72	7.15	0.72
8	砾石(2cm)	m³	5505001	–	–	–	–	64.91	6.49
9	砾石(4cm)	m³	5505002					25.97	2.60
10	碎石(4cm)	m³	5505013	12.15	1.22	12.15	1.22	12.15	1.22

单位：1000m²

顺序号	项　目	单位	代　号	泥结碎石路面		级配碎石路面		级配砾石	
				压实厚度 10cm	每增减 1cm	压实厚度 10cm	每增减 1cm	压实厚度 10cm	每增减 1cm
				1	2	3	4	5	6
11	碎石	m³	5505016	123.73	12.37	153.31	15.34	–	–
12	32.5级水泥	t	5509001	5.495	0.549	5.495	0.549	5.495	0.549
13	其他材料费	元	7801001	6.2	0.6	6.1	0.6	6.2	0.6
14	1.0m³以内轮胎式装载机	台班	8001045	0.19	0.02	0.19	0.02	0.19	0.02
15	120kW以内自行式平地机	台班	8001058	0.24	–	0.58	–	0.58	–
16	12~15t光轮压路机	台班	8001081	0.26	–	0.12	–	0.12	–
17	18~21t光轮压路机	台班	8001083	0.46	–	0.93	–	0.93	–
18	3m³以内混凝土搅拌运输车	台班	8005028	0.35	0.04	0.35	0.04	0.35	0.04
19	15m³/h以内混凝土搅拌站	台班	8005056	0.19	0.02	0.19	0.02	0.19	0.02
20	10000L以内洒水汽车	台班	8007043	0.23	0.02	0.10	0.01	0.10	0.01
21	小型机具使用费	元	8099001	13.1	1.3	13.1	1.3	13.1	1.3
22	基价	元	9999001	17406	1676	18995	1761	16454	1499

顺序号	项　目	单位	代号	天然砂砾路面		片石混凝土路面		铺砌预制混凝土整齐块路面
				压实厚度10cm	每增减1cm	厚20cm	每增减1cm	
				7	8	9	10	11
1	人工	工日	1001001	13.0	1.3	108.5	5.0	43.4
2	型钢	t	2003004	0.010	0.001	–	–	–
3	水	m³	3005004	17.15	1.72	36.00	2.00	24.00
4	锯材	m³	4003002	0.071	0.007	–	–	–
5	竹胶模板	m²	4005002	–	–	–	–	2.70
6	砂	m³	5503004	–	–	–	–	35.90
7	中(粗)砂	m³	5503005	7.15	0.72	39.32	1.71	4.85
8	砂砾	m³	5503007	133.62	13.36	–	–	–
9	片石	m³	5505005	–	–	189.80	9.49	–
10	碎石(2cm)	m³	5505012	–	–	49.78	2.86	8.08
11	碎石(4cm)	m³	5505013	12.15	1.22	–	–	–
12	32.5级水泥	t	5509001	5.495	0.549	27.782	1.314	3.717
13	其他材料费	元	7801001	6.2	0.6	128.2	–	12.6
14	1.0m³以内轮胎式装载机	台班	8001045	0.19	0.02	–	–	0.17

单位：1000m²

顺序号	项　目	单位	代　号	天然砂砾路面		片石混凝土路面		铺砌预制混凝土整齐块路面
				压实厚度10cm	每增减1cm	厚20cm	每增减1cm	
				7	8	9	10	11
15	120kW 以内自行式平地机	台班	8001058	0.24	－	－	－	－
16	8～10t 光轮压路机	台班	8001079	－	－	－	－	0.10
17	12～15t 光轮压路机	台班	8001081	0.26	－	－	－	0.24
18	18～21t 光轮压路机	台班	8001083	0.35	－	－	－	－
19	250L 以内强制式混凝土搅拌机	台班	8005002	－	－	1.93	0.10	－
20	3m³ 以内混凝土搅拌运输车	台班	8005028	0.35	0.04	－	－	－
21	15m³/h 以内混凝土搅拌站	台班	8005056	0.19	0.02	－	－	－
22	预制块生产设备	台班	8005085	－	－	－	－	0.19
23	10000L 以内洒水汽车	台班	8007043	0.10	0.01	－	－	－
24	小型机具使用费	元	8099001	13.1	1.3	40.4	－	－
25	基价	元	9999001	12544	1190	40502	1960	10400

2-8 路面零星工程

工程内容 培路肩,沥青路面镶边及土路肩加固(路边石、土路肩硬化),中间带填土、硬化,路缘带(石)等全部工序。

单位:1km

顺序号	项　目	单位	代　号	高速、一级公路		二级公路	
				平原微丘区	山岭重丘区	平原微丘区	山岭重丘区
				1	2	3	4
1	人工	工日	1001001	1703.0	1158.1	550.3	380.5
2	M5 水泥砂浆	m³	1501001	(5.91)	(5.19)	—	—
3	M10 水泥砂浆	m³	1501003	(52.31)	(25.02)	(39.16)	(25.68)
4	普 C20-32.5-4	m³	1503032	(97.87)	(85.85)	—	—
5	普 C25-32.5-4	m³	1503033	(161.48)	(84.08)	(126.65)	(86.36)
6	普 C30-32.5-4	m³	1503034	(37.21)	(32.64)	(8.16)	(8.16)
7	型钢	t	2003004	0.449	0.240	0.344	0.236
8	钢板	t	2003005	0.045	0.023	0.038	0.026
9	电焊条	kg	2009011	5.99	2.97	5.02	3.42
10	铁件	kg	2009028	45.00	22.94	36.37	24.80
11	铁钉	kg	2009030	224.81	197.20	—	—
12	石油沥青	t	3001001	6.240	5.474	3.079	3.079
13	水	m³	3005004	514.51	351.58	227.34	157.80

单位:1km

顺序号	项　目	单位	代　号	高速、一级公路		二级公路	
				平原微丘区	山岭重丘区	平原微丘区	山岭重丘区
				1	2	3	4
14	锯材	m³	4003002	6.183	5.299	0.316	0.228
15	中(粗)砂	m³	5503005	206.40	131.06	106.76	72.97
16	矿粉	t	5503013	5.818	5.104	2.871	2.871
17	路面用石屑	m³	5503015	20.58	18.05	10.15	10.15
18	片石	m³	5505005	74.73	32.78	52.44	32.78
19	碎石(4cm)	m³	5505013	247.20	169.08	111.89	78.45
20	路面用碎石(1.5cm)	m³	5505017	37.54	32.93	18.52	18.52
21	路面用碎石(2.5cm)	m³	5505018	23.36	20.49	11.53	11.53
22	32.5级水泥	t	5509001	114.857	74.974	57.693	39.998
23	其他材料费	元	7801001	857.7	574.9	397.8	273.9
24	设备摊销费	元	7901001	125.3	109.9	61.8	61.8
25	2.0m³以内履带式液压单斗挖掘机	台班	8001030	3.51	2.41	0.53	0.40
26	1.0m³以内轮胎式装载机	台班	8001045	0.49	0.43	0.11	0.11
27	3.0m³以内轮胎式装载机	台班	8001049	0.14	0.13	0.07	0.07
28	0.6t以内手扶式振动碾	台班	8001085	36.59	24.77	8.58	6.48
29	320t/h以内沥青混合料拌和设备	台班	8003053	0.07	0.06	0.03	0.03

单位:1km

顺序号	项　目	单位	代　号	高速、一级公路		二级公路	
				平原微丘区	山岭重丘区	平原微丘区	山岭重丘区
				1	2	3	4
30	12.5m 以内沥青混合料摊铺机	台班	8003060	0.08	0.07	0.04	0.04
31	15t 以内振动压路机(双钢轮)	台班	8003065	0.34	0.30	0.17	0.17
32	16～20t 轮胎式压路机	台班	8003067	0.11	0.10	0.06	0.06
33	20～25t 轮胎式压路机	台班	8003068	0.22	0.19	0.11	0.11
34	250L 以内强制式混凝土搅拌机	台班	8005002	9.03	5.77	4.73	3.22
35	3m³ 以内混凝土搅拌运输车	台班	8005028	0.89	0.78	0.20	0.20
36	15m³/h 以内混凝土搅拌站	台班	8005056	0.49	0.43	0.11	0.11
37	6t 以内载货汽车	台班	8007005	21.39	14.02	10.45	7.12
38	5t 以内自卸汽车	台班	8007012	0.08	0.07	0.04	0.04
39	12t 以内自卸汽车	台班	8007016	17.55	12.03	2.77	2.09
40	15t 以内自卸汽车	台班	8007017	0.70	0.61	0.34	0.34
41	10000L 以内洒水汽车	台班	8007043	0.03	0.02	0.01	0.01
42	32kV·A 以内交流电弧焊机	台班	8015028	0.77	0.39	0.64	0.44
43	小型机具使用费	元	8099001	129.4	74.6	80.8	55.6
44	基价	元	9999001	358485	251021	133831	99246

单位:1km

顺序号	项　目	单位	代　号	三级公路	四级公路
				5	6
1	人工	工日	1001001	239.0	110.9
2	型钢	t	2003004	0.093	0.023
3	钢板	t	2003005	0.010	0.002
4	电焊条	kg	2009011	1.51	0.38
5	铁件	kg	2009028	11.27	2.82
6	水	m³	3005004	57.81	14.45
7	锯材	m³	4003002	0.073	0.018
8	中(粗)砂	m³	5503005	31.83	7.96
9	片石	m³	5505005	35.26	8.82
10	碎石(4cm)	m³	5505013	27.87	6.97
11	32.5级水泥	t	5509001	15.814	3.953
12	其他材料费	元	7801001	108.1	27.0
13	2.0m³以内履带式液压单斗挖掘机	台班	8001030	0.56	0.45
14	0.6t以内手扶式振动碾	台班	8001085	9.13	7.39
15	250L以内强制式混凝土搅拌机	台班	8005002	1.25	0.31
16	6t以内载货汽车	台班	8007005	2.77	0.69
17	12t以内自卸汽车	台班	8007016	2.69	2.18
18	32kV·A以内交流电弧焊机	台班	8015028	0.21	0.05
19	小型机具使用费	元	8099001	27.2	6.8
20	基价	元	9999001	44737	19191

第三章　隧　道　工　程

说　　明

本章指标包括洞身、明洞、洞门、斜井、竖井、管棚等项目。

1. 本指标均指隧道洞内工程，即隧道进出口洞门端墙墙面间的工程。洞门墙以外的工程应按有关指标另行计算。

2. 分离式隧道是按1000m以内、3000m以内、4000m以内、5000m以内编制的。当隧道长度大于5000m时，应以隧道长度5000m以内指标为基础，与隧道长度5000m以上每增加1000m指标叠加使用。

当设计能提出隧道的围岩等级时，可对洞身指标进行如下调整：

(1) Ⅰ级围岩，指标乘以系数0.68。

(2) Ⅱ级围岩，指标乘以系数0.75。

(3) Ⅲ、Ⅳ级围岩，指标不做调整。

(4) Ⅴ级围岩，指标乘以系数1.35。

(5) Ⅵ级围岩，指标乘以系数1.65。

3. 洞身、明洞指标综合了隧道路面整平层，但未包括隧道路面，隧道路面另按公路工程概预算有关定额进行计算。

4. 斜井、竖井指标中已综合联络道(风道)。

5.本章指标未包括地震、坍塌、溶洞、采空区与大量地下水处理以及其他特殊情况所需的费用,需要时可根据设计另行计算。

6.本章指标中未包括小导管、洞内施工排水、斜井洞内施工排水等项目,需要时按公路工程概算定额进行计算。

7.本章指标中未包括隧道监控、通风、消防、供配电及照明、预留预埋等项目,应根据第六章中的有关项目计算。

8.工程量计算规则:

(1)洞身工程量按隧道正洞、人行横洞、车行横洞、紧急停车带面积之和计算。隧道正洞面积为隧道长度乘以隧道宽度。隧道长度不包括明洞和洞门的长度,隧道宽度指行车道加侧向宽度加人行道或检修道的宽度。分离式及小净距隧道工程量按单洞洞身长度计算,连拱隧道工程量按双洞洞身长度计算。

(2)明洞工程量按明洞设计长度与宽度的乘积计算。明洞宽度指行车道加侧向宽度加人行道或检修道的宽度。

(3)斜井工程量按斜井长度与斜井设计宽度的乘积计算。

(4)竖井工程量按竖井深度计算。

(5)管棚工程量按单排管棚的设计长度计算。指标单位为 10 隧长米。

(6)洞门指标单位为每端洞门,高速、一级公路一座隧道的工程量按两端洞门计算;二级及二级以下公路一座隧道的工程量按一端洞门计算。

3-1 洞　身

工程内容　洞身开挖、钢支撑、喷锚支护、防排水、衬砌、装饰、铺筑路面混凝土整平层等工程的全部工作。

单位:100m²

顺序号	项　目	单位	代　号	高速、一级公路		
				分离式		
				隧道长度 1000m 以内		
				二车道	三车道	四车道
				1	2	3
1	人工	工日	1001001	776.0	859.4	952.6
2	HPB300 钢筋	t	2001001	0.001	0.002	0.002
3	HRB400 钢筋	t	2001002	5.125	9.037	12.063
4	8~12 号铁丝	kg	2001021	476.56	491.99	554.63
5	20~22 号铁丝	kg	2001022	8.75	20.11	28.07
6	型钢	t	2003004	4.103	7.165	11.128
7	钢板	t	2003005	0.427	0.746	1.158
8	钢管	t	2003008	0.791	0.712	0.635
9	钢模板	t	2003025	0.518	0.528	0.581
10	组合钢模板	t	2003026	0.007	0.007	0.007
11	空心钢钎	kg	2009003	112.00	114.37	117.12
12	$\phi50mm$ 以内合金钻头	个	2009004	59.74	61.34	63.82

单位:100m²

顺序号	项 目	单位	代 号	高速、一级公路		
				分离式		
				隧道长度1000m以内		
				二车道	三车道	四车道
				1	2	3
13	φ150mm以内合金钻头	个	2009005	0.74	0.65	0.57
14	自进式锚杆	m	2009009	328.21	288.06	255.32
15	电焊条	kg	2009011	29.66	58.42	86.28
16	膨胀螺栓	套	2009015	121.36	103.33	89.68
17	铁件	kg	2009028	69.78	116.92	178.83
18	铁钉	kg	2009030	2.72	2.70	2.63
19	电	kW·h	3005002	1027.27	1033.03	995.43
20	水	m³	3005004	664.25	704.52	768.67
21	原木	m³	4003001	0.314	0.310	0.302
22	锯材	m³	4003002	0.630	0.621	0.633
23	枕木	m³	4003003	0.127	0.130	0.143
24	塑料防水板	m²	5001010	23.72	34.26	42.56
25	PVC塑料管(φ100mm)	m	5001014	1.94	1.45	1.22
26	塑料弹簧软管(φ50mm)	m	5001018	29.61	25.21	21.88
27	塑料弹簧软管(φ110mm)	m	5001020	18.91	17.25	16.18

单位:100m²

顺序号	项　目	单位	代　号	高速、一级公路		
				分离式		
				隧道长度1000m以内		
				二车道	三车道	四车道
				1	2	3
28	塑料打孔波纹管(φ400mm)	m	5001033	22.36	16.89	12.25
29	复合式防水板	m²	5001056	327.81	279.99	255.35
30	硝铵炸药	kg	5005002	756.80	751.92	711.40
31	非电毫秒雷管	个	5005008	902.47	901.74	861.97
32	导爆索	m	5005009	589.61	592.97	571.68
33	土工布	m²	5007001	47.14	36.42	28.02
34	防火涂料	kg	5009018	2312.42	2132.52	2084.25
35	中(粗)砂	m³	5503005	158.80	177.36	210.58
36	天然砂砾	m³	5503008	0.99	1.09	1.29
37	片石	m³	5505005	0.35	0.27	0.19
38	碎石(2cm)	m³	5505012	27.79	31.74	39.26
39	碎石(4cm)	m³	5505013	164.52	183.40	216.03
40	碎石(8cm)	m³	5505015	1.39	1.05	0.76
41	瓷砖	m²	5507002	45.31	39.37	35.20
42	青(红)砖	千块	5507003	1.0	1.1	1.3

单位:100m²

顺序号	项　　目	单位	代　号	高速、一级公路		
				分离式		
				隧道长度 1000m 以内		
				二车道	三车道	四车道
				1	2	3
43	32.5 级水泥	t	5509001	114.765	125.331	146.235
44	电缆	m	7001001	0.66	0.66	0.64
45	电线	m	7001004	6.46	6.50	6.26
46	其他材料费	元	7801001	3478.4	3631.4	4029.5
47	设备摊销费	元	7901001	3108.7	3163.9	3481.4
48	75kW 以内履带式推土机	台班	8001002	0.91	1.02	1.21
49	1.0m³ 以内履带式液压单斗挖掘机	台班	8001027	0.21	0.21	0.20
50	1.0m³ 以内轮胎式装载机	台班	8001045	0.91	1.02	1.21
51	3.0m³ 以内轮胎式装载机(三向)	台班	8001053	2.32	2.34	2.26
52	8~10t 光轮压路机	台班	8001079	0.04	0.05	0.06
53	气腿式风动凿岩机	台班	8001103	86.28	86.87	87.68
54	φ38~115mm 液压潜孔钻机	台班	8001112	2.77	2.43	2.12
55	250L 以内强制式混凝土搅拌机	台班	8005002	0.10	0.09	0.09
56	混凝土喷射机	台班	8005011	5.35	6.11	7.55
57	8m³ 以内混凝土搅拌运输车	台班	8005032	3.50	3.91	4.65
58	60m³/h 以内混凝土输送泵	台班	8005051	1.79	2.00	2.38

顺序号	项目	单位	代号	高速、一级公路		
				分离式		
				隧道长度1000m以内		
				二车道	三车道	四车道
				1	2	3
59	60m³/h以内混凝土搅拌站	台班	8005060	0.98	1.10	1.30
60	3t以内载货汽车	台班	8007002	1.62	1.63	1.57
61	4t以内载货汽车	台班	8007003	2.54	4.24	6.44
62	20t以内自卸汽车	台班	8007019	6.57	6.61	6.39
63	40t以内平板拖车组	台班	8007026	0.04	0.04	0.05
64	1t以内机动翻斗车	台班	8007046	1.75	1.67	1.70
65	12t以内汽车式起重机	台班	8009027	0.09	0.08	0.08
66	30t以内汽车式起重机	台班	8009031	0.06	0.07	0.08
67	10m以内高空作业车	台班	8009046	0.06	0.06	0.05
68	φ100mm以内潜水泵	台班	8013019	1.57	1.58	1.50
69	32kV·A以内交流电弧焊机	台班	8015028	4.72	8.97	13.45
70	20m³/min以内电动空压机	台班	8017045	30.63	30.94	31.72
71	75kW以内轴流式通风机	台班	8023004	11.14	11.20	10.80
72	110kW以内轴流式通风机	台班	8023006	–	–	–
73	小型机具使用费	元	8099001	2994.7	3189.5	3408.0
74	基价	元	9999001	306300	346789	398011

单位:100m²

顺序号	项　目	单位	代号	高速、一级公路		
				分离式		
				隧道长度3000m以内		
				二车道	三车道	四车道
				4	5	6
1	人工	工日	1001001	770.0	836.8	923.6
2	HPB300 钢筋	t	2001001	0.001	0.001	0.002
3	HRB400 钢筋	t	2001002	3.985	6.798	9.043
4	8~12 号铁丝	kg	2001021	377.07	438.94	548.17
5	20~22 号铁丝	kg	2001022	6.21	14.27	19.94
6	型钢	t	2003004	2.756	5.068	9.223
7	钢板	t	2003005	0.286	0.527	0.960
8	钢管	t	2003008	0.639	0.587	0.533
9	钢模板	t	2003025	0.505	0.516	0.569
10	组合钢模板	t	2003026	0.005	0.005	0.005
11	空心钢钎	kg	2009003	125.04	128.06	131.95
12	φ50mm 以内合金钻头	个	2009004	64.99	66.89	69.82
13	φ150mm 以内合金钻头	个	2009005	0.51	0.44	0.39
14	自进式锚杆	m	2009009	343.76	297.36	270.16
15	电焊条	kg	2009011	20.33	41.29	66.77

顺序号	项　目	单位	代　号	高速、一级公路		
				分离式		
				隧道长度3000m以内		
				二车道	三车道	四车道
				4	5	6
16	膨胀螺栓	套	2009015	118.44	102.35	88.71
17	铁件	kg	2009028	47.11	82.89	147.61
18	铁钉	kg	2009030	2.72	2.70	2.65
19	电	kW·h	3005002	1776.29	1795.01	1744.12
20	水	m³	3005004	629.57	665.39	722.44
21	原木	m³	4003001	0.319	0.316	0.310
22	锯材	m³	4003002	0.574	0.572	0.587
23	枕木	m³	4003003	0.124	0.127	0.140
24	塑料防水板	m²	5001010	27.27	37.82	45.85
25	PVC塑料管(φ100mm)	m	5001014	1.94	1.43	1.22
26	塑料弹簧软管(φ50mm)	m	5001018	28.90	24.98	21.65
27	塑料弹簧软管(φ110mm)	m	5001020	18.91	17.25	16.18
28	塑料打孔波纹管(φ400mm)	m	5001033	22.36	16.89	12.25
29	复合式防水板	m²	5001056	304.23	277.61	263.52
30	硝铵炸药	kg	5005002	888.40	891.59	871.65

单位：100m²

顺序号	项　目	单位	代　号	高速、一级公路		
				分离式		
				隧道长度3000m以内		
				二车道	三车道	四车道
				4	5	6
31	非电毫秒雷管	个	5005008	1065.44	1072.81	1050.21
32	导爆索	m	5005009	610.06	616.52	599.43
33	土工布	m²	5007001	45.74	35.38	27.27
34	防火涂料	kg	5009018	2312.42	2132.52	2084.25
35	中(粗)砂	m³	5503005	139.49	154.72	182.79
36	天然砂砾	m³	5503008	0.90	0.97	1.14
37	片石	m³	5505005	0.35	0.27	0.19
38	碎石(2cm)	m³	5505012	27.10	31.03	38.46
39	碎石(4cm)	m³	5505013	140.91	155.65	181.85
40	碎石(8cm)	m³	5505015	1.39	1.05	0.76
41	瓷砖	m²	5507002	45.31	39.37	35.20
42	青(红)砖	千块	5507003	0.90	0.97	1.15
43	32.5级水泥	t	5509001	100.597	109.663	127.880
44	电缆	m	7001001	1.87	1.89	1.84
45	电线	m	7001004	13.30	13.44	13.06

单位:100m²

顺序号	项目	单位	代号	高速、一级公路		
				分离式		
				隧道长度3000m以内		
				二车道	三车道	四车道
				4	5	6
46	其他材料费	元	7801001	3598.5	3796.0	4219.0
47	设备摊销费	元	7901001	3027.9	3093.4	3411.6
48	75kW 以内履带式推土机	台班	8001002	0.80	0.89	1.05
49	1.0m³ 以内履带式液压单斗挖掘机	台班	8001027	0.21	0.21	0.21
50	1.0m³ 以内轮胎式装载机	台班	8001045	0.80	0.89	1.05
51	3.0m³ 以内轮胎式装载机(三向)	台班	8001053	2.58	2.61	2.55
52	8~10t 光轮压路机	台班	8001079	0.04	0.04	0.05
53	气腿式风动凿岩机	台班	8001103	92.98	93.71	95.05
54	ϕ38~115mm 液压潜孔钻机	台班	8001112	1.88	1.65	1.44
55	250L 以内强制式混凝土搅拌机	台班	8005002	0.09	0.09	0.08
56	混凝土喷射机	台班	8005011	5.21	5.97	7.40
57	8m³ 以内混凝土搅拌运输车	台班	8005032	3.36	3.73	4.41
58	60m³/h 以内混凝土输送泵	台班	8005051	1.51	1.68	1.98
59	60m³/h 以内混凝土搅拌站	台班	8005060	0.86	0.96	1.13

单位：100m²

顺序号	项 目	单位	代 号	高速、一级公路		
				分离式		
				隧道长度3000m以内		
				二车道	三车道	四车道
				4	5	6
60	3t以内载货汽车	台班	8007002	2.39	2.42	2.34
61	4t以内载货汽车	台班	8007003	1.71	2.99	5.32
62	20t以内自卸汽车	台班	8007019	9.57	9.67	9.44
63	40t以内平板拖车组	台班	8007026	0.03	0.03	0.04
64	1t以内机动翻斗车	台班	8007046	1.65	1.55	1.59
65	12t以内汽车式起重机	台班	8009027	0.07	0.06	0.06
66	30t以内汽车式起重机	台班	8009031	0.06	0.06	0.07
67	10m以内高空作业车	台班	8009046	0.06	0.06	0.05
68	ϕ100mm以内潜水泵	台班	8013019	1.54	1.56	1.50
69	32kV·A以内交流电弧焊机	台班	8015028	3.21	6.34	10.63
70	20m³/min以内电动空压机	台班	8017045	30.34	30.78	31.65
71	75kW以内轴流式通风机	台班	8023004	4.09	4.14	4.02
72	110kW以内轴流式通风机	台班	8023006	14.30	14.45	14.04
73	小型机具使用费	元	8099001	3109.7	3282.3	3483.5
74	基价	元	9999001	297977	329626	377357

单位:100m²

顺序号	项 目	单位	代 号	高速、一级公路		
				分离式		
				隧道长度4000m以内		
				二车道	三车道	四车道
				7	8	9
1	人工	工日	1001001	755.2	826.9	916.1
2	HPB300 钢筋	t	2001001	0.001	0.001	0.002
3	HRB400 钢筋	t	2001002	3.082	5.563	7.799
4	8～12 号铁丝	kg	2001021	342.28	407.80	516.89
5	20～22 号铁丝	kg	2001022	4.48	11.17	16.48
6	型钢	t	2003004	1.995	4.652	8.702
7	钢板	t	2003005	0.207	0.484	0.906
8	钢管	t	2003008	0.567	0.546	0.518
9	钢模板	t	2003025	0.484	0.501	0.559
10	组合钢模板	t	2003026	0.004	0.004	0.005
11	空心钢钎	kg	2009003	122.11	126.06	127.19
12	φ50mm 以内合金钻头	个	2009004	62.67	65.34	67.24
13	φ150mm 以内合金钻头	个	2009005	0.38	0.36	0.34
14	自进式锚杆	m	2009009	342.45	308.67	280.40
15	电焊条	kg	2009011	14.66	35.21	59.75

顺序号	项　　目	单位	代　号	高速、一级公路		
				分离式		
				隧道长度4000m以内		
				二车道	三车道	四车道
				7	8	9
16	膨胀螺栓	套	2009015	116.00	101.38	90.65
17	铁件	kg	2009028	34.29	75.83	139.15
18	铁钉	kg	2009030	2.71	2.70	2.63
19	电	kW·h	3005002	2287.93	2284.91	2194.65
20	水	m³	3005004	601.21	643.32	703.29
21	原木	m³	4003001	0.317	0.315	0.306
22	锯材	m³	4003002	0.535	0.545	0.570
23	枕木	m³	4003003	0.119	0.123	0.137
24	塑料防水板	m²	5001010	29.65	41.37	51.12
25	PVC塑料管(φ100mm)	m	5001014	2.26	1.69	1.43
26	塑料弹簧软管(φ50mm)	m	5001018	28.31	24.74	22.12
27	塑料弹簧软管(φ110mm)	m	5001020	18.91	17.25	16.18
28	塑料打孔波纹管(φ400mm)	m	5001033	22.36	16.89	12.25
29	复合式防水板	m²	5001056	280.51	261.14	248.10
30	硝铵炸药	kg	5005002	909.35	905.08	848.15

顺序号	项　目	单位	代　号	高速、一级公路		
				分离式		
				隧道长度4000m以内		
				二车道	三车道	四车道
				7	8	9
31	非电毫秒雷管	个	5005008	1083.23	1081.33	1020.95
32	导爆索	m	5005009	618.38	617.71	593.18
33	土工布	m²	5007001	42.91	32.98	25.10
34	防火涂料	kg	5009018	2312.42	2132.52	2084.25
35	中(粗)砂	m³	5503005	128.94	146.65	177.32
36	天然砂砾	m³	5503008	0.80	0.90	1.11
37	片石	m³	5505005	0.35	0.27	0.19
38	碎石(2cm)	m³	5505012	22.59	28.12	36.14
39	碎石(4cm)	m³	5505013	133.62	149.32	178.01
40	碎石(8cm)	m³	5505015	1.39	1.05	0.76
41	瓷砖	m²	5507002	45.31	39.37	35.20
42	青(红)砖	千块	5507003	0.80	0.90	1.12
43	32.5级水泥	t	5509001	91.912	103.206	123.561
44	电缆	m	7001001	3.46	3.45	3.32
45	电线	m	7001004	13.65	13.63	13.09

顺序号	项目	单位	代号	高速、一级公路		
				分离式		
				隧道长度4000m 以内		
				二车道	三车道	四车道
				7	8	9
46	其他材料费	元	7801001	3487.0	3796.3	4238.7
47	设备摊销费	元	7901001	2902.8	3001.5	3350.1
48	75kW 以内履带式推土机	台班	8001002	0.74	0.85	1.02
49	1.0m³ 以内履带式液压单斗挖掘机	台班	8001027	0.21	0.21	0.21
50	1.0m³ 以内轮胎式装载机	台班	8001045	0.74	0.85	1.02
51	3.0m³ 以内轮胎式装载机(三向)	台班	8001053	2.55	2.55	2.45
52	8~10t 光轮压路机	台班	8001079	0.03	0.04	0.05
53	气腿式风动凿岩机	台班	8001103	91.15	92.69	92.55
54	ϕ38~115mm 液压潜孔钻机	台班	8001112	1.42	1.33	1.25
55	250L 以内强制式混凝土搅拌机	台班	8005002	0.09	0.08	0.08
56	混凝土喷射机	台班	8005011	4.35	5.41	6.95
57	8m³ 以内混凝土搅拌运输车	台班	8005032	3.24	3.69	4.47
58	60m³/h 以内混凝土输送泵	台班	8005051	1.42	1.60	1.93
59	60m³/h 以内混凝土搅拌站	台班	8005060	0.80	0.91	1.10

单位:100m²

顺序号	项　目	单位	代　号	高速、一级公路		
				分离式		
				隧道长度4000m以内		
				二车道	三车道	四车道
				7	8	9
60	3t以内载货汽车	台班	8007002	2.57	2.56	2.46
61	4t以内载货汽车	台班	8007003	1.24	2.73	5.01
62	20t以内自卸汽车	台班	8007019	12.30	12.30	11.80
63	40t以内平板拖车组	台班	8007026	0.03	0.03	0.04
64	1t以内机动翻斗车	台班	8007046	1.51	1.48	1.56
65	12t以内汽车式起重机	台班	8009027	0.05	0.05	0.06
66	30t以内汽车式起重机	台班	8009031	0.05	0.06	0.07
67	10m以内高空作业车	台班	8009046	0.06	0.06	0.05
68	φ100mm以内潜水泵	台班	8013019	1.71	1.70	1.62
69	32kV·A以内交流电弧焊机	台班	8015028	2.32	5.53	9.68
70	20m³/min以内电动空压机	台班	8017045	28.96	29.92	30.99
71	75kW以内轴流式通风机	台班	8023004	4.15	4.15	3.98
72	110kW以内轴流式通风机	台班	8023006	17.92	17.89	17.19
73	小型机具使用费	元	8099001	3071.6	3268.2	3449.8
74	基价	元	9999001	287716	322827	370973

顺序号	项　目	单位	代　号	高速、一级公路		
				分离式		
				隧道长度5000m以内		
				二车道	三车道	四车道
				10	11	12
1	人工	工日	1001001	750.1	815.9	905.9
2	HPB300 钢筋	t	2001001	0.001	0.001	0.002
3	HRB400 钢筋	t	2001002	2.539	4.786	6.957
4	8~12 号铁丝	kg	2001021	305.68	367.64	469.88
5	20~22 号铁丝	kg	2001022	3.12	9.10	14.24
6	型钢	t	2003004	1.392	4.038	8.197
7	钢板	t	2003005	0.145	0.420	0.853
8	钢管	t	2003008	0.493	0.479	0.464
9	钢模板	t	2003025	0.475	0.492	0.549
10	组合钢模板	t	2003026	0.003	0.004	0.004
11	空心钢钎	kg	2009003	118.88	122.51	127.53
12	φ50mm 以内合金钻头	个	2009004	60.89	63.39	67.14
13	φ150mm 以内合金钻头	个	2009005	0.28	0.27	0.26
14	自进式锚杆	m	2009009	379.44	329.16	299.36
15	电焊条	kg	2009011	10.17	29.70	54.48

单位:100m²

顺序号	项目	单位	代号	高速、一级公路		
				分离式		
				隧道长度5000m以内		
				二车道	三车道	四车道
				10	11	12
16	膨胀螺栓	套	2009015	110.20	95.53	85.29
17	铁件	kg	2009028	24.16	65.60	130.70
18	铁钉	kg	2009030	2.66	2.61	2.56
19	电	kW·h	3005002	3007.42	2977.85	2886.08
20	水	m³	3005004	566.73	617.54	680.58
21	原木	m³	4003001	0.313	0.306	0.301
22	锯材	m³	4003002	0.509	0.515	0.543
23	枕木	m³	4003003	0.117	0.121	0.135
24	塑料防水板	m²	5001010	31.92	43.61	52.70
25	PVC塑料管(φ100mm)	m	5001014	2.26	1.67	1.43
26	塑料弹簧软管(φ50mm)	m	5001018	26.89	23.31	20.81
27	塑料弹簧软管(φ110mm)	m	5001020	18.91	17.25	16.18
28	塑料打孔波纹管(φ400mm)	m	5001033	22.36	16.89	12.25
29	复合式防水板	m²	5001056	263.78	245.33	235.98
30	硝铵炸药	kg	5005002	884.28	878.16	854.15

顺序号	项　　目	单位	代　号	高速、一级公路		
				分离式		
				隧道长度5000m以内		
				二车道	三车道	四车道
				10	11	12
31	非电毫秒雷管	个	5005008	1055.29	1049.10	1023.42
32	导爆索	m	5005009	598.12	592.44	574.57
33	土工布	m²	5007001	41.71	31.53	23.22
34	防火涂料	kg	5009018	2312.42	2132.52	2084.25
35	中(粗)砂	m³	5503005	117.52	141.62	171.89
36	天然砂砾	m³	5503008	0.70	0.88	1.07
37	片石	m³	5505005	0.35	0.27	0.19
38	碎石(2cm)	m³	5505012	20.48	26.01	33.81
39	碎石(4cm)	m³	5505013	121.89	145.81	174.19
40	碎石(8cm)	m³	5505015	1.39	1.05	0.76
41	瓷砖	m²	5507002	45.31	35.79	35.20
42	青(红)砖	千块	5507003	0.70	0.88	1.08
43	32.5级水泥	t	5509001	84.030	98.880	119.015
44	电缆	m	7001001	4.34	4.30	4.17
45	电线	m	7001004	13.35	13.21	12.81

单位:100m²

顺序号	项目	单位	代号	高速、一级公路		
				分离式		
				隧道长度 5000m 以内		
				二车道	三车道	四车道
				10	11	12
46	其他材料费	元	7801001	3610.6	3914.1	4366.1
47	设备摊销费	元	7901001	2850.5	2949.2	3291.6
48	75kW 以内履带式推土机	台班	8001002	0.62	0.82	0.99
49	1.0m³ 以内履带式液压单斗挖掘机	台班	8001027	0.21	0.20	0.20
50	1.0m³ 以内轮胎式装载机	台班	8001045	0.62	0.82	0.99
51	3.0m³ 以内轮胎式装载机(三向)	台班	8001053	2.48	2.46	2.40
52	8~10t 光轮压路机	台班	8001079	0.03	0.04	0.05
53	气腿式风动凿岩机	台班	8001103	90.01	90.70	92.71
54	φ38~115mm 液压潜孔钻机	台班	8001112	1.04	0.99	0.96
55	250L 以内强制式混凝土搅拌机	台班	8005002	0.08	0.08	0.08
56	混凝土喷射机	台班	8005011	3.94	5.00	6.50
57	8m³ 以内混凝土搅拌运输车	台班	8005032	2.81	3.72	4.51
58	60m³/h 以内混凝土输送泵	台班	8005051	1.29	1.56	1.89
59	60m³/h 以内混凝土搅拌站	台班	8005060	0.66	0.88	1.06

单位:100m²

顺序号	项 目	单位	代 号	高速、一级公路		
				分离式		
				隧道长度 5000m 以内		
				二车道	三车道	四车道
				10	11	12
60	3t 以内载货汽车	台班	8007002	2.60	2.57	2.49
61	4t 以内载货汽车	台班	8007003	0.87	2.36	4.70
62	20t 以内自卸汽车	台班	8007019	14.50	14.39	14.01
63	40t 以内平板拖车组	台班	8007026	0.02	0.03	0.04
64	1t 以内机动翻斗车	台班	8007046	1.52	1.45	1.54
65	12t 以内汽车式起重机	台班	8009027	0.04	0.05	0.05
66	30t 以内汽车式起重机	台班	8009031	0.05	0.06	0.07
67	10m 以内高空作业车	台班	8009046	0.05	0.05	0.05
68	ϕ100mm 以内潜水泵	台班	8013019	1.50	1.48	1.42
69	32kV·A 以内交流电弧焊机	台班	8015028	1.61	4.70	8.92
70	20m³/min 以内电动空压机	台班	8017045	28.04	28.75	30.06
71	75kW 以内轴流式通风机	台班	8023004	4.80	4.76	4.61
72	110kW 以内轴流式通风机	台班	8023006	17.58	17.40	16.87
73	小型机具使用费	元	8099001	3344.6	3519.5	3727.3
74	基价	元	9999001	278722	314757	364494

顺序号	项 目	单位	代 号	高速、一级公路		
				分离式		
				隧道长度5000m以上每增加1000m		
				二车道	三车道	四车道
				13	14	15
1	人工	工日	1001001	18.1	16.8	15.8
2	钢管	t	2003008	0.018	0.016	0.015
3	电	kW·h	3005002	236.47	220.71	207.94
4	电缆	m	7001001	0.96	0.90	0.85
5	电线	m	7001004	0.16	0.15	0.14
6	其他材料费	元	7801001	146.4	136.6	128.7
7	8m³以内混凝土搅拌运输车	台班	8005032	0.26	0.32	0.36
8	3t以内载货汽车	台班	8007002	0.12	0.12	0.11
9	20t以内自卸汽车	台班	8007019	1.20	1.13	1.07
10	20m³/min以内电动空压机	台班	8017045	0.21	0.20	0.19
11	110kW以内轴流式通风机	台班	8023006	1.53	1.43	1.35
12	小型机具使用费	元	8099001	13.0	12.1	11.4
13	基价	元	9999001	5339	5118	4924

顺序号	项 目	单位	代 号	高速、一级公路			二级及二级以下公路
				连拱		小净距	
				二车道	三车道	二车道	
				16	17	18	19
1	人工	工日	1001001	972.1	1007.5	902.9	656.0
2	HPB300 钢筋	t	2001001	0.001	0.001	0.001	0.008
3	HRB400 钢筋	t	2001002	12.812	10.235	12.962	1.881
4	8~12 号铁丝	kg	2001021	527.46	421.74	674.20	420.74
5	20~22 号铁丝	kg	2001022	31.70	24.04	31.80	0.27
6	型钢	t	2003004	3.006	6.468	0.019	0.010
7	钢板	t	2003005	0.375	0.730	–	–
8	钢管	t	2003008	1.626	1.433	1.618	0.397
9	钢模板	t	2003025	0.615	0.561	0.594	0.434
10	组合钢模板	t	2003026	0.067	0.061	0.013	0.016
11	空心钢钎	kg	2009003	121.95	115.34	119.90	96.19
12	φ50mm 以内合金钻头	个	2009004	64.80	61.47	64.09	50.98
13	φ150mm 以内合金钻头	个	2009005	1.68	1.47	1.68	0.31
14	自进式锚杆	m	2009009	257.55	762.42	433.38	211.55
15	电焊条	kg	2009011	57.25	61.41	44.54	0.19

单位:100m²

顺序号	项　目	单位	代　号	高速、一级公路			二级及二级以下公路
				连拱		小净距	
				二车道	三车道	二车道	
				16	17	18	19
16	膨胀螺栓	套	2009015	118.92	103.33	123.80	108.56
17	铁件	kg	2009028	71.76	123.35	11.95	7.38
18	铁钉	kg	2009030	3.54	3.82	2.98	2.31
19	电	kW·h	3005002	1099.62	1026.30	1089.13	905.80
20	水	m³	3005004	800.92	805.83	714.64	572.76
21	原木	m³	4003001	0.364	0.393	0.340	0.271
22	锯材	m³	4003002	0.865	0.859	0.816	0.484
23	枕木	m³	4003003	0.151	0.138	0.146	0.111
24	塑料防水板	m²	5001010	23.85	36.89	26.75	19.52
25	PVC塑料管(φ100mm)	m	5001014	2.31	1.67	1.95	2.17
26	塑料弹簧软管(φ50mm)	m	5001018	29.02	25.21	30.21	26.49
27	塑料弹簧软管(φ110mm)	m	5001020	18.91	17.25	18.91	23.03
28	塑料打孔波纹管(φ400mm)	m	5001033	22.36	16.89	22.36	23.03
29	复合式防水板	m²	5001056	321.36	261.80	308.84	293.70
30	硝铵炸药	kg	5005002	847.81	793.54	807.66	669.46

单位:100m²

顺序号	项　目	单位	代　号	高速、一级公路			二级及二级以下公路
				连拱		小净距	
				二车道	三车道	二车道	
				16	17	18	19
31	非电毫秒雷管	个	5005008	1013.52	949.00	959.66	796.18
32	导爆索	m	5005009	657.29	615.22	625.00	519.73
33	土工布	m²	5007001	47.15	39.24	48.84	37.53
34	防火涂料	kg	5009018	2312.42	2132.52	1983.21	1930.52
35	中(粗)砂	m³	5503005	204.32	200.70	164.81	137.37
36	天然砂砾	m³	5503008	1.04	1.04	1.03	5.79
37	片石	m³	5505005	0.35	0.27	0.35	0.36
38	碎石(2cm)	m³	5505012	29.37	36.50	29.12	21.71
39	碎石(4cm)	m³	5505013	220.69	206.14	170.54	143.28
40	碎石(8cm)	m³	5505015	1.39	1.05	1.39	1.43
41	瓷砖	m²	5507002	45.31	39.37	45.31	43.25
42	青(红)砖	千块	5507003	1.05	1.05	1.04	5.84
43	32.5级水泥	t	5509001	156.424	153.182	127.824	94.945
44	电缆	m	7001001	0.71	0.66	0.70	0.59
45	电线	m	7001004	6.92	6.46	6.85	5.70

顺序号	项　　目	单位	代　号	高速、一级公路			二级及二级以下公路
				连拱		小净距	
				二车道	三车道	二车道	
				16	17	18	19
46	其他材料费	元	7801001	3933.2	4148.3	3780.9	2759.5
47	设备摊销费	元	7901001	3689.6	3364.8	3560.8	2625.3
48	75kW 以内履带式推土机	台班	8001002	0.97	0.96	0.95	0.69
49	1.0m³ 以内履带式液压单斗挖掘机	台班	8001027	0.19	0.17	0.22	0.19
50	1.0m³ 以内轮胎式装载机	台班	8001045	0.97	0.96	0.95	0.69
51	3.0m³ 以内轮胎式装载机（三向）	台班	8001053	2.59	2.42	2.46	2.05
52	8～10t 光轮压路机	台班	8001079	0.05	0.05	0.04	0.25
53	气腿式风动凿岩机	台班	8001103	93.57	103.41	94.45	72.18
54	φ38～115mm 液压潜孔钻机	台班	8001112	6.27	5.49	6.27	1.14
55	250L 以内强制式混凝土搅拌机	台班	8005002	0.10	0.09	0.10	0.37
56	混凝土喷射机	台班	8005011	5.65	7.02	5.60	4.18
57	8m³ 以内混凝土搅拌运输车	台班	8005032	3.53	3.50	2.97	2.39
58	60m³/h 以内混凝土输送泵	台班	8005051	2.46	2.28	1.84	1.51
59	60m³/h 以内混凝土搅拌站	台班	8005060	1.04	1.03	1.02	0.75
60	3t 以内载货汽车	台班	8007002	1.45	1.33	1.72	1.44

单位:100m²

顺序号	项 目	单位	代 号	高速、一级公路			二级及二级以下公路
				连拱		小净距	
				二车道	三车道	二车道	
				16	17	18	19
61	4t 以内载货汽车	台班	8007003	2.27	4.15	0.52	0.10
62	20t 以内自卸汽车	台班	8007019	7.31	6.85	6.96	5.78
63	40t 以内平板拖车组	台班	8007026	0.04	0.04	0.04	0.20
64	1t 以内机动翻斗车	台班	8007046	1.72	2.15	1.97	1.45
65	12t 以内汽车式起重机	台班	8009027	0.17	0.15	0.17	0.17
66	30t 以内汽车式起重机	台班	8009031	0.07	0.07	0.07	0.38
67	10m 以内高空作业车	台班	8009046	0.06	0.06	0.06	0.04
68	φ100mm 以内潜水泵	台班	8013019	2.19	2.08	1.67	1.40
69	32kV·A 以内交流电弧焊机	台班	8015028	7.31	9.03	4.84	0.02
70	20m³/min 以内电动空压机	台班	8017045	35.71	38.45	36.87	24.20
71	75kW 以内轴流式通风机	台班	8023004	11.93	11.13	11.81	9.83
72	小型机具使用费	元	8099001	3662.8	3714.6	3552.9	2376.3
73	基价	元	9999001	385270	405960	350847	233758

3-2 明 洞

工程内容 明洞开挖,洞身浇筑,仰拱回填,防排水,洞身装饰、喷涂,铺筑路面混凝土整平层等工程的全部工作。

单位:100m²

顺序号	项 目	单位	代 号	明 洞			
				分 离 式			连 拱
				二车道	三车道	四车道	二车道
				1	2	3	4
1	人工	工日	1001001	838.1	933.8	978.1	923.0
2	HPB300 钢筋	t	2001001	2.688	3.062	3.269	2.811
3	HRB400 钢筋	t	2001002	13.166	15.799	17.286	13.932
4	8~12 号铁丝	kg	2001021	45.42	55.88	60.43	49.62
5	20~22 号铁丝	kg	2001022	48.22	57.29	62.40	50.91
6	型钢	t	2003004	0.181	0.205	0.220	0.199
7	钢板	t	2003005	0.588	0.676	0.730	0.653
8	钢模板	t	2003025	0.023	0.037	0.048	0.059
9	组合钢模板	t	2003026	0.077	0.091	0.092	0.077
10	空心钢钎	kg	2009003	7.83	7.85	7.75	7.83
11	ϕ50mm 以内合金钻头	个	2009004	14.69	14.66	14.46	14.69
12	电焊条	kg	2009011	64.18	76.99	84.24	67.91
13	螺栓	kg	2009013	0.54	0.86	1.13	1.38

单位:100m²

顺序号	项　目	单位	代　号	明　洞			
				分　离　式			连　拱
				二车道	三车道	四车道	二车道
				1	2	3	4
14	膨胀螺栓	套	2009015	104.01	88.81	76.08	114.50
15	铁件	kg	2009028	245.30	325.56	357.89	271.48
16	铁钉	kg	2009030	0.24	0.33	0.34	0.24
17	铸铁箅子	kg	2009032	1.89	1.74	1.68	1.89
18	U 形锚钉	kg	2009034	6.68	6.66	6.30	6.68
19	石油沥青	t	3001001	0.010	0.011	0.011	0.010
20	乳化沥青	t	3001005	0.025	0.024	0.024	0.025
21	水	m³	3005004	605.98	671.63	705.28	639.06
22	原木	m³	4003001	0.401	0.499	0.532	0.424
23	锯材	m³	4003002	0.494	0.574	0.615	0.540
24	草籽	kg	4013001	1.68	1.63	1.56	1.68
25	三维植被网	m²	5001009	26.46	26.41	24.98	26.46
26	塑料防水板	m²	5001010	20.36	29.38	36.50	39.41
27	PVC 塑料管(φ50mm)	m	5001013	5.17	8.81	9.67	5.17
28	PVC 塑料管(φ100mm)	m	5001014	1.94	1.45	1.22	1.98
29	塑料弹簧软管(φ50mm)	m	5001018	25.38	21.67	18.56	27.94
30	塑料弹簧软管(φ110mm)	m	5001020	16.23	14.79	13.87	16.22

顺序号	项 目	单位	代 号	明 洞			
				分 离 式			连 拱
				二车道	三车道	四车道	二车道
				1	2	3	4
31	塑料打孔波纹管(φ400mm)	m	5001033	19.18	14.48	10.51	19.18
32	复合式防水板	m²	5001056	281.17	240.09	218.99	309.52
33	硝铵炸药	kg	5005002	111.37	111.13	109.65	111.37
34	非电毫秒雷管	个	5005008	128.24	128.22	126.57	128.24
35	导爆索	m	5005009	68.08	67.87	66.95	68.08
36	土工布	m²	5007001	40.43	31.24	24.04	35.60
37	玻璃纤维布	m²	5007002	15.07	14.30	14.06	15.07
38	防火涂料	kg	5009018	1983.21	1828.92	1787.52	1983.21
39	黏土	m³	5501003	10.18	9.87	9.77	98.36
40	种植土	m³	5501007	5.98	5.81	5.57	5.98
41	中(粗)砂	m³	5503005	253.74	283.55	298.38	263.36
42	砂砾	m³	5503007	45.81	52.82	53.86	45.81
43	天然砂砾	m³	5503008	0.94	1.08	1.17	1.01
44	片石	m³	5505005	280.11	286.63	288.12	285.39
45	碎石(4cm)	m³	5505013	238.53	268.94	285.74	241.30
46	碎石(8cm)	m³	5505015	19.78	35.03	43.03	37.22
47	碎石	m³	5505016	25.36	24.08	13.65	25.36

顺序号	项 目	单位	代 号	明 洞			连 拱
				分 离 式			二车道
				二车道	三车道	四车道	二车道
				1	2	3	4
48	瓷砖	m²	5507002	38.86	33.76	30.19	38.86
49	青(红)砖	千块	5507003	0.95	1.09	1.18	1.02
50	32.5级水泥	t	5509001	125.143	142.669	151.752	131.133
51	其他材料费	元	7801001	1486.9	1449.0	1419.1	1604.5
52	75kW以内履带式推土机	台班	8001002	0.87	1.00	1.07	0.93
53	135kW以内履带式推土机	台班	8001006	2.31	2.27	2.23	2.31
54	0.6m³以内履带式液压单斗挖掘机	台班	8001025	0.12	0.12	0.11	0.12
55	1.0m³以内履带式液压单斗挖掘机	台班	8001027	1.91	1.87	1.84	1.91
56	1.0m³以内履带式机械单斗挖掘机	台班	8001035	0.10	0.14	0.15	0.10
57	1.0m³以内轮胎式装载机	台班	8001045	8.30	8.19	8.07	8.36
58	2.0m³以内轮胎式装载机	台班	8001047	1.80	1.76	1.73	1.80
59	8~10t光轮压路机	台班	8001079	0.04	0.05	0.05	0.04
60	液压喷播机	台班	8001132	0.09	0.08	0.08	0.09
61	250L以内强制式混凝土搅拌机	台班	8005002	0.46	0.79	0.88	0.47
62	400L以内灰浆搅拌机	台班	8005010	3.64	3.70	3.70	3.64
63	6m³以内混凝土搅拌运输车	台班	8005031	3.47	3.99	4.30	3.72

单位：100m²

顺序号	项目	单位	代号	明洞			连拱
				分离式			二车道
				二车道	三车道	四车道	
				1	2	3	4
64	60m³/h 以内混凝土输送泵	台班	8005051	0.41	0.45	0.45	0.21
65	60m³/h 以内混凝土搅拌站	台班	8005060	0.93	1.07	1.15	1.00
66	4t 以内载货汽车	台班	8007003	0.31	0.30	0.29	0.31
67	8t 以内自卸汽车	台班	8007014	16.01	15.69	15.42	16.01
68	40t 以内平板拖车组	台班	8007026	0.03	0.04	0.04	0.04
69	6000L 以内洒水汽车	台班	8007041	0.07	0.07	0.06	0.07
70	1t 以内机动翻斗车	台班	8007046	0.57	0.47	0.36	0.57
71	8t 以内汽车式起重机	台班	8009026	0.21	0.45	0.52	0.21
72	12t 以内汽车式起重机	台班	8009027	10.78	12.42	13.42	11.95
73	25t 以内汽车式起重机	台班	8009030	0.26	0.42	0.55	0.67
74	30t 以内汽车式起重机	台班	8009031	0.06	0.07	0.08	0.07
75	32kV·A 以内交流电弧焊机	台班	8015028	9.59	11.51	12.59	10.15
76	3m³/min 以内机动空压机	台班	8017047	0.02	0.05	0.06	0.02
77	9m³/min 以内机动空压机	台班	8017049	4.11	4.10	4.05	4.11
78	小型机具使用费	元	8099001	931.3	1037.4	1093.6	988.4
79	基价	元	9999001	322415	357346	374154	344231

3-3 洞　门

工程内容　洞门浇筑、洞顶排水沟砌筑、洞口排水沟电缆槽浇筑、洞门铭牌安装、洞口开挖与防护等完成洞门工程的一切工序。

单位:每端洞门

顺序号	项　目	单位	代　号	洞　门			
				分　离　式			连　拱
				二车道	三车道	四车道	二车道
				1	2	3	4
1	人工	工日	1001001	1299.5	1520.0	1681.0	1247.4
2	HPB300 钢筋	t	2001001	2.936	3.218	3.344	2.823
3	HRB400 钢筋	t	2001002	7.568	8.324	8.662	7.266
4	8~12 号铁丝	kg	2001021	15.82	19.14	22.02	15.19
5	20~22 号铁丝	kg	2001022	3.07	3.31	3.42	2.97
6	型钢	t	2003004	0.671	0.812	0.934	0.644
7	钢管	t	2003008	0.482	0.578	0.658	0.462
8	钢模板	t	2003025	0.002	0.002	0.002	0.002
9	组合钢模板	t	2003026	1.347	1.629	1.872	1.293
10	空心钢钎	kg	2009003	172.20	190.77	199.42	165.31
11	φ50mm 以内合金钻头	个	2009004	89.46	100.95	106.72	85.88
12	电焊条	kg	2009011	28.21	31.03	32.29	27.08
13	铁件	kg	2009028	1049.10	1267.46	1455.13	1007.16
14	铁钉	kg	2009030	13.98	16.92	19.46	13.43
15	铸铁算子	kg	2009032	0.4	0.4	0.4	0.4

单位:每端洞门

顺序号	项　目	单位	代　号	洞　门			
				分　离　式			连　拱
				二车道	三车道	四车道	二车道
				1	2	3	4
16	石油沥青	t	3001001	0.003	0.003	0.003	0.003
17	水	m³	3005004	1509.41	1758.24	1936.56	1449.08
18	原木	m³	4003001	4.258	5.153	5.925	4.088
19	锯材	m³	4003002	4.866	5.887	6.770	4.671
20	硝铵炸药	kg	5005002	175.40	212.26	233.48	168.40
21	非电毫秒雷管	个	5005008	201.24	243.52	267.87	193.20
22	导爆索	m	5005009	107.42	129.99	142.98	103.13
23	中(粗)砂	m³	5503005	388.27	464.94	526.28	372.76
24	砂砾	m³	5503007	38.56	46.37	50.87	37.07
25	天然砂砾	m³	5503008	1.94	2.35	2.70	1.83
26	片石	m³	5505005	82.46	101.89	114.03	79.16
27	碎石(2cm)	m³	5505012	50.86	56.72	58.97	48.90
28	碎石(4cm)	m³	5505013	516.47	624.93	718.66	495.78
29	青(红)砖	千块	5507003	1.96	2.38	2.73	1.85
30	32.5级水泥	t	5509001	257.177	307.501	348.278	246.906
31	其他材料费	元	7801001	11938.9	12992.9	13649.0	11661.4
32	75kW以内履带式推土机	台班	8001002	1.79	2.16	2.49	1.69
33	135kW以内履带式推土机	台班	8001006	3.76	4.55	5.00	3.61
34	0.6m³以内履带式液压单斗挖掘机	台班	8001025	0.22	0.26	0.28	0.21

单位:每端洞门

顺序号	项　　目	单位	代　号	洞　门			
				分　离　式			连　拱
				二车道	三车道	四车道	二车道
				1	2	3	4
35	1.0m³ 以内履带式液压单斗挖掘机	台班	8001027	3.10	3.76	4.13	2.98
36	1.0m³ 以内轮胎式装载机	台班	8001045	2.42	2.95	3.37	2.30
37	2.0m³ 以内轮胎式装载机	台班	8001047	2.93	3.54	3.89	2.81
38	8~10t 光轮压路机	台班	8001079	0.08	0.10	0.12	0.08
39	气腿式风动凿岩机	台班	8001103	96.92	106.61	110.96	93.05
40	250L 以内强制式混凝土搅拌机	台班	8005002	13.79	15.44	16.09	13.24
41	400L 以内灰浆搅拌机	台班	8005010	1.09	1.35	1.51	1.05
42	混凝土喷射机	台班	8005011	15.10	16.91	17.61	14.50
43	6m³ 以内混凝土搅拌运输车	台班	8005031	7.16	8.66	9.96	6.76
44	60m³/h 以内混凝土搅拌站	台班	8005060	1.92	2.32	2.67	1.81
45	4t 以内载货汽车	台班	8007003	0.05	0.05	0.05	0.05
46	8t 以内自卸汽车	台班	8007014	26.04	31.51	34.66	25.00
47	40t 以内平板拖车组	台班	8007026	0.07	0.08	0.09	0.06
48	12t 以内汽车式起重机	台班	8009027	24.86	30.08	34.59	23.86
49	30t 以内汽车式起重机	台班	8009031	0.13	0.15	0.18	0.12
50	32kV·A 以内交流电弧焊机	台班	8015028	9.40	10.34	10.77	9.03
51	9m³/min 以内机动空压机	台班	8017049	65.86	73.42	76.86	63.23
52	小型机具使用费	元	8099001	3044.8	3454.8	3702.1	2923.1
53	基价	元	9999001	523054	613792	680236	502079

3-4 斜 井

工程内容 开挖、钢支撑、喷锚支护、防排水、衬砌、路面、混凝土拌和运输、混凝土拌和设备安拆等全部工作。

单位：100m²

顺序号	项 目	单位	代 号	斜 井 长 度			
				1500m 以内			
				纵坡7°以内	纵坡9°以内	纵坡12°以内	纵坡25°以内
				1	2	3	4
1	人工	工日	1001001	583.0	596.6	667.6	763.0
2	HPB300 钢筋	t	2001001	0.147	0.147	0.147	0.147
3	HRB400 钢筋	t	2001002	5.133	5.133	5.133	5.133
4	8~12 号铁丝	kg	2001021	724.36	724.36	724.36	724.36
5	20~22 号铁丝	kg	2001022	12.6	12.6	12.6	12.6
6	型钢	t	2003004	2.294	2.294	2.294	2.294
7	钢板	t	2003005	0.194	0.194	0.194	0.194
8	钢管	t	2003008	0.162	0.162	0.162	0.162
9	组合钢模板	t	2003026	0.210	0.210	0.210	0.210
10	空心钢钎	kg	2009003	61.72	61.72	61.72	61.72
11	ϕ50mm 以内合金钻头	个	2009004	29.74	29.74	29.74	29.74
12	电焊条	kg	2009011	26.69	26.69	26.69	26.69
13	膨胀螺栓	套	2009015	141.11	141.11	141.11	141.11

顺序号	项 目	单位	代 号	斜 井 长 度			
				1500m 以内			
				纵坡7°以内	纵坡9°以内	纵坡12°以内	纵坡25°以内
				1	2	3	4
14	铁件	kg	2009028	42.37	42.37	42.37	42.37
15	铁钉	kg	2009030	7.18	7.18	7.18	7.18
16	石油沥青	t	3001001	0.014	0.014	0.014	0.014
17	煤	t	3005001	0.003	0.003	0.003	0.003
18	电	kW·h	3005002	1017.56	1017.56	1017.56	1017.56
19	水	m³	3005004	286.95	286.95	286.95	286.95
20	原木	m³	4003001	0.121	0.121	0.121	0.121
21	锯材	m³	4003002	0.823	0.823	0.823	0.823
22	塑料防水板	m²	5001010	43.65	43.65	43.65	43.65
23	PVC 塑料管(φ100mm)	m	5001014	1.40	1.40	1.40	1.40
24	塑料弹簧软管(φ50mm)	m	5001018	34.43	34.43	34.43	34.43
25	塑料弹簧软管(φ110mm)	m	5001020	27.86	27.86	27.86	27.86
26	塑料打孔波纹管(φ400mm)	m	5001033	27.86	27.86	27.86	27.86
27	复合式防水板	m²	5001056	377.73	377.73	377.73	377.73
28	硝铵炸药	kg	5005002	401.55	401.55	401.55	408.59
29	非电毫秒雷管	个	5005008	424.58	424.58	424.58	437.02

单位:100m²

顺序号	项　　目	单位	代　号	斜 井 长 度			
				1500m 以内			
				纵坡 7°以内	纵坡 9°以内	纵坡 12°以内	纵坡 25°以内
				1	2	3	4
30	导爆索	m	5005009	335.73	335.73	335.73	360.11
31	土工布	m²	5007001	44.1	44.1	44.1	44.1
32	中(粗)砂	m³	5503005	93.85	93.85	93.85	93.85
33	天然砂砾	m³	5503008	0.83	0.83	0.83	0.83
34	片石	m³	5505005	0.44	0.44	0.44	0.44
35	碎石(2cm)	m³	5505012	21.08	21.08	21.08	21.08
36	碎石(4cm)	m³	5505013	92.78	92.78	92.78	92.78
37	碎石(8cm)	m³	5505015	1.73	1.73	1.73	1.73
38	青(红)砖	千块	5507003	0.84	0.84	0.84	0.84
39	32.5 级水泥	t	5509001	63.887	63.887	63.887	63.887
40	电缆	m	7001001	0.92	0.92	0.92	0.92
41	电线	m	7001004	30.86	30.86	30.86	30.86
42	其他材料费	元	7801001	3045.2	3045.2	3045.2	12237.3
43	75kW 以内履带式推土机	台班	8001002	0.46	0.46	0.46	0.46
44	1.0m³ 以内履带式液压单斗挖掘机	台班	8001027	0.16	0.17	0.25	2.48

单位:100m²

顺序号	项　目	单位	代　号	斜　井　长　度			
				1500m 以内			
				纵坡 7°以内	纵坡 9°以内	纵坡 12°以内	纵坡 25°以内
				1	2	3	4
45	1.0m³ 以内轮胎式装载机	台班	8001045	0.46	0.46	0.46	0.46
46	3.0m³ 以内轮胎式装载机(三向)	台班	8001053	1.77	2.09	2.77	–
47	8～10t 光轮压路机	台班	8001079	0.04	0.04	0.04	0.04
48	气腿式风动凿岩机	台班	8001103	58.03	58.03	58.03	58.03
49	3.0～9.0m 滑模式水泥混凝土摊铺机	台班	8003076	0.03	0.03	0.03	0.03
50	混凝土电动刻纹机	台班	8003083	0.66	0.66	0.66	0.66
51	混凝土电动切缝机	台班	8003085	0.26	0.26	0.26	0.26
52	250L 以内强制式混凝土搅拌机	台班	8005002	0.10	0.10	0.10	0.10
53	混凝土喷射机	台班	8005011	4.06	4.06	4.06	4.06
54	8m³ 以内混凝土搅拌运输车	台班	8005032	1.69	1.69	1.69	1.69
55	10m³/h 以内混凝土输送泵	台班	8005047	1.74	1.74	1.74	1.74
56	60m³/h 以内混凝土输送泵	台班	8005051	0.12	0.12	0.12	0.12
57	60m³/h 以内混凝土搅拌站	台班	8005060	0.50	0.50	0.50	0.50
58	3t 以内载货汽车	台班	8007002	0.51	0.51	0.66	–
59	4t 以内载货汽车	台班	8007003	1.02	1.02	1.02	1.02

顺序号	项 目	单位	代 号	斜 井 长 度			
				1500m 以内			
				纵坡7°以内	纵坡9°以内	纵坡12°以内	纵坡25°以内
				1	2	3	4
60	20t 以内自卸汽车	台班	8007019	5.11	6.58	8.76	–
61	40t 以内平板拖车组	台班	8007026	0.03	0.03	0.03	0.03
62	10000L 以内洒水汽车	台班	8007043	0.14	0.14	0.14	0.14
63	1t 以内机动翻斗车	台班	8007046	0.80	0.80	0.80	0.80
64	8t 以内梭式矿车	台班	8007060	–	–	–	13.46
65	12t 以内汽车式起重机	台班	8009027	0.02	0.02	0.02	0.02
66	30t 以内汽车式起重机	台班	8009031	0.05	0.05	0.05	0.05
67	10m 以内高空作业车	台班	8009046	0.24	0.24	0.24	0.24
68	50kN 以内单筒慢动电动卷扬机	台班	8009081	3.78	3.78	3.78	3.78
69	2.0m×1.5m 单筒绞车	台班	8009135	–	–	–	0.77
70	2.0m×1.5m 双筒绞车	台班	8009136	–	–	–	6.47
71	32kV·A 以内交流电弧焊机	台班	8015028	3.36	3.36	3.36	3.36
72	20m³/min 以内电动空压机	台班	8017045	22.31	23.20	28.65	26.05
73	100kW 以内轴流式通风机	台班	8023005	19.85	19.85	19.85	19.85
74	小型机具使用费	元	8099001	2462.2	2470.2	2632.6	2565.4
75	基价	元	9999001	207785	211944	226949	243618

3-5 竖 井

工程内容 开挖、喷锚支护、防排水、衬砌、混凝土拌和运输、混凝土拌和设备安拆等全部工作。

单位:10m 井深

顺序号	项 目	单位	代 号	直径8m 以内竖井
				1
1	人工	工日	1001001	760.4
2	HPB300 钢筋	t	2001001	0.006
3	HRB400 钢筋	t	2001002	6.628
4	钢丝绳	t	2001019	0.642
5	8~12 号铁丝	kg	2001021	566.66
6	20~22 号铁丝	kg	2001022	15.02
7	型钢	t	2003004	0.090
8	钢板	t	2003005	0.298
9	钢管	t	2003008	0.099
10	组合钢模板	t	2003026	0.010
11	空心钢钎	kg	2009003	69.21
12	ϕ50mm 以内合金钻头	个	2009004	54.67
13	电焊条	kg	2009011	20.31
14	铁件	kg	2009028	89.12

顺序号	项　目	单位	代　号	直径8m以内竖井
				1
15	铁钉	kg	2009030	1.06
16	电	kW·h	3005002	1594.98
17	水	m³	3005004	484.19
18	原木	m³	4003001	0.129
19	锯材	m³	4003002	0.337
20	复合式防水板	m²	5001056	298.07
21	锚固剂	t	5003006	0.715
22	硝铵炸药	kg	5005002	566.31
23	非电毫秒雷管	个	5005008	514.41
24	中(粗)砂	m³	5503005	100.47
25	天然砂砾	m³	5503008	4.26
26	碎石(4cm)	m³	5505013	117.15
27	青(红)砖	千块	5507003	4.30
28	32.5级水泥	t	5509001	67.067
29	其他材料费	元	7801001	2719.4
30	设备摊销费	元	7901001	1361.3
31	75kW以内履带式推土机	台班	8001002	0.40

顺序号	项　目	单位	代　号	直径8m 以内竖井
				1
32	2.0m³ 以内履带式液压单斗挖掘机	台班	8001030	0.97
33	0.2m³ 以内轮胎式液压单斗挖掘机	台班	8001038	8.37
34	1.0m³ 以内轮胎式装载机	台班	8001045	0.40
35	8～10t 光轮压路机	台班	8001079	0.18
36	气腿式风动凿岩机	台班	8001103	61.98
37	250L 以内强制式混凝土搅拌机	台班	8005002	0.21
38	混凝土喷射机	台班	8005011	3.02
39	8m³ 以内混凝土搅拌运输车	台班	8005032	1.47
40	60m³/h 以内混凝土输送泵	台班	8005051	1.30
41	60m³/h 以内混凝土搅拌站	台班	8005060	0.43
42	4t 以内载货汽车	台班	8007003	0.54
43	12t 以内自卸汽车	台班	8007016	4.05
44	40t 以内平板拖车组	台班	8007026	0.15
45	1t 以内机动翻斗车	台班	8007046	0.25
46	12t 以内汽车式起重机	台班	8009027	0.11

顺序号	项　　目	单位	代　号	直径 8m 以内竖井
				1
47	30t 以内汽车式起重机	台班	8009031	0.28
48	30kN 以内单筒慢动电动卷扬机	台班	8009080	7.47
49	50kN 以内单筒慢动电动卷扬机	台班	8009081	39.36
50	100kN 以内单筒慢动电动卷扬机	台班	8009083	34.15
51	200kN 以内单筒慢动电动卷扬机	台班	8009084	2.97
52	80kN 以内双筒快动电动卷扬机	台班	8009103	4.97
53	100kN 以内双筒快动电动卷扬机	台班	8009104	8.45
54	ϕ100mm 电动多级水泵(>120m)	台班	8013012	20.55
55	32kV·A 以内交流电弧焊机	台班	8015028	3.37
56	20m³/min 以内电动空压机	台班	8017045	25.58
57	30kW 以内轴流式通风机	台班	8023002	12.28
58	小型机具使用费	元	8099001	1460.5
59	基价	元	9999001	248558

3-6 管　棚

工程内容　套拱混凝土、钢拱架、套拱孔管口、管棚及注浆、钢管填充砂浆及钢筋。

单位:10 隧长米

顺序号	项　目	单位	代　号	管　棚		
				二车道	三车道	四车道
				1	2	3
1	人工	工日	1001001	195.0	288.6	404.1
2	HRB400 钢筋	t	2001002	0.270	0.332	0.464
3	型钢	t	2003004	0.078	0.121	0.170
4	钢管	t	2003008	6.436	7.834	10.967
5	组合钢模板	t	2003026	0.046	0.071	0.099
6	φ150mm 以内合金钻头	个	2009005	7.4	9.0	12.6
7	电焊条	kg	2009011	4.56	5.61	7.85
8	铁件	kg	2009028	48.31	74.86	104.80
9	水	m³	3005004	128.57	191.87	268.62
10	原木	m³	4003001	0.033	0.051	0.071
11	锯材	m³	4003002	1.159	1.426	1.996
12	中(粗)砂	m³	5503005	8.00	12.39	17.35

顺序号	项 目	单位	代 号	管 棚		
				二车道	三车道	四车道
				1	2	3
13	碎石(4cm)	m³	5505013	13.82	21.42	29.99
14	32.5级水泥	t	5509001	67.472	135.178	189.250
15	其他材料费	元	7801001	2189.7	2683.7	3757.2
16	φ38~115mm 液压潜孔钻机	台班	8001112	27.57	33.53	46.94
17	8m³ 以内混凝土搅拌运输车	台班	8005032	0.18	0.27	0.38
18	4t 以内载货汽车	台班	8007003	2.31	4.08	5.71
19	1t 以内机动翻斗车	台班	8007046	0.12	0.15	0.20
20	12t 以内汽车式起重机	台班	8009027	0.62	0.95	1.34
21	32kV·A 以内交流电弧焊机	台班	8015028	0.43	0.52	0.73
22	20m³/min 以内电动空压机	台班	8017045	29.82	36.27	50.78
23	小型机具使用费	元	8099001	1445.3	1989.3	2785.1
24	基价	元	9999001	116652	165827	232168

第四章 桥涵工程

说 明

本章指标包括涵洞工程、桥梁工程。

一、涵洞工程：包括盖板涵、圆管涵、拱涵、箱涵和波纹管涵等项目。

1. 涵洞工程指标分为跨径 1m 以内（管涵、盖板涵）、2m 以内、3m 以内、5m 以内和 6m 以内（箱涵）。跨径超过 5m（箱涵除外）的涵洞按桥梁工程中标准跨径小于 16m 的桥梁指标进行计算。

2. 跨径小于 0.5m 的灌溉涵已综合在路基其他排水工程指标中，不得将灌溉涵作为工程量计算。

3. 涵洞工程指标中未包含特殊地基处理。当为特殊地基时，可根据实际情况套用相关指标或公路工程概算定额计算。

4. 指标中涵洞洞口按一般常用的标准洞口计算，如为特殊洞口及洞口以外的工程，可根据实体圬工量套用相关指标或公路工程概算定额计算。

5. 若有双孔涵洞，可按单孔指标乘以下列双孔系数：

结构类型	盖板涵	钢筋混凝土圆管涵	拱涵	波纹管涵
双孔系数	1.6	1.8	1.5	1.8

二、桥梁工程：本指标分标准跨径小于 16m 的桥梁和标准跨径大于或等于 16m 的桥梁两项，其中标准跨径大于

或等于16m的桥梁分为一般结构桥梁(如预应力混凝土空心板、预应力混凝土T形梁、预应力混凝土箱梁等)和技术复杂结构桥梁(如连续刚构、连续梁、斜拉桥、悬索桥、钢管拱等)两部分。

1. 指标均包括基础、下部、上部、桥台锥坡、桥头搭板等工程。当设置导流坝、丁坝等调治构造物时,其圬工及土石方等工程应分别按第一章路基工程的防护工程指标及路基土石方指标另行计算。

2. 指标不包括桥面面层铺装,应按相应的概算定额另行计算。

3. 指标中均已综合混凝土集中拌和、混凝土运输及拌和站安拆、临时轨道、混凝土构件蒸汽养护及蒸汽养护室建筑等项目。

4. 标准跨径小于16m的桥梁指标已综合不同结构类型的桥梁,使用时不得调整指标。

5. 标准跨径大于或等于16m的桥梁应按不同结构类型编制估算。标准跨径100m以内的箱形拱和钢管拱,指标综合了基础、下部和上部;标准跨径100m以上的箱形拱和钢管拱,其基础、下部和上部则应按技术复杂大桥相关指标进行计算。

6. 技术复杂大桥:

(1) 如工程可行性研究设计能提出技术复杂大桥上部构造用高强钢丝(钢绞线)和基础工程用的钢壳沉井或双壁钢围堰以及上部构造、下部构造、基础等各部位用的钢筋数量,可按设计提供的数量调整指标中相应的数量。

(2) 沉井基础仅适用于水深在20m以内的桥梁工程;水深超过20m时,应编制补充指标或采用《公路工程概算定额》(JTG/T 3831—2018)计算。

(3) 平行钢丝斜拉索、钢绞线斜拉索、主缆的锚头和PE或套管防护料费用应含在成品单价中。

(4) 钢绞线斜拉索的单价中包括厂家现场编索和锚具的费用。

(5) 主缆指标综合了牵引系统、猫道系统、主缆系统、缠丝、索鞍、索夹、吊索、防腐涂装的费用,编制估算时,不得另行计算。

(6) 钢箱梁单价应包括钢箱梁运输至安装现场和工地现场焊接费用。

（7）钢箱梁指标中综合了钢箱梁安装所需的一切工作,但未包括钢箱梁桥面铺装,钢桥桥面铺装费用应另行计算。

（8）技术复杂大桥上部构造指标中钢管拱是按标准跨径 240m 以内编制的;标准跨径大于 240m 时,可按下列规定进行计算:

①标准跨径 240～400m 以内,指标乘以系数 1.15;

②标准跨径 400～600m 以内,指标乘以系数 1.33。

三、工程量计算规则

1. 涵身按涵洞长度计算。洞口按道计算,一道涵洞按两座洞口计算,如涵洞只有一座洞口,则按0.5道计算。

2. 桥面面积为桥梁长度与桥面宽度的乘积。桥梁全长,有桥台的桥梁为两岸桥台侧墙或八字墙尾端间的距离,无桥台的桥梁为桥面系行车道的长度。桥梁宽度为行车道加人行道或安全带加桥梁护栏的宽度并计算至外缘。

3. 一般桥梁指标按桥面面积计算,即按桥梁长度乘以桥梁宽度之面积计算。

4. 技术复杂大桥:

（1）扩大基础工程量按基础设计混凝土圬工实体计算。

（2）钢筋混凝土沉井按井体、封底、封顶、填心等设计混凝土圬工实体计算;钢壳沉井按井壁、封底、封顶、填心等设计混凝土实体计算。

（3）灌注桩基础工程量按设计混凝土圬工实体计算。

（4）钢管桩指标以打入的根数计算,指标中已综合防腐费用。

（5）承台及围堰工程量按承台及承台封底设计混凝土圬工实体之和计算。

（6）地下连续墙工程量按地下连续墙内衬与墙体的混凝土圬工实体体积之和计算。

（7）锚体工程量按锚块、散索鞍支墩、横梁、锚室、基础的混凝土圬工实体体积之和计算,指标中综合了锚固系统、冷却管、现浇支架。

（8）下部构造工程量按墩、台或索塔设计混凝土圬工实体计算。

（9）平行钢丝斜拉索、钢绞线斜拉索、主缆的工程量以平行钢丝、钢绞线的设计质量计算，不包括锚头和 PE 或套管防护料的质量。

（10）钢箱梁质量为钢箱梁(包括箱梁内横隔板)、桥面板(包括横肋)、横梁、钢锚箱、检查车及钢护栏质量之和。如为钢—混混合梁结构，结合部的钢铆钉质量应计入钢箱梁质量内。

4-1 盖 板 涵

工程内容 挖基、垫层、基础、洞身、洞口及洞口铺砌圬工和钢筋、支架、排水设施等工程的全部工作。

单位：表列单位

顺序号	项 目	单位	代 号	跨径1m以内		跨径2m以内	
				涵身	洞口	涵身	洞口
				10 延米	1 道	10 延米	1 道
				1	2	3	4
1	人工	工日	1001001	92.9	17.8	134.9	28.2
2	HPB300 钢筋	t	2001001	0.100	–	0.145	–
3	HRB400 钢筋	t	2001002	0.296	–	0.429	–
4	钢丝绳	t	2001019	0.003	–	0.005	–
5	8～12 号铁丝	kg	2001021	3.69	0.28	5.36	0.44
6	20～22 号铁丝	kg	2001022	1.31	–	1.90	–
7	型钢	t	2003004	0.003	–	0.005	–
8	钢管	t	2003008	0.018	0.002	0.026	0.003
9	钢模板	t	2003025	0.086	0.005	0.124	0.007
10	组合钢模板	t	2003026	0.006	–	0.008	–
11	空心钢钎	kg	2009003	0.09	0.07	0.13	0.11
12	ϕ50mm 以内合金钻头	个	2009004	0.13	0.11	0.19	0.17
13	电焊条	kg	2009011	0.36	–	0.52	–
14	螺栓	kg	2009013	8.58	0.56	12.45	0.89

顺序号	项　目	单位	代号	跨径1m以内		跨径2m以内	
				涵身	洞口	涵身	洞口
				10延米	1道	10延米	1道
				1	2	3	4
15	铁件	kg	2009028	19.33	0.57	28.06	0.90
16	铁钉	kg	2009030	2.12	0.06	3.07	0.10
17	水	m³	3005004	51.71	5.93	75.08	9.39
18	原木	m³	4003001	0.035	−	0.050	−
19	锯材	m³	4003002	0.234	0.010	0.339	0.015
20	硝铵炸药	kg	5005002	0.98	0.80	1.42	1.27
21	非电毫秒雷管	个	5005008	1.25	1.03	1.82	1.63
22	导爆索	m	5005009	0.57	0.46	0.82	0.74
23	油毛毡	m²	5009012	3.79	−	5.49	−
24	中(粗)砂	m³	5503005	20.48	3.17	29.74	5.02
25	砂砾	m³	5503007	−	3.00	−	4.75
26	片石	m³	5505005	8.39	13.91	12.17	22.03
27	碎石(2cm)	m³	5505012	2.14	−	3.11	−
28	碎石(4cm)	m³	5505013	12.13	0.53	17.61	0.84
29	碎石(8cm)	m³	5505015	7.05	0.21	10.23	0.34
30	块石	m³	5505025	15.84	5.30	22.99	8.39
31	粗料石	m³	5505029	−	0.18	−	0.28

顺序号	项　目	单位	代　号	跨径1m以内		跨径2m以内	
				涵身	洞口	涵身	洞口
				10 延米	1 道	10 延米	1 道
				1	2	3	4
32	32.5 级水泥	t	5509001	10.071	0.918	14.620	1.455
33	其他材料费	元	7801001	169.6	8.8	246.3	14.0
34	1.0m³ 以内履带式机械单斗挖掘机	台班	8001035	0.01	–	0.02	–
35	1.0m³ 以内轮胎式装载机	台班	8001045	0.22	0.14	0.31	0.23
36	250L 以内强制式混凝土搅拌机	台班	8005002	0.66	0.04	0.95	0.07
37	400L 以内灰浆搅拌机	台班	8005010	0.30	0.11	0.44	0.17
38	6t 以内载货汽车	台班	8007005	0.16	–	0.23	–
39	1t 以内机动翻斗车	台班	8007046	0.48	0.03	0.70	0.05
40	5t 以内汽车式起重机	台班	8009025	0.10	–	0.15	–
41	8t 以内汽车式起重机	台班	8009026	0.19	–	0.28	–
42	25t 以内汽车式起重机	台班	8009030	0.80	0.04	1.17	0.06
43	50kN 以内单筒慢动电动卷扬机	台班	8009081	0.01	–	0.02	–
44	32kV·A 以内交流电弧焊机	台班	8015028	0.06	–	0.09	–
45	3m³/min 以内机动空压机	台班	8017047	0.07	0.06	0.11	0.10
46	小型机具使用费	元	8099001	35.6	2.8	51.7	4.5
47	基价	元	9999001	23235	4347	33748	6881

顺序号	项 目	单位	代 号	跨径3m以内		跨径5m以内	
				涵身	洞口	涵身	洞口
				10延米	1道	10延米	1道
				5	6	7	8
1	人工	工日	1001001	233.3	35.7	545.9	63.9
2	HPB300钢筋	t	2001001	0.222	–	0.554	–
3	HRB400钢筋	t	2001002	0.652	–	1.637	–
4	钢丝绳	t	2001019	0.013	–	0.026	0.003
5	8~12号铁丝	kg	2001021	4.92	0.56	16.92	1.00
6	20~22号铁丝	kg	2001022	2.89	–	7.26	–
7	型钢	t	2003004	0.007	–	0.018	–
8	钢管	t	2003008	0.045	0.004	0.106	0.014
9	钢模板	t	2003025	0.236	0.009	0.526	0.051
10	组合钢模板	t	2003026	0.016	–	0.035	–
11	空心钢钎	kg	2009003	0.21	0.14	0.51	0.20
12	φ50mm以内合金钻头	个	2009004	0.33	0.22	0.78	0.32
13	电焊条	kg	2009011	0.79	–	2.00	–
14	螺栓	kg	2009013	27.42	1.12	56.84	6.27
15	铁件	kg	2009028	41.61	1.14	105.96	6.33
16	铁钉	kg	2009030	3.10	0.13	10.00	0.41

— 131 —

单位:表列单位

顺序号	项　　目	单位	代　号	跨径3m以内		跨径5m以内	
				涵身	洞口	涵身	洞口
				10 延米	1 道	10 延米	1 道
				5	6	7	8
17	水	m³	3005004	101.67	11.90	272.89	25.08
18	原木	m³	4003001	0.040	–	0.151	–
19	锯材	m³	4003002	0.388	0.019	1.155	0.057
20	硝铵炸药	kg	5005002	2.42	1.61	5.71	2.32
21	非电毫秒雷管	个	5005008	3.11	2.06	7.31	2.97
22	导爆索	m	5005009	1.41	0.93	3.31	1.34
23	油毛毡	m²	5009012	14.55	–	27.77	–
24	中(粗)砂	m³	5503005	42.53	6.36	110.57	12.62
25	砂砾	m³	5503007	–	6.02	–	7.57
26	片石	m³	5505005	18.53	27.93	46.49	37.12
27	碎石(2cm)	m³	5505012	2.25	–	9.14	–
28	碎石(4cm)	m³	5505013	35.24	1.07	76.50	5.95
29	碎石(8cm)	m³	5505015	14.19	0.42	37.56	2.37
30	块石	m³	5505025	16.64	10.64	67.67	13.59
31	粗料石	m³	5505029	–	0.35	–	0.45
32	32.5 级水泥	t	5509001	22.135	1.844	55.705	4.689

顺序号	项 目	单位	代 号	跨径3m以内		跨径5m以内	
				涵身	洞口	涵身	洞口
				10延米	1道	10延米	1道
				5	6	7	8
33	其他材料费	元	7801001	448.1	17.7	1020.9	83.8
34	1.0m³以内履带式机械单斗挖掘机	台班	8001035	0.05	–	0.09	–
35	1.0m³以内轮胎式装载机	台班	8001045	0.30	0.29	1.00	0.38
36	250L以内强制式混凝土搅拌机	台班	8005002	2.52	0.09	4.81	0.49
37	400L以内灰浆搅拌机	台班	8005010	0.45	0.22	1.43	0.31
38	6t以内载货汽车	台班	8007005	0.34	–	0.86	–
39	1t以内机动翻斗车	台班	8007046	1.85	0.07	3.54	0.36
40	5t以内汽车式起重机	台班	8009025	0.22	–	0.56	–
41	8t以内汽车式起重机	台班	8009026	0.73		1.40	
42	25t以内汽车式起重机	台班	8009030	2.15	0.08	4.87	0.42
43	50kN以内单筒慢动电动卷扬机	台班	8009081	0.05	–	0.09	–
44	32kV·A以内交流电弧焊机	台班	8015028	0.14	–	0.34	–
45	3m³/min以内机动空压机	台班	8017047	0.19	0.12	0.43	0.18
46	小型机具使用费	元	8099001	84.9	5.6	204.3	16.5
47	基价	元	9999001	53910	8723	131660	15884

4-2 钢筋混凝土圆管涵

工程内容 挖基、垫层、基础、洞身、洞口及洞口铺砌圬工和钢筋、排水设施等工程的全部工作。

单位:表列单位

顺序号	项 目	单位	代 号	管径1.0m以内		管径2.0m以内	
				涵身	洞口	涵身	洞口
				10 延米	1 道	10 延米	1 道
				1	2	3	4
1	人工	工日	1001001	60.4	33.1	73.5	52.5
2	HPB300 钢筋	t	2001001	0.350	–	0.911	–
3	钢丝绳	t	2001019	–	0.002	–	0.004
4	8~12 号铁丝	kg	2001021	–	0.48	–	0.82
5	20~22 号铁丝	kg	2001022	1.58	–	2.51	–
6	钢管	t	2003008	–	0.010	–	0.018
7	钢模板	t	2003025	0.040	0.050	0.064	0.085
8	铁皮	m²	2003044	–	0.44	–	0.76
9	空心钢钎	kg	2009003	–	0.07	–	0.12
10	φ50mm 以内合金钻头	个	2009004	–	0.11	–	0.18
11	螺栓	kg	2009013	–	6.03	–	10.33
12	铁件	kg	2009028	1.76	8.40	2.09	14.40
13	铁钉	kg	2009030	2.44	0.70	2.89	1.20

顺序号	项　目	单位	代　号	管径1.0m以内		管径2.0m以内	
				涵身	洞口	涵身	洞口
				10延米	1道	10延米	1道
				1	2	3	4
14	水	m³	3005004	23.13	15.97	31.26	27.38
15	锯材	m³	4003002	0.312	0.084	0.382	0.144
16	硝铵炸药	kg	5005002	–	0.77	–	1.32
17	非电毫秒雷管	个	5005008	–	0.98	–	1.69
18	导爆索	m	5005009	–	0.45	–	0.76
19	中(粗)砂	m³	5503005	10.00	7.48	13.09	12.81
20	砂砾	m³	5503007	12.38	1.61	19.67	2.75
21	片石	m³	5505005	1.00	9.78	1.59	16.77
22	碎石(2cm)	m³	5505012	4.33	0.36	6.88	0.61
23	碎石(4cm)	m³	5505013	11.76	5.81	13.92	9.95
24	碎石(8cm)	m³	5505015	–	2.44	–	4.18
25	块石	m³	5505025	–	3.01	–	5.15
26	粗料石	m³	5505029	–	0.09	–	0.16
27	32.5级水泥	t	5509001	6.096	3.398	8.192	5.824
28	42.5级水泥	t	5509002	–	0.199	–	0.341
29	其他材料费	元	7801001	38.3	79.6	51.9	136.4

顺序号	项 目	单位	代 号	管径 1.0m 以内		管径 2.0m 以内	
				涵身	洞口	涵身	洞口
				10 延米	1 道	10 延米	1 道
				1	2	3	4
30	75kW 以内履带式推土机	台班	8001002	–	–	0.07	–
31	1.0m³ 以内轮胎式装载机	台班	8001045	0.01	0.09	0.08	0.17
32	250L 以内强制式混凝土搅拌机	台班	8005002	2.33	0.49	–	–
33	400L 以内灰浆搅拌机	台班	8005010	–	0.09	–	0.16
34	6m³ 以内混凝土搅拌运输车	台班	8005031	–	–	0.31	0.02
35	60m³/h 以内混凝土搅拌站	台班	8005060	–	–	0.08	0.01
36	4t 以内载货汽车	台班	8007003	0.25	–	0.40	–
37	10t 以内载货汽车	台班	8007007	0.17	–	0.37	–
38	1t 以内机动翻斗车	台班	8007046	0.86	0.36	–	–
39	5t 以内汽车式起重机	台班	8009025	1.20	–	1.84	–
40	20t 以内汽车式起重机	台班	8009029	–	0.03	–	0.05
41	25t 以内汽车式起重机	台班	8009030	–	0.42	–	0.73
42	3m³/min 以内机动空压机	台班	8017047	–	0.06	–	0.10
43	小型机具使用费	元	8099001	8.6	14.3	12.1	24.6
44	基价	元	9999001	14795	8570	20704	14023

4-3 拱　涵

工程内容　挖基、垫层、基础、洞身、洞口及洞口铺砌圬工和钢筋、支架、土牛拱盔、排水设施等工程的全部工作。

单位:表列单位

顺序号	项　目	单位	代　号	跨径2m以内		跨径3m以内		跨径5m以内	
				涵身	洞口	涵身	洞口	涵身	洞口
				10延米	1道	10延米	1道	10延米	1道
				1	2	3	4	5	6
1	人工	工日	1001001	159.5	75.6	241.2	118.6	794.0	345.2
2	HPB300钢筋	t	2001001	0.305	–	0.461	–	1.985	–
3	HRB400钢筋	t	2001002	1.417	–	2.144	–	9.236	–
4	钢丝绳	t	2001019	–	0.003	–	0.005	–	0.020
5	8~12号铁丝	kg	2001021	2.58	1.18	3.90	1.85	4.36	5.38
6	20~22号铁丝	kg	2001022	9.55	–	14.44	–	62.22	–
7	钢管	t	2003008	0.024	0.016	0.037	0.026	0.099	0.092
8	钢模板	t	2003025	0.195	0.062	0.295	0.097	1.270	0.386
9	空心钢钎	kg	2009003	0.15	0.24	0.23	0.37	0.25	0.93
10	φ50mm以内合金钻头	个	2009004	0.24	0.37	0.36	0.58	0.39	1.46
11	电焊条	kg	2009011	6.36	–	9.63	–	41.47	–
12	螺栓	kg	2009013	0.84	7.62	1.27	11.95	5.45	47.62
13	铁件	kg	2009028	33.54	7.70	50.74	12.07	183.02	48.11
14	铁钉	kg	2009030	0.81	0.49	1.23	0.77	2.36	2.77

顺序号	项　目	单位	代　号	跨径2m以内		跨径3m以内		跨径5m以内	
				涵身	洞口	涵身	洞口	涵身	洞口
				10延米	1道	10延米	1道	10延米	1道
				1	2	3	4	5	6
15	石油沥青	t	3001001	0.122	–	0.184	–	0.794	–
16	水	m³	3005004	108.30	29.87	163.80	46.82	501.11	147.70
17	原木	m³	4003001	0.516	–	0.780	–	1.991	–
18	锯材	m³	4003002	0.345	0.069	0.522	0.107	1.237	0.380
19	硝铵炸药	kg	5005002	1.75	2.72	2.64	4.26	2.85	10.69
20	非电毫秒雷管	个	5005008	2.24	3.48	3.39	5.45	3.65	13.69
21	导爆索	m	5005009	1.01	1.57	1.53	2.46	1.65	6.19
22	油毛毡	m²	5009012	51.66	–	78.13	–	336.61	–
23	黏土	m³	5501003	1.13	–	1.71	–	1.84	–
24	熟石灰	t	5503003	1.214	–	1.837	–	1.978	–
25	中(粗)砂	m³	5503005	49.90	15.01	75.48	23.52	209.81	72.24
26	砂砾	m³	5503007	31.42	8.81	47.53	13.81	196.80	30.54
27	片石	m³	5505005	49.75	43.34	75.24	67.93	134.63	159.05
28	碎石(4cm)	m³	5505013	28.26	7.23	42.74	11.34	184.14	45.19
29	碎石(8cm)	m³	5505015	10.88	2.88	16.45	4.51	70.87	17.97
30	块石	m³	5505025	23.02	15.83	34.82	24.81	37.50	55.82
31	粗料石	m³	5505029	–	0.52	–	0.81	–	1.80

顺序号	项　目	单位	代　号	跨径2m以内		跨径3m以内		跨径5m以内	
				涵身	洞口	涵身	洞口	涵身	洞口
				10延米	1道	10延米	1道	10延米	1道
				1	2	3	4	5	6
32	32.5级水泥	t	5509001	22.030	5.617	33.319	8.805	120.243	29.827
33	其他材料费	元	7801001	199.1	101.6	301.1	159.3	1223.5	620.9
34	1.0m³以内履带式机械单斗挖掘机	台班	8001035	0.46	–	0.69	–	2.96	–
35	1.0m³以内轮胎式装载机	台班	8001045	0.59	0.44	0.90	0.69	1.28	1.59
36	12～15t光轮压路机	台班	8001081	0.04	–	0.06	–	0.27	–
37	250L以内强制式混凝土搅拌机	台班	8005002	–	0.60	–	0.94	–	3.75
38	400L以内灰浆搅拌机	台班	8005010	0.93	0.36	1.41	0.56	2.04	1.37
39	60m³/h以内混凝土输送泵车	台班	8005039	0.17	–	0.26	–	1.11	–
40	1t以内机动翻斗车	台班	8007046	–	0.44	–	0.69	–	2.76
41	5t以内汽车式起重机	台班	8009025	0.10	–	0.15	–	0.66	–
42	12t以内汽车式起重机	台班	8009027	0.98	–	1.49	–	6.41	–
43	20t以内汽车式起重机	台班	8009029	0.82	–	1.25	–	5.37	–
44	25t以内汽车式起重机	台班	8009030	0.31	0.51	0.46	0.80	1.99	3.19
45	φ500mm以内木工圆锯机	台班	8015013	0.11	–	0.16	–	0.41	–
46	32kV·A以内交流电弧焊机	台班	8015028	1.13	–	1.70	–	7.33	–
47	3m³/min以内机动空压机	台班	8017047	0.13	0.21	0.20	0.32	0.22	0.81
48	小型机具使用费	元	8099001	103.4	19.9	156.4	31.2	645.8	110.2
49	基价	元	9999001	51888	18802	78484	29482	263353	86640

4-4 箱 涵

工程内容 挖基、垫层、基础、洞身、洞口及洞口铺砌圬工和钢筋、支架、排水设施等工程的全部工作。

单位:表列单位

顺序号	项 目	单位	代 号	跨径2m以内		跨径3m以内	
				涵身	洞口	涵身	洞口
				10延米	1道	10延米	1道
				1	2	3	4
1	人工	工日	1001001	178.5	20.3	266.6	31.6
2	HPB300钢筋	t	2001001	0.003	–	0.004	–
3	HRB400钢筋	t	2001002	3.820	–	5.706	–
4	钢丝绳	t	2001019	–	0.002	–	0.003
5	8~12号铁丝	kg	2001021	–	0.32	–	0.49
6	20~22号铁丝	kg	2001022	7.98	–	11.92	–
7	型钢	t	2003004	0.014	–	0.022	–
8	钢管	t	2003008	0.032	0.008	0.047	0.013
9	钢模板	t	2003025	0.277	0.041	0.413	0.063
10	门式钢支架	t	2003027	0.014	–	0.022	–
11	空心钢钎	kg	2009003	–	0.03	–	0.05
12	φ50mm以内合金钻头	个	2009004	–	0.05	–	0.07
13	电焊条	kg	2009011	31.39	–	46.89	–

顺序号	项 目	单位	代 号	跨径2m以内		跨径3m以内	
				涵身	洞口	涵身	洞口
				10延米	1道	10延米	1道
				1	2	3	4
14	螺栓	kg	2009013	–	5.04	–	7.83
15	铁件	kg	2009028	6.69	5.09	9.99	7.91
16	铁钉	kg	2009030	–	0.26	–	0.40
17	水	m³	3005004	47.36	10.68	70.75	16.59
18	原木	m³	4003001	0.072	–	0.108	–
19	锯材	m³	4003002	0.035	0.034	0.052	0.053
20	硝铵炸药	kg	5005002	–	0.33	–	0.52
21	非电毫秒雷管	个	5005008	–	0.43	–	0.66
22	导爆索	m	5005009	–	0.19	–	0.30
23	中(粗)砂	m³	5503005	18.73	4.91	27.98	7.63
24	砂砾	m³	5503007	20.68	0.12	30.89	0.18
25	片石	m³	5505005	–	2.61	–	4.06
26	碎石(4cm)	m³	5505013	33.6	4.78	50.19	7.43
27	碎石(8cm)	m³	5505015	–	1.90	–	2.95
28	块石	m³	5505025	–	0.43	–	0.66
29	粗料石	m³	5505029	–	0.01	–	0.01

单位：表列单位

顺序号	项　目	单位	代　号	跨径2m以内		跨径3m以内	
				涵身	洞口	涵身	洞口
				10 延米	1 道	10 延米	1 道
				1	2	3	4
30	32.5 级水泥	t	5509001	14.516	2.487	21.684	3.862
31	其他材料费	元	7801001	101.2	63.9	151.1	99.3
32	1.0m³ 以内轮胎式装载机	台班	8001045	–	0.02	–	0.03
33	12～15t 光轮压路机	台班	8001081	0.07	–	0.11	–
34	250L 以内强制式混凝土搅拌机	台班	8005002	1.66	0.40	2.48	0.62
35	400L 以内灰浆搅拌机	台班	8005010	–	0.04	–	0.05
36	1t 以内机动翻斗车	台班	8007046	1.22	2.92	1.82	4.53
37	5t 以内汽车式起重机	台班	8009025	0.24	–	0.35	–
38	12t 以内汽车式起重机	台班	8009027	2.57	–	3.84	–
39	20t 以内汽车式起重机	台班	8009029	1.16	–	1.73	–
40	25t 以内汽车式起重机	台班	8009030	–	0.34	–	0.52
41	32kV·A 以内交流电弧焊机	台班	8015028	7.50	–	11.21	–
42	3m³/min 以内机动空压机	台班	8017047	–	0.03	–	0.04
43	小型机具使用费	元	8099001	128.6	9.9	192.1	15.4
44	基价	元	9999001	49563	5804	74027	9002

顺序号	项　目	单位	代　号	跨径5m以内		跨径6m以内	
				涵身	洞口	涵身	洞口
				10延米	1道	10延米	1道
				5	6	7	8
1	人工	工日	1001001	432.6	59.9	573.3	72.3
2	HPB300钢筋	t	2001001	0.007	–	0.009	–
3	HRB400钢筋	t	2001002	9.257	–	12.268	–
4	钢丝绳	t	2001019	–	0.006	–	0.007
5	8~12号铁丝	kg	2001021	–	0.93	–	1.12
6	20~22号铁丝	kg	2001022	19.33	–	25.62	–
7	型钢	t	2003004	0.035	–	0.046	–
8	钢管	t	2003008	0.077	0.023	0.102	0.028
9	钢模板	t	2003025	0.670	0.109	0.888	0.132
10	门式钢支架	t	2003027	0.035	–	0.046	–
11	空心钢钎	kg	2009003	–	0.10	–	0.12
12	ϕ50mm以内合金钻头	个	2009004	–	0.16	–	0.19
13	电焊条	kg	2009011	76.07	–	100.81	–
14	螺栓	kg	2009013	–	13.47	–	16.26
15	铁件	kg	2009028	16.21	13.60	21.48	16.43

顺序号	项　目	单位	代　号	跨径5m以内		跨径6m以内	
				涵身	洞口	涵身	洞口
				10 延米	1 道	10 延米	1 道
				5	6	7	8
16	铁钉	kg	2009030	–	0.70	–	0.85
17	水	m³	3005004	114.77	30.23	152.10	36.50
18	原木	m³	4003001	0.175	–	0.231	–
19	锯材	m³	4003002	0.084	0.093	0.111	0.112
20	硝铵炸药	kg	5005002	–	1.16	–	1.40
21	非电毫秒雷管	个	5005008	–	1.49	–	1.80
22	导爆索	m	5005009	–	0.67	–	0.81
23	中(粗)砂	m³	5503005	45.39	14.05	60.15	16.97
24	砂砾	m³	5503007	50.12	1.38	66.42	1.66
25	片石	m³	5505005	–	11.84	–	14.30
26	碎石(4cm)	m³	5505013	81.42	12.78	107.91	15.43
27	碎石(8cm)	m³	5505015	–	5.08	–	6.14
28	块石	m³	5505025	–	3.01	–	3.64
29	粗料石	m³	5505029	–	0.08	–	0.10
30	32.5 级水泥	t	5509001	35.179	6.872	46.621	8.297

顺序号	项　　目	单位	代　　号	跨径5m以内		跨径6m以内	
				涵身	洞口	涵身	洞口
				10延米	1道	10延米	1道
				5	6	7	8
31	其他材料费	元	7801001	245.2	171.4	325.0	207.0
32	1.0m³ 以内轮胎式装载机	台班	8001045	–	0.11	–	0.13
33	12～15t 光轮压路机	台班	8001081	0.18	–	0.23	–
34	250L 以内强制式混凝土搅拌机	台班	8005002	4.02	1.06	5.32	1.28
35	400L 以内灰浆搅拌机	台班	8005010	–	0.13	–	0.16
36	1t 以内机动翻斗车	台班	8007046	2.95	7.80	3.91	9.41
37	5t 以内汽车式起重机	台班	8009025	0.57	–	0.76	–
38	12t 以内汽车式起重机	台班	8009027	6.23	–	8.26	–
39	20t 以内汽车式起重机	台班	8009029	2.81	–	3.73	–
40	25t 以内汽车式起重机	台班	8009030	–	0.90	–	1.09
41	32kV·A 以内交流电弧焊机	台班	8015028	18.18	–	24.09	–
42	3m³/min 以内机动空压机	台班	8017047	–	0.09	–	0.11
43	小型机具使用费	元	8099001	311.7	27.0	413.0	32.6
44	基价	元	9999001	120107	16850	159174	20347

4－5 波纹管涵

工程内容 挖基、垫层、基础、洞口及洞口铺砌圬工和钢筋、洞身波纹管安设、排水设施等工程的全部工作。

单位:表列单位

顺序号	项 目	单位	代 号	孔径2m以内		孔径3m以内		孔径6m以内	
				涵身	洞口	涵身	洞口	涵身	洞口
				10延米	1道	10延米	1道	10延米	1道
				1	2	3	4	5	6
1	人工	工日	1001001	9.1	67.5	20.0	96.9	43.5	192.1
2	钢丝绳	t	2001019	－	0.003	－	0.004	－	0.007
3	8~12号铁丝	kg	2001021	－	1.04	－	1.49	－	2.94
4	钢管	t	2003008	－	0.014	0.003	0.019	0.020	0.037
5	钢模板	t	2003025	－	0.052	－	0.071	－	0.135
6	整装波形钢管涵(ϕ150cm)	m	2003057	10.00	－	－	－	－	－
7	整装波形钢管涵(ϕ250cm)	m	2003058	－	－	4.18	－	－	－
8	拼装波形钢管涵(ϕ300cm)	m	2003059	－	－	5.82	－	－	－
9	拼装波形钢管涵(ϕ400cm)	m	2003060	－	－	－	－	3.46	－
10	拼装波形钢管涵(ϕ600cm)	m	2003061	－	－	－	－	6.54	－
11	空心钢钎	kg	2009003	－	0.21	－	0.31	－	0.62
12	ϕ50mm以内合金钻头	个	2009004	－	0.33	－	0.49	－	0.97
13	螺栓	kg	2009013	－	6.43	－	8.75	－	16.72

顺序号	项 目	单位	代 号	孔径2m以内		孔径3m以内		孔径6m以内	
				涵身	洞口	涵身	洞口	涵身	洞口
				10 延米	1 道	10 延米	1 道	10 延米	1 道
				1	2	3	4	5	6
14	镀锌螺栓	kg	2009014	–	–	138.46	–	505.06	–
15	镀锌法兰	kg	2009018	54.40	–	25.00	–	–	–
16	铁件	kg	2009028	0.81	6.50	1.48	8.83	3.17	16.89
17	铁钉	kg	2009030	1.13	0.42	2.05	0.58	4.39	1.12
18	石油沥青	t	3001001	0.243	–	0.411	–	0.859	–
19	水	m³	3005004	6.25	26.01	11.37	36.97	24.37	72.51
20	锯材	m³	4003002	0.141	0.059	0.249	0.082	0.538	0.159
21	耐候胶	kg	5001059	11.70	–	29.30	–	85.03	–
22	硝铵炸药	kg	5005002	–	2.42	–	3.55	–	7.09
23	非电毫秒雷管	个	5005008		3.10		4.55		9.08
24	导爆索	m	5005009	–	1.40	–	2.06	–	4.10
25	中(粗)砂	m³	5503005	3.19	13.11	5.80	18.71	12.43	36.78
26	砂砾	m³	5503007	7.91	12.64	14.61	17.55	26.42	38.17
27	片石	m³	5505005	–	38.90	–	57.49	–	115.17
28	碎石(4cm)	m³	5505013	5.42	6.10	9.86	8.30	21.13	15.87
29	碎石(8cm)	m³	5505015	–	2.43	–	3.30	–	6.31

顺序号	项　　目	单位	代　号	孔径2m以内		孔径3m以内		孔径6m以内	
				涵身	洞口	涵身	洞口	涵身	洞口
				10延米	1道	10延米	1道	10延米	1道
				1	2	3	4	5	6
30	块石	m³	5505025	–	14.26	–	21.15	–	42.47
31	粗料石	m³	5505029	–	0.47	–	0.70	–	1.40
32	32.5级水泥	t	5509001	1.702	4.849	3.097	6.810	6.635	13.269
33	其他材料费	元	7801001	72.4	86.0	120.8	117.5	183.5	225.4
34	1.0m³以内履带式机械单斗挖掘机	台班	8001035	0.05	–	0.12	–	0.24	–
35	1.0m³以内轮胎式装载机	台班	8001045	–	0.39	–	0.58	–	1.17
36	250L以内强制式混凝土搅拌机	台班	8005002	–	0.51	–	0.69	–	1.32
37	400L以内灰浆搅拌机	台班	8005010	–	0.32	–	0.47	–	0.94
38	12t以内载货汽车	台班	8007008	0.07	–	0.09	–	0.13	–
39	1t以内机动翻斗车	台班	8007046	–	0.37	–	0.51	–	0.97
40	5t以内汽车式起重机	台班	8009025	0.09	–	0.16	–	0.34	–
41	12t以内汽车式起重机	台班	8009027	0.19	–	0.50	–	1.09	–
42	25t以内汽车式起重机	台班	8009030	–	0.43	–	0.59	–	1.12
43	3m³/min以内机动空压机	台班	8017047	–	0.18	–	0.27	–	0.54
44	小型机具使用费	元	8099001	25.6	17.1	55.8	23.8	110.8	46.2
45	基价	元	9999001	33400	16836	66336	24128	156065	47818

4-6 标准跨径小于 16m 的桥梁

工程内容 挖基、围堰、基础、下部、上部、桥面系(不含桥面面层铺装)、桥台锥坡、桥头搭板及钢筋等工程的全部工作。

单位:100m² 桥面

顺序号	项　目	单位	代　号	标准跨径小于 16m 的桥梁
				1
1	人工	工日	1001001	661.8
2	HPB300 钢筋	t	2001001	4.823
3	HRB400 钢筋	t	2001002	8.983
4	钢绞线	t	2001008	0.455
5	冷拔低碳钢丝	t	2001012	0.010
6	钢丝绳	t	2001019	0.035
7	8～12 号铁丝	kg	2001021	3.62
8	20～22 号铁丝	kg	2001022	39.63
9	型钢	t	2003004	0.112
10	钢板	t	2003005	0.075
11	圆钢	t	2003006	0.003
12	钢管	t	2003008	0.429
13	钢管立柱	t	2003015	0.019

单位:100m² 桥面

顺序号	项　目	单位	代　号	标准跨径小于 16m 的桥梁
				1
14	波形钢板	t	2003017	0.035
15	钢护筒	t	2003022	0.147
16	钢模板	t	2003025	0.687
17	组合钢模板	t	2003026	0.043
18	安全爬梯	t	2003028	0.013
19	铸铁	kg	2003040	145.31
20	空心钢钎	kg	2009003	0.40
21	$\phi50mm$ 以内合金钻头	个	2009004	0.62
22	电焊条	kg	2009011	50.71
23	钢筋连接套筒	个	2009012	34.27
24	螺栓	kg	2009013	39.86
25	铁件	kg	2009028	135.60
26	铁钉	kg	2009030	2.11
27	铸铁管	kg	2009033	36.50
28	石油沥青	t	3001001	0.002
29	煤	t	3005001	0.002

单位:100m² 桥面

顺序号	项 目	单位	代 号	标准跨径小于 16m 的桥梁
				1
30	水	m³	3005004	484.730
31	原木	m³	4003001	0.137
32	锯材	m³	4003002	0.572
33	草皮	m²	4013002	14.97
34	塑料波纹管 SBG-50Y	m	5001035	32.43
35	塑料波纹管 SBG-60Y	m	5001036	13.15
36	塑料编织袋	个	5001052	1012.14
37	压浆料	t	5003003	0.111
38	硝铵炸药	kg	5005002	4.56
39	非电毫秒雷管	个	5005008	5.84
40	导爆索	m	5005009	2.64
41	油漆	kg	5009002	1.81
42	桥面防水涂料	kg	5009005	80.26
43	油毛毡	m²	5009012	3.00
44	黏土	m³	5501003	35.66
45	中(粗)砂	m³	5503005	149.01

顺序号	项　目	单位	代　号	标准跨径小于16m 的桥梁
				1
46	砂砾	m³	5503007	4.83
47	天然砂砾	m³	5503008	3.60
48	片石	m³	5505005	119.38
49	碎石(2cm)	m³	5505012	21.72
50	碎石(4cm)	m³	5505013	86.98
51	碎石(8cm)	m³	5505015	70.11
52	块石	m³	5505025	7.36
53	青(红)砖	千块	5507003	3.47
54	32.5 级水泥	t	5509001	77.437
55	42.5 级水泥	t	5509002	6.315
56	四氟板式橡胶组合支座	dm³	6001002	3.54
57	板式橡胶支座	dm³	6001003	13.53
58	模数式伸缩装置240 型	m	6003004	2.05
59	板式橡胶伸缩缝	m	6003010	2.53
60	钢绞线圆锚(3 孔)	套	6005005	6.21
61	钢绞线圆锚(7 孔)	套	6005009	2.55

单位:100m² 桥面

顺序号	项　目	单位	代号	标准跨径小于16m 的桥梁
				1
62	其他材料费	元	7801001	1331.7
63	设备摊销费	元	7901001	753.9
64	75kW 以内履带式推土机	台班	8001002	0.29
65	0.6m³ 以内履带式液压单斗挖掘机	台班	8001025	0.01
66	1.0m³ 以内履带式机械单斗挖掘机	台班	8001035	0.12
67	1.0m³ 以内轮胎式装载机	台班	8001045	1.14
68	8～10t 光轮压路机	台班	8001079	0.16
69	12～15t 光轮压路机	台班	8001081	0.02
70	18～21t 光轮压路机	台班	8001083	0.01
71	4000L 以内沥青洒布车	台班	8003038	-
72	混凝土电动刻纹机	台班	8003083	0.54
73	混凝土电动切缝机	台班	8003085	0.20
74	250L 以内强制式混凝土搅拌机	台班	8005002	4.23
75	400L 以内灰浆搅拌机	台班	8005010	1.49
76	6m³ 以内混凝土搅拌运输车	台班	8005031	1.08
77	60m³/h 以内混凝土输送泵	台班	8005051	0.12

顺序号	项 目	单位	代 号	标准跨径小于16m的桥梁
				1
78	60m³/h 以内混凝土搅拌站	台班	8005060	0.29
79	900kN 以内预应力拉伸机	台班	8005074	0.11
80	5000kN 以内预应力拉伸机	台班	8005077	0.10
81	智能张拉系统	台班	8005079	0.53
82	智能压浆系统	台班	8005084	0.01
83	2t 以内载货汽车	台班	8007001	0.01
84	4t 以内载货汽车	台班	8007003	0.08
85	10t 以内载货汽车	台班	8007007	0.36
86	40t 以内平板拖车组	台班	8007026	0.13
87	1t 以内机动翻斗车	台班	8007046	4.16
88	25t 以内轮胎式起重机	台班	8009021	0.39
89	8t 以内汽车式起重机	台班	8009026	0.05
90	12t 以内汽车式起重机	台班	8009027	1.60
91	16t 以内汽车式起重机	台班	8009028	0.36
92	20t 以内汽车式起重机	台班	8009029	1.01
93	25t 以内汽车式起重机	台班	8009030	4.11

顺序号	项　目	单位	代　号	标准跨径小于 16m 的桥梁
				1
94	30t 以内汽车式起重机	台班	8009031	0.44
95	30kN 以内单筒慢动电动卷扬机	台班	8009080	0.66
96	50kN 以内单筒慢动电动卷扬机	台班	8009081	3.08
97	JK8 型冲击钻机	台班	8011029	14.12
98	泥浆分离器	台班	8011056	0.13
99	泥浆搅拌机	台班	8011057	1.21
100	φ100mm 以内泥浆泵	台班	8013024	0.38
101	φ500mm 以内木工圆锯机	台班	8015013	0.01
102	32kV·A 以内交流电弧焊机	台班	8015028	9.22
103	42kV·A 以内交流电弧焊机	台班	8015029	0.21
104	75kV·A 以内交流对焊机	台班	8015047	0.01
105	3m³/min 以内机动空压机	台班	8017047	0.19
106	9m³/min 以内机动空压机	台班	8017049	0.09
107	小型机具使用费	元	8099001	536.1
108	基价	元	9999001	234028

4-7 预应力混凝土空心板桥

工程内容 挖基、围堰、基础、下部、上部、桥面系(不含桥面面层铺装)、桥头搭板等工程的全部工作。

单位:100m² 桥面

顺序号	项　目	单位	代　号	基　础		
				干处	水深3m 以内	水深5m 以内
				1	2	3
1	人工	工日	1001001	485.9	550.6	494.8
2	HPB300 钢筋	t	2001001	2.778	2.779	2.273
3	HRB400 钢筋	t	2001002	14.062	14.062	14.877
4	预应力粗钢筋	t	2001006	–	–	0.003
5	钢绞线	t	2001008	1.318	1.318	1.318
6	钢丝绳	t	2001019	0.050	0.052	0.056
7	8~12 号铁丝	kg	2001021	0.58	0.60	0.58
8	20~22 号铁丝	kg	2001022	41.68	41.71	41.74
9	型钢	t	2003004	0.163	0.171	0.265
10	钢板	t	2003005	0.074	0.075	0.094
11	圆钢	t	2003006	–	–	0.004
12	钢管	t	2003008	0.482	0.501	0.610
13	钢管桩	t	2003021	–	–	0.274
14	钢护筒	t	2003022	0.052	0.054	2.619

单位:100m² 桥面

顺序号	项 目	单位	代 号	基 础		
				干处	水深3m以内	水深5m以内
				1	2	3
15	钢套箱	t	2003023	—	—	0.264
16	钢模板	t	2003025	0.492	0.512	0.483
17	组合钢模板	t	2003026	0.011	0.008	0.003
18	安全爬梯	t	2003028	0.043	0.045	0.051
19	铸铁	kg	2003040	61.03	61.03	61.03
20	空心钢钎	kg	2009003	0.04	0.04	—
21	ϕ50mm 以内合金钻头	个	2009004	0.06	0.07	—
22	电焊条	kg	2009011	70.15	70.29	75.38
23	钢筋连接套筒	个	2009012	56.20	56.20	65.42
24	螺栓	kg	2009013	3.26	3.40	1.75
25	铁件	kg	2009028	116.79	119.92	119.41
26	铁钉	kg	2009030	0.48	0.49	0.89
27	铸铁管	kg	2009033	46.94	48.89	50.77
28	石油沥青	t	3001001	0.001	0.007	0.008
29	煤	t	3005001	—	0.001	0.001
30	水	m³	3005004	390.31	403.63	423.73
31	原木	m³	4003001	0.050	0.049	0.108

顺序号	项　目	单位	代　号	基　础		
				干处	水深3m以内	水深5m以内
				1	2	3
32	锯材	m³	4003002	0.558	0.586	0.938
33	枕木	m³	4003003	0.329	0.329	0.436
34	塑料波纹管 SBG-50Y	m	5001035	368.84	368.84	368.84
35	塑料编织袋	个	5001052	–	2850	–
36	压浆料	t	5003003	0.849	0.849	0.849
37	硝铵炸药	kg	5005002	0.47	0.49	–
38	非电毫秒雷管	个	5005008	0.60	0.62	–
39	导爆索	m	5005009	0.27	0.28	–
40	油漆	kg	5009002	0.76	0.76	0.76
41	桥面防水涂料	kg	5009005	144.93	144.93	144.93
42	黏土	m³	5501003	30.41	31.80	31.69
43	中(粗)砂	m³	5503005	86.64	93.83	95.17
44	砂砾	m³	5503007	45.08	49.85	36.57
45	天然砂砾	m³	5503008	4.01	2.58	1.33
46	片石	m³	5505005	11.41	11.89	4.25
47	碎石(2cm)	m³	5505012	29.91	31.16	32.36
48	碎石(4cm)	m³	5505013	90.92	102.93	105.15

单位:100m² 桥面

顺序号	项 目	单位	代 号	基 础		
				干处	水深3m以内	水深5m以内
				1	2	3
49	碎石(6cm)	m³	5505014	0.62	0.62	1.45
50	青(红)砖	千块	5507003	4.05	2.32	1.19
51	32.5 级水泥	t	5509001	52.158	58.149	59.510
52	42.5 级水泥	t	5509002	16.046	16.715	17.356
53	四氟板式橡胶组合支座	dm³	6001002	5.14	5.14	5.14
54	板式橡胶支座	dm³	6001003	18.85	18.85	18.85
55	模数式伸缩装置240 型	m	6003004	1.75	1.75	1.75
56	钢绞线圆锚(3 孔)	套	6005005	46.16	46.16	46.16
57	其他材料费	元	7801001	986.9	1035.0	1157.9
58	设备摊销费	元	7901001	1682.5	1744.5	3480.7
59	75kW 以内履带式推土机	台班	8001002	0.43	2.36	0.24
60	1.0m³ 以内履带式机械单斗挖掘机	台班	8001035	0.11	0.11	0.09
61	1.0m³ 以内轮胎式装载机	台班	8001045	0.48	0.51	0.24
62	120kW 以内自行式平地机	台班	8001058	0.05	0.06	0.04
63	8～10t 光轮压路机	台班	8001079	0.18	0.11	0.06
64	12～15t 光轮压路机	台班	8001081	0.09	0.10	0.09

单位:100m² 桥面

顺序号	项　目	单位	代　号	基　础		
				干处	水深3m以内	水深5m以内
				1	2	3
65	18~21t光轮压路机	台班	8001083	0.09	0.10	0.06
66	235kW以内稳定土拌和机	台班	8003005	0.01	0.02	–
67	4000L以内沥青洒布车	台班	8003038	0.01	0.01	0.01
68	混凝土电动真空吸水机组	台班	8003079	0.04	0.23	0.24
69	混凝土电动刻纹机	台班	8003083	0.40	0.42	0.42
70	混凝土电动切缝机	台班	8003085	0.36	0.57	0.59
71	250L以内强制式混凝土搅拌机	台班	8005002	0.41	0.62	0.58
72	400L以内灰浆搅拌机	台班	8005010	0.10	0.11	–
73	6m³以内混凝土搅拌运输车	台班	8005031	1.27	1.33	0.70
74	60m³/h以内混凝土输送泵	台班	8005051	0.37	0.39	0.47
75	40m³/h以内混凝土搅拌站	台班	8005058	0.49	0.51	0.27
76	智能张拉系统	台班	8005079	2.79	2.79	2.79
77	智能压浆系统	台班	8005084	0.09	0.09	0.09
78	8t以内载货汽车	台班	8007006	–	0.22	0.56
79	15t以内载货汽车	台班	8007009	0.24	0.25	0.19
80	40t以内平板拖车组	台班	8007026	0.15	–	–

单位:100m² 桥面

顺序号	项　目	单位	代　号	基　础		
				干处	水深3m以内	水深5m以内
				1	2	3
81	10000L以内洒水汽车	台班	8007043	0.06	0.16	0.15
82	1t以内机动翻斗车	台班	8007046	0.41	0.42	0.22
83	50t以内履带式起重机	台班	8009007	–	–	0.10
84	12t以内汽车式起重机	台班	8009027	2.24	2.27	3.90
85	16t以内汽车式起重机	台班	8009028	0.27	0.28	0.19
86	20t以内汽车式起重机	台班	8009029	0.07	0.25	0.17
87	25t以内汽车式起重机	台班	8009030	1.32	1.36	1.00
88	30t以内汽车式起重机	台班	8009031	0.28	–	–
89	30kN以内单筒慢动电动卷扬机	台班	8009080	3.77	3.89	4.04
90	50kN以内单筒慢动电动卷扬机	台班	8009081	9.64	9.96	11.11
91	300kN以内振动打拔桩锤	台班	8011012	–	–	0.61
92	500kN以内振动打拔桩锤	台班	8011013	–	–	0.34
93	600kN以内振动打拔桩锤	台班	8011014	–	–	0.06
94	ϕ1500mm以内回旋钻机	台班	8011035	8.79	9.18	11.94
95	泥浆分离器	台班	8011056	0.32	0.33	0.29
96	泥浆搅拌机	台班	8011057	1.61	1.69	1.85

单位：100m² 桥面

顺序号	项　目	单位	代　号	基　础		
				干处	水深3m以内	水深5m以内
				1	2	3
97	32kV·A以内交流电弧焊机	台班	8015028	15.84	15.86	16.43
98	42kV·A以内交流电弧焊机	台班	8015029	0.13	0.14	0.18
99	100kV·A以内交流对焊机	台班	8015048	0.20	0.20	0.21
100	3m³/min以内机动空压机	台班	8017047	0.04	0.04	－
101	147kW以内内燃拖轮	台班	8019003	－	－	0.21
102	221kW以内内燃拖轮	台班	8019005	－	－	0.37
103	294kW以内内燃拖轮	台班	8019006	－	－	0.03
104	368kW以内内燃拖轮	台班	8019007	－	－	0.03
105	200t以内工程驳船	台班	8019023	－	－	2.58
106	400t以内工程驳船	台班	8019025	－	－	0.15
107	150m³/h以内混凝土搅拌船	台班	8019058	－	－	0.47
108	123kW以内机动艇	台班	8019062	－	－	0.09
109	小型机具使用费	元	8099001	725.8	748.3	789.4
110	基价	元	9999001	212988	230482	253185

4-8 钢筋混凝土 T 形梁桥

工程内容 挖基、围堰、基础、下部、上部、桥面系(不含桥面面层铺装)、桥头搭板等工程的全部工作。

单位:100m² 桥面

顺序号	项 目	单位	代 号	基 础		
				干处	水深3m以内	水深5m以内
				1	2	3
1	人工	工日	1001001	462.6	589.1	518.1
2	HPB300 钢筋	t	2001001	3.026	3.026	2.591
3	HRB400 钢筋	t	2001002	17.734	17.734	19.017
4	预应力粗钢筋	t	2001006	–	–	0.003
5	钢丝绳	t	2001019	0.035	0.035	0.044
6	8~12 号铁丝	kg	2001021	1.85	1.85	1.81
7	20~22 号铁丝	kg	2001022	52.61	52.61	53.67
8	型钢	t	2003004	0.169	0.169	0.267
9	钢板	t	2003005	0.454	0.454	0.472
10	圆钢	t	2003006	–	–	0.004
11	钢管	t	2003008	0.603	0.603	0.757
12	钢管桩	t	2003021	–	–	0.250
13	钢护筒	t	2003022	0.055	0.055	2.699

单位:100m² 桥面

顺序号	项　目	单位	代　号	基　础		
				干处	水深3m以内	水深5m以内
				1	2	3
14	钢套箱	t	2003023	–	–	0.242
15	钢模板	t	2003025	0.626	0.626	0.629
16	组合钢模板	t	2003026	0.019	0.019	0.015
17	安全爬梯	t	2003028	0.037	0.037	0.051
18	铸铁	kg	2003040	63.96	63.96	63.96
19	铁皮	m²	2003044	–	–	1.02
20	空心钢钎	kg	2009003	0.04	0.04	–
21	φ50mm以内合金钻头	个	2009004	0.06	0.06	–
22	电焊条	kg	2009011	179.06	179.06	184.20
23	钢筋连接套筒	个	2009012	62.34	62.34	76.58
24	螺栓	kg	2009013	3.01	3.01	1.73
25	铁件	kg	2009028	112.14	112.14	118.61
26	铁钉	kg	2009030	0.48	0.48	1.11
27	铸铁管	kg	2009033	22.98	22.98	22.98
28	石油沥青	t	3001001	0.007	0.007	0.006
29	煤	t	3005001	0.001	0.001	0.001

顺序号	项 目	单位	代 号	基 础		
				干处	水深3m以内	水深5m以内
				1	2	3
30	水	m³	3005004	464.46	464.46	513.49
31	原木	m³	4003001	0.048	0.048	0.101
32	锯材	m³	4003002	0.558	0.558	0.903
33	枕木	m³	4003003	0.331	0.331	0.419
34	塑料编织袋	个	5001052	–	3800	–
35	硝铵炸药	kg	5005002	0.46	0.46	–
36	非电毫秒雷管	个	5005008	0.58	0.58	–
37	导爆索	m	5005009	0.26	0.26	–
38	油漆	kg	5009002	0.80	0.80	0.80
39	桥面防水涂料	kg	5009005	151.92	151.92	151.92
40	黏土	m³	5501003	38.32	38.32	40.94
41	中(粗)砂	m³	5503005	99.78	99.78	105.56
42	砂砾	m³	5503007	44.07	46.73	33.47
43	天然砂砾	m³	5503008	2.80	2.80	1.62
44	片石	m³	5505005	10.42	10.42	3.56
45	碎石(2cm)	m³	5505012	24.49	24.49	24.49

顺序号	项　目	单位	代　号	基　　础		
				干处	水深3m以内	水深5m以内
				1	2	3
46	碎石(4cm)	m³	5505013	106.75	106.75	115.00
47	碎石(6cm)	m³	5505014	0.57	0.57	1.32
48	碎石(8cm)	m³	5505015	1.57	1.57	1.56
49	青(红)砖	千块	5507003	2.52	2.52	1.55
50	32.5级水泥	t	5509001	61.363	61.582	66.713
51	42.5级水泥	t	5509002	20.262	20.262	20.262
52	四氟板式橡胶组合支座	dm³	6001002	5.46	5.46	5.46
53	板式橡胶支座	dm³	6001003	13.49	13.49	13.49
54	模数式伸缩装置240型	m	6003004	1.61	1.61	1.61
55	其他材料费	元	7801001	722.0	722.0	846.9
56	设备摊销费	元	7901001	4279.8	4279.8	5866.3
57	75kW以内履带式推土机	台班	8001002	0.50	3.05	0.28
58	1.0m³以内履带式机械单斗挖掘机	台班	8001035	0.09	0.09	0.09
59	1.0m³以内轮胎式装载机	台班	8001045	0.55	0.55	0.28
60	120kW以内自行式平地机	台班	8001058	0.05	0.05	0.04

顺序号	项　目	单位	代　号	基　础		
				干处	水深3m以内	水深5m以内
				1	2	3
61	8~10t 光轮压路机	台班	8001079	0.12	0.12	0.07
62	12~15t 光轮压路机	台班	8001081	0.09	0.09	0.08
63	18~21t 光轮压路机	台班	8001083	0.09	0.09	0.06
64	235kW 以内稳定土拌和机	台班	8003005	0.01	0.02	－
65	4000L 以内沥青洒布车	台班	8003038	0.01	0.01	0.01
66	混凝土电动真空吸水机组	台班	8003079	0.22	0.22	0.22
67	混凝土电动刻纹机	台班	8003083	0.44	0.44	0.44
68	混凝土电动切缝机	台班	8003085	0.22	0.22	0.22
69	250L 以内强制式混凝土搅拌机	台班	8005002	0.61	0.61	0.51
70	400L 以内灰浆搅拌机	台班	8005010	0.09	0.09	－
71	6m³ 以内混凝土搅拌运输车	台班	8005031	1.48	1.48	0.84
72	60m³/h 以内混凝土输送泵	台班	8005051	0.61	0.61	0.73
73	40m³/h 以内混凝土搅拌站	台班	8005058	0.57	0.57	0.32
74	8t 以内载货汽车	台班	8007006	0.24	0.24	0.54
75	15t 以内载货汽车	台班	8007009	0.19	0.19	－
76	10000L 以内洒水汽车	台班	8007043	0.15	0.15	0.13

单位:100m² 桥面

顺序号	项 目	单位	代 号	基 础		
				干处	水深3m以内	水深5m以内
				1	2	3
77	1t 以内机动翻斗车	台班	8007046	0.26	0.26	0.07
78	50t 以内履带式起重机	台班	8009007	-	-	0.09
79	12t 以内汽车式起重机	台班	8009027	2.81	2.81	4.55
80	16t 以内汽车式起重机	台班	8009028	0.20	0.20	0.71
81	20t 以内汽车式起重机	台班	8009029	0.37	0.37	0.29
82	25t 以内汽车式起重机	台班	8009030	1.19	1.19	0.98
83	30kN 以内单筒慢动电动卷扬机	台班	8009080	3.16	3.16	3.16
84	50kN 以内单筒慢动电动卷扬机	台班	8009081	9.61	9.61	10.69
85	300kN 以内振动打拔桩锤	台班	8011012	-	-	0.63
86	500kN 以内振动打拔桩锤	台班	8011013	-	-	0.31
87	600kN 以内振动打拔桩锤	台班	8011014	-	-	0.05
88	φ1500mm 以内回旋钻机	台班	8011035	10.26	10.26	12.12
89	泥浆分离器	台班	8011056	0.29	0.29	0.29
90	泥浆搅拌机	台班	8011057	2.05	2.05	2.38
91	32kV·A 以内交流电弧焊机	台班	8015028	28.81	28.81	29.49

单位:100m² 桥面

顺序号	项 目	单位	代 号	基 础		
				干处	水深3m 以内	水深5m 以内
				1	2	3
92	42kV·A 以内交流电弧焊机	台班	8015029	0.16	0.16	0.18
93	100kV·A 以内交流对焊机	台班	8015048	0.30	0.30	0.30
94	3m³/min 以内机动空压机	台班	8017047	0.04	0.04	–
95	88kW 以内内燃拖轮	台班	8019002	–	–	3.43
96	147kW 以内内燃拖轮	台班	8019003	–	–	0.22
97	221kW 以内内燃拖轮	台班	8019005	–	–	0.33
98	294kW 以内内燃拖轮	台班	8019006	–	–	0.03
99	368kW 以内内燃拖轮	台班	8019007	–	–	0.04
100	100t 以内工程驳船	台班	8019021	–	–	28.74
101	200t 以内工程驳船	台班	8019023	–	–	2.47
102	400t 以内工程驳船	台班	8019025	–	–	0.14
103	150m³/h 以内混凝土搅拌船	台班	8019058	–	–	0.56
104	123kW 以内机动艇	台班	8019062	–	–	0.11
105	小型机具使用费	元	8099001	744.2	744.2	790.9
106	基价	元	9999001	225630	247050	279449

4-9 预制安装预应力混凝土 T 形梁

工程内容 挖基、围堰、基础、下部、上部、桥面系(不含桥面面层铺装)、桥头搭板等工程的全部工作。

单位:100m² 桥面

顺序号	项 目	单位	代 号	标准跨径(m)			
				30 以内			
				基础			
				干处			
				墩高(m)			
				10 以内	20 以内	40 以内	60 以内
				1	2	3	4
1	人工	工日	1001001	436.1	489.5	539.3	910.2
2	HPB300 钢筋	t	2001001	2.607	2.647	2.728	2.567
3	HRB400 钢筋	t	2001002	15.548	17.216	18.937	39.455
4	钢绞线	t	2001008	1.504	1.504	1.504	1.504
5	钢丝绳	t	2001019	0.040	0.050	0.056	0.042
6	8~12 号铁丝	kg	2001021	2.27	2.28	2.29	2.27
7	20~22 号铁丝	kg	2001022	46.42	49.93	53.61	96.50
8	型钢	t	2003004	0.134	0.162	0.179	0.251
9	钢板	t	2003005	0.557	0.557	0.557	0.651
10	钢管	t	2003008	0.494	0.552	0.667	0.314

顺序号	项目	单位	代号	标准跨径(m)			
				30 以内			
				基础			
				干处			
				墩高(m)			
				10 以内	20 以内	40 以内	60 以内
				1	2	3	4
11	钢护筒	t	2003022	0.039	0.044	0.054	0.058
12	钢模板	t	2003025	0.636	0.744	0.796	2.775
13	组合钢模板	t	2003026	0.020	0.021	0.022	0.028
14	安全爬梯	t	2003028	0.025	0.041	0.049	0.004
15	铸铁	kg	2003040	64.22	64.22	64.22	64.22
16	空心钢钎	kg	2009003	0.03	0.03	0.04	0.20
17	φ50mm 以内合金钻头	个	2009004	0.04	0.05	0.06	0.31
18	电焊条	kg	2009011	192.27	196.59	201.09	257.38
19	钢筋连接套筒	个	2009012	48.02	58.00	70.83	146.19
20	螺栓	kg	2009013	2.14	3.05	3.03	98.99
21	铁件	kg	2009028	177.74	249.28	285.21	456.74
22	铁钉	kg	2009030	0.58	0.74	0.85	0.97
23	铸铁管	kg	2009033	28.51	28.51	28.51	28.51

顺序号	项 目	单位	代 号	标准跨径(m)			
				30 以内			
				基础			
				干处			
				墩高(m)			
				10 以内	20 以内	40 以内	60 以内
				1	2	3	4
24	石油沥青	t	3001001	0.005	0.005	0.005	0.005
25	煤	t	3005001	0.001	0.001	0.001	0.001
26	水	m³	3005004	408.39	467.13	540.24	574.36
27	原木	m³	4003001	0.057	0.057	0.057	0.059
28	锯材	m³	4003002	0.706	0.830	0.907	1.073
29	枕木	m³	4003003	0.349	0.349	0.349	0.349
30	塑料波纹管 SBG-60Y	m	5001036	75.1	75.1	75.1	75.1
31	塑料波纹管 SBG-75Y	m	5001037	70.2	70.2	70.2	70.2
32	压浆料	t	5003003	0.500	0.500	0.500	0.500
33	硝铵炸药	kg	5005002	0.28	0.33	0.41	2.25
34	非电毫秒雷管	个	5005008	0.36	0.42	0.52	2.87
35	导爆索	m	5005009	0.16	0.19	0.24	1.30
36	油漆	kg	5009002	0.80	0.80	0.80	0.80

单位:100m² 桥面

顺序号	项 目	单位	代 号	标准跨径(m)			
				30 以内			
				基础			
				干处			
				墩高(m)			
				10 以内	20 以内	40 以内	60 以内
				1	2	3	4
37	桥面防水涂料	kg	5009005	152.59	152.59	152.59	152.59
38	黏土	m³	5501003	30.37	35.60	43.58	23.18
39	中(粗)砂	m³	5503005	88.66	101.10	114.17	157.73
40	砂砾	m³	5503007	34.65	34.65	34.65	34.65
41	天然砂砾	m³	5503008	2.28	2.73	3.24	5.30
42	片石	m³	5505005	8.48	10.22	11.51	4.42
43	碎石(2cm)	m³	5505012	30.39	30.39	30.39	30.39
44	碎石(4cm)	m³	5505013	86.51	102.37	119.12	180.22
45	碎石(6cm)	m³	5505014	0.64	0.64	0.64	0.64
46	碎石(8cm)	m³	5505015	0.24	0.34	0.41	-
47	青(红)砖	千块	5507003	2.05	2.45	2.92	4.77
48	32.5 级水泥	t	5509001	50.073	59.303	69.393	44.17
49	42.5 级水泥	t	5509002	25.141	25.141	25.141	84.775

单位:100m² 桥面

顺序号	项 目	单位	代 号	标准跨径(m)			
				30 以内			
				基础			
				干处			
				墩高(m)			
				10 以内	20 以内	40 以内	60 以内
				1	2	3	4
50	四氟板式橡胶组合支座	dm³	6001002	6.37	6.37	6.37	6.37
51	板式橡胶支座	dm³	6001003	20.15	20.15	20.15	20.15
52	模数式伸缩装置 240 型	m	6003004	1.14	1.14	1.14	1.14
53	钢绞线圆锚(7 孔)	套	6005009	5.01	5.01	5.01	5.01
54	钢绞线圆锚(12 孔)	套	6005013	3.99	3.99	3.99	3.99
55	其他材料费	元	7801001	865.5	1023.5	1112.6	1503.9
56	设备摊销费	元	7901001	5427.5	5756.4	6012.4	6311.3
57	75kW 以内履带式推土机	台班	8001002	0.4	0.48	0.58	0.89
58	1.0m³ 以内履带式机械单斗挖掘机	台班	8001035	0.04	0.05	0.06	0.04
59	1.0m³ 以内轮胎式装载机	台班	8001045	0.43	0.52	0.63	0.89
60	120kW 以内自行式平地机	台班	8001058	0.04	0.04	0.04	0.04
61	8～10t 光轮压路机	台班	8001079	0.10	0.12	0.14	0.23
62	12～15t 光轮压路机	台班	8001081	0.07	0.07	0.07	0.07

单位:100m² 桥面

顺序号	项目	单位	代号	标准跨径(m)			
				30 以内			
				基础			
				干处			
				墩高(m)			
				10 以内	20 以内	40 以内	60 以内
				1	2	3	4
63	18~21t 光轮压路机	台班	8001083	0.07	0.07	0.07	0.07
64	235kW 以内稳定土拌和机	台班	8003005	0.01	0.01	0.01	0.01
65	4000L 以内沥青洒布车	台班	8003038	0.01	0.01	0.01	0.01
66	混凝土电动真空吸水机组	台班	8003079	0.17	0.17	0.17	0.17
67	混凝土电动刻纹机	台班	8003083	0.44	0.44	0.44	0.44
68	混凝土电动切缝机	台班	8003085	0.17	0.17	0.17	0.17
69	250L 以内强制式混凝土搅拌机	台班	8005002	0.51	0.53	0.55	0.65
70	400L 以内灰浆搅拌机	台班	8005010	0.05	0.08	0.09	–
71	6m³ 以内混凝土搅拌运输车	台班	8005031	1.18	1.43	1.70	2.62
72	60m³/h 以内混凝土输送泵	台班	8005051	0.66	0.85	0.95	0.53
73	80m³/h 以内混凝土输送泵	台班	8005052	–	–	–	2.02
74	40m³/h 以内混凝土搅拌站	台班	8005058	0.45	0.55	0.65	1.01
75	液压滑升机械	台班	8005070	–	–	–	7.78

顺序号	项 目	单位	代 号	标准跨径(m)			
				30 以内			
				基础			
				干处			
				墩高(m)			
				10 以内	20 以内	40 以内	60 以内
				1	2	3	4
76	智能张拉系统	台班	8005079	0.79	0.79	0.79	0.79
77	智能压浆系统	台班	8005084	0.05	0.05	0.05	0.05
78	8t 以内载货汽车	台班	8007006	0.20	0.23	0.28	0.45
79	15t 以内载货汽车	台班	8007009	0.08	0.10	0.12	0.10
80	20t 以内平板拖车组	台班	8007024	–	–	–	0.26
81	10000L 以内洒水汽车	台班	8007043	0.11	0.11	0.11	0.11
82	1t 以内机动翻斗车	台班	8007046	0.20	0.20	0.20	0.20
83	12t 以内汽车式起重机	台班	8009027	2.24	2.5	3.04	1.42
84	16t 以内汽车式起重机	台班	8009028	0.08	0.1	0.12	0.11
85	20t 以内汽车式起重机	台班	8009029	0.34	0.37	0.42	0.57
86	25t 以内汽车式起重机	台班	8009030	1.09	1.66	1.94	2.99
87	40t 以内汽车式起重机	台班	8009032	0.12	0.20	0.24	0.28
88	12t 以内 80m 高塔式起重机	台班	8009055	–	–	–	6.55

单位:100m² 桥面

顺序号	项 目	单位	代 号	标准跨径(m)			
				30 以内			
				基础			
				干处			
				墩高(m)			
				10 以内	20 以内	40 以内	60 以内
				1	2	3	4
89	30kN 以内单筒慢动电动卷扬机	台班	8009080	3.54	3.54	3.54	3.54
90	50kN 以内单筒慢动电动卷扬机	台班	8009081	11.34	11.97	12.43	30.48
91	φ1500mm 以内回旋钻机	台班	8011035	0.84	0.99	1.21	6.55
92	φ2500mm 以内回旋钻机	台班	8011036	4.75	5.58	6.84	1.99
93	泥浆分离器	台班	8011056	0.13	0.16	0.19	0.18
94	泥浆搅拌机	台班	8011057	1.64	1.93	2.36	0.98
95	φ150mm 电动多级水泵(≤180m)	台班	8013013	–	–	–	9.40
96	32kV·A 以内交流电弧焊机	台班	8015028	28.97	29.98	31.02	43.47
97	42kV·A 以内交流电弧焊机	台班	8015029	0.1	0.12	0.14	0.16
98	100kV·A 以内交流对焊机	台班	8015048	0.28	0.28	0.28	0.28
99	3m³/min 以内机动空压机	台班	8017047	0.02	0.03	0.03	0.17
100	小型机具使用费	元	8099001	972.8	1106.1	1196.6	2857.9
101	基价	元	9999001	217448	241237	265557	432690

单位:100m² 桥面

顺序号	项　目	单位	代　号	标准跨径(m)			
				30 以内			
				基础			
				水深5m 以内			
				墩高(m)			
				10 以内	20 以内	40 以内	60 以内
				5	6	7	8
1	人工	工日	1001001	563.6	620.6	690.4	1123.8
2	HPB300 钢筋	t	2001001	2.590	2.645	2.726	2.588
3	HRB400 钢筋	t	2001002	15.570	17.228	18.951	39.687
4	预应力粗钢筋	t	2001006	0.038	0.040	0.045	0.071
5	钢绞线	t	2001008	1.504	1.504	1.504	1.504
6	钢丝绳	t	2001019	0.046	0.053	0.059	0.045
7	8~12 号铁丝	kg	2001021	2.27	2.27	2.28	2.25
8	20~22 号铁丝	kg	2001022	46.46	49.99	53.68	97.02
9	型钢	t	2003004	0.542	0.592	0.67	1.012
10	钢板	t	2003005	0.729	0.739	0.762	0.972
11	圆钢	t	2003006	0.048	0.051	0.057	0.089
12	钢管	t	2003008	0.485	0.576	0.694	0.382

单位:100m² 桥面

顺序号	项 目	单位	代 号	标准跨径(m)			
				30 以内			
				基础			
				水深5m 以内			
				墩高(m)			
				10 以内	20 以内	40 以内	60 以内
				5	6	7	8
13	钢管桩	t	2003021	0.215	0.253	0.32	0.472
14	钢护筒	t	2003022	0.379	0.432	0.536	0.582
15	钢套箱	t	2003023	3.241	3.431	3.864	6.059
16	钢模板	t	2003025	0.670	0.744	0.804	2.733
17	组合钢模板	t	2003026	0.017	0.018	0.018	0.02
18	安全爬梯	t	2003028	0.030	0.041	0.049	0.004
19	铸铁	kg	2003040	61.01	64.22	64.22	64.22
20	铁皮	m²	2003044	0.42	0.53	0.65	0.40
21	电焊条	kg	2009011	203.39	208.88	215.62	280.18
22	钢筋连接套筒	个	2009012	47.04	58.00	70.83	148.84
23	螺栓	kg	2009013	2.27	3.05	3.71	97.10
24	铁件	kg	2009028	206.88	255.39	296.38	460.42
25	铁钉	kg	2009030	1.19	1.41	1.66	2.03

单位:100m² 桥面

顺序号	项 目	单位	代 号	标准跨径(m)			
				30 以内			
				基础			
				水深 5m 以内			
				墩高(m)			
				10 以内	20 以内	40 以内	60 以内
				5	6	7	8
26	铸铁管	kg	2009033	28.51	28.51	28.51	28.51
27	石油沥青	t	3001001	0.005	0.005	0.005	0.005
28	煤	t	3005001	0.001	0.001	0.001	0.001
29	水	m³	3005004	395.54	463.36	536.79	575.55
30	原木	m³	4003001	0.137	0.147	0.166	0.223
31	锯材	m³	4003002	1.056	1.199	1.363	1.736
32	枕木	m³	4003003	0.349	0.349	0.349	0.349
33	塑料波纹管 SBG-60Y	m	5001036	75.1	75.1	75.1	75.1
34	塑料波纹管 SBG-75Y	m	5001037	70.2	70.2	70.2	70.2
35	压浆料	t	5003003	0.500	0.500	0.500	0.500
36	油漆	kg	5009002	0.76	0.80	0.80	0.80
37	桥面防水涂料	kg	5009005	152.53	152.53	152.53	152.53
38	黏土	m³	5501003	25.75	33.23	40.63	21.88

顺序号	项　目	单位	代　号	标准跨径(m)			
				30 以内			
				基础			
				水深5m 以内			
				墩高(m)			
				10 以内	20 以内	40 以内	60 以内
				5	6	7	8
39	中(粗)砂	m³	5503005	88.08	100.17	113.48	156.5
40	砂砾	m³	5503007	34.65	34.65	34.65	34.65
41	天然砂砾	m³	5503008	1.11	1.40	1.62	2.43
42	片石	m³	5505005	8.69	10.21	11.51	4.42
43	碎石(2cm)	m³	5505012	30.39	30.39	30.39	30.39
44	碎石(4cm)	m³	5505013	86.08	101.71	119.12	180.25
45	碎石(6cm)	m³	5505014	0.64	0.64	0.64	0.64
46	碎石(8cm)	m³	5505015	0.25	0.34	0.41	—
47	青(红)砖	千块	5507003	1.03	1.31	1.51	2.22
48	32.5 级水泥	t	5509001	49.675	58.902	69.269	45.166
49	42.5 级水泥	t	5509002	25.141	25.141	25.141	83.583
50	四氟板式橡胶组合支座	dm³	6001002	6.37	6.37	6.37	6.37
51	板式橡胶支座	dm³	6001003	20.15	20.15	20.15	20.15

单位:100m² 桥面

顺序号	项 目	单位	代 号	标准跨径(m)			
				30 以内			
				基础			
				水深 5m 以内			
				墩高(m)			
				10 以内	20 以内	40 以内	60 以内
				5	6	7	8
52	模数式伸缩装置 240 型	m	6003004	1.14	1.14	1.14	1.14
53	钢绞线圆锚(7 孔)	套	6005009	5.01	5.01	5.01	5.01
54	钢绞线圆锚(12 孔)	套	6005013	3.99	3.99	3.99	3.99
55	其他材料费	元	7801001	1258.9	1400.4	1558.8	2166.2
56	设备摊销费	元	7901001	10700.3	11374.6	12495.0	16342.1
57	75kW 以内履带式推土机	台班	8001002	0.20	0.24	0.29	0.45
58	1.0m³ 以内履带式机械单斗挖掘机	台班	8001035	0.04	0.05	0.06	0.05
59	1.0m³ 以内轮胎式装载机	台班	8001045	0.23	0.28	0.34	0.45
60	120kW 以内自行式平地机	台班	8001058	0.04	0.04	0.04	0.04
61	8～10t 光轮压路机	台班	8001079	0.05	0.06	0.07	0.11
62	12～15t 光轮压路机	台班	8001081	0.07	0.07	0.07	0.07
63	18～21t 光轮压路机	台班	8001083	0.07	0.07	0.07	0.07

单位:100m² 桥面

顺序号	项　目	单位	代　号	标准跨径(m)			
				30 以内			
				基础			
				水深5m 以内			
				墩高(m)			
				10 以内	20 以内	40 以内	60 以内
				5	6	7	8
64	235kW 以内稳定土拌和机	台班	8003005	0.01	0.01	0.01	0.01
65	4000L 以内沥青洒布车	台班	8003038	0.01	0.01	0.01	0.01
66	混凝土电动真空吸水机组	台班	8003079	0.17	0.17	0.17	0.17
67	混凝土电动刻纹机	台班	8003083	0.44	0.44	0.44	0.44
68	混凝土电动切缝机	台班	8003085	0.17	0.17	0.17	0.17
69	250L 以内强制式混凝土搅拌机	台班	8005002	0.46	0.48	0.49	0.52
70	400L 以内灰浆搅拌机	台班	8005010	0.06	0.08	0.09	–
71	6m³ 以内混凝土搅拌运输车	台班	8005031	0.59	0.72	0.86	1.32
72	60m³/h 以内混凝土输送泵	台班	8005051	0.73	0.85	0.95	0.53
73	80m³/h 以内混凝土输送泵	台班	8005052	–	–	–	1.98
74	40m³/h 以内混凝土搅拌站	台班	8005058	0.23	0.27	0.33	0.51
75	液压滑升机械	台班	8005070	–	–	–	7.62

顺序号	项 目	单位	代 号	标准跨径(m)			
				30 以内			
				基础			
				水深5m 以内			
				墩高(m)			
				10 以内	20 以内	40 以内	60 以内
				5	6	7	8
76	智能张拉系统	台班	8005079	0.79	0.79	0.79	0.79
77	智能压浆系统	台班	8005084	0.05	0.05	0.05	0.05
78	8t 以内载货汽车	台班	8007006	0.44	0.53	0.66	0.97
79	20t 以内平板拖车组	台班	8007024	–	–	–	0.26
80	10000L 以内洒水汽车	台班	8007043	0.11	0.11	0.11	0.11
81	1t 以内机动翻斗车	台班	8007046	0.20	0.20	0.20	0.20
82	50t 以内履带式起重机	台班	8009007	1.25	1.32	1.49	2.34
83	12t 以内汽车式起重机	台班	8009027	2.96	3.52	4.35	3.45
84	16t 以内汽车式起重机	台班	8009028	0.30	0.38	0.46	0.41
85	20t 以内汽车式起重机	台班	8009029	0.21	0.23	0.25	0.31
86	25t 以内汽车式起重机	台班	8009030	1.25	1.66	2.00	2.98
87	40t 以内汽车式起重机	台班	8009032	0.15	0.20	0.24	0.28
88	12t 以内 80m 高塔式起重机	台班	8009055	–	–	–	6.55

顺序号	项　目	单位	代　号	标准跨径(m)			
				30 以内			
				基础			
				水深 5m 以内			
				墩高(m)			
				10 以内	20 以内	40 以内	60 以内
				5	6	7	8
89	30kN 以内单筒慢动电动卷扬机	台班	8009080	3.54	3.54	3.54	3.54
90	50kN 以内单筒慢动电动卷扬机	台班	8009081	11.54	12.11	12.59	30.50
91	300kN 以内振动打拔桩锤	台班	8011012	0.09	0.10	0.12	0.14
92	500kN 以内振动打拔桩锤	台班	8011013	0.27	0.31	0.40	0.58
93	600kN 以内振动打拔桩锤	台班	8011014	0.04	0.05	0.07	0.10
94	ϕ1500mm 以内回旋钻机	台班	8011035	0.94	1.02	1.25	6.96
95	ϕ2500mm 以内回旋钻机	台班	8011036	4.55	5.98	7.32	2.01
96	泥浆分离器	台班	8011056	0.12	0.16	0.19	0.20
97	泥浆搅拌机	台班	8011057	1.49	1.93	2.36	1.08
98	ϕ150mm 电动多级水泵(≤180m)	台班	8013013	–	–	–	9.21
99	32kV·A 以内交流电弧焊机	台班	8015028	29.73	30.83	32.03	45.13
100	42kV·A 以内交流电弧焊机	台班	8015029	0.09	0.12	0.14	0.17

单位:100m² 桥面

顺序号	项 目	单位	代 号	标准跨径(m)			
				30 以内			
				基础			
				水深5m 以内			
				墩高(m)			
				10 以内	20 以内	40 以内	60 以内
				5	6	7	8
101	100kV·A 以内交流对焊机	台班	8015048	0.28	0.28	0.28	0.28
102	88kW 以内内燃拖轮	台班	8019002	1.04	1.28	1.56	1.50
103	147kW 以内内燃拖轮	台班	8019003	0.03	0.04	0.04	0.05
104	221kW 以内内燃拖轮	台班	8019005	0.29	0.34	0.43	0.63
105	294kW 以内内燃拖轮	台班	8019006	0.37	0.39	0.44	0.69
106	368kW 以内内燃拖轮	台班	8019007	0.02	0.02	0.02	0.04
107	100t 以内工程驳船	台班	8019021	1.6	1.77	2.16	15.37
108	200t 以内工程驳船	台班	8019023	10.62	13.74	16.89	8.39
109	400t 以内工程驳船	台班	8019025	1.81	1.91	2.16	3.38
110	100m³/h 以内混凝土搅拌船	台班	8019056	0.53	0.64	0.77	1.19
111	123kW 以内机动艇	台班	8019062	0.05	0.06	0.08	0.12
112	小型机具使用费	元	8099001	1089.0	1198.0	1306.0	2996.8
113	基价	元	9999001	274740	304633	339937	540210

顺序号	项　目	单位	代号	标准跨径(m)		
				30 以内		
				基础		
				水深 10m 以内		
				墩高(m)		
				20 以内	40 以内	60 以内
				9	10	11
1	人工	工日	1001001	663.4	966.7	1386.7
2	HPB300 钢筋	t	2001001	2.942	3.375	2.642
3	HRB400 钢筋	t	2001002	16.984	28.174	47.880
4	预应力粗钢筋	t	2001006	0.049	0.061	0.09
5	钢绞线	t	2001008	1.504	1.504	1.504
6	钢丝绳	t	2001019	0.045	0.098	0.050
7	8~12 号铁丝	kg	2001021	2.27	2.30	2.24
8	20~22 号铁丝	kg	2001022	50.42	73.81	114.28
9	型钢	t	2003004	1.185	1.330	1.868
10	钢板	t	2003005	1.620	1.694	2.346
11	圆钢	t	2003006	0.062	0.077	0.114
12	钢管	t	2003008	0.992	1.277	1.092
13	钢管桩	t	2003021	0.436	0.581	0.823

单位：100m² 桥面

顺序号	项　目	单位	代　号	标准跨径（m）		
				30 以内		
				基础		
				水深 10m 以内		
				墩高（m）		
				20 以内	40 以内	60 以内
				9	10	11
14	钢护筒	t	2003022	0.554	0.724	0.745
15	钢套箱	t	2003023	4.225	5.216	7.758
16	钢模板	t	2003025	0.817	1.159	3.365
17	组合钢模板	t	2003026	0.014	0.014	0.014
18	安全爬梯	t	2003028	0.045	0.104	0.004
19	铸铁	kg	2003040	64.22	64.22	64.22
20	铁皮	m²	2003044	0.51	0.77	0.47
21	电焊条	kg	2009011	254.22	287.82	371.57
22	钢筋连接套筒	个	2009012	55.97	133.72	187.30
23	螺栓	kg	2009013	3.06	6.27	124.30
24	铁件	kg	2009028	198.15	609.06	606.51
25	铁钉	kg	2009030	0.46	1.50	1.09
26	铸铁管	kg	2009033	28.51	28.51	28.51

顺序号	项　目	单位	代　号	标准跨径(m)		
				30 以内		
				基础		
				水深10m 以内		
				墩高(m)		
				20 以内	40 以内	60 以内
				9	10	11
27	石油沥青	t	3001001	0.005	0.005	0.005
28	煤	t	3005001	0.001	0.001	0.001
29	水	m³	3005004	450.27	662.83	674.47
30	原木	m³	4003001	0.762	0.993	1.387
31	锯材	m³	4003002	0.697	1.435	1.311
32	枕木	m³	4003003	0.349	0.349	0.349
33	塑料波纹管 SBG-60Y	m	5001036	75.09	75.09	75.10
34	塑料波纹管 SBG-75Y	m	5001037	70.2	70.2	70.2
35	压浆料	t	5003003	0.500	0.500	0.500
36	油漆	kg	5009002	0.80	0.80	0.80
37	桥面防水涂料	kg	5009005	152.53	152.53	152.53
38	黏土	m³	5501003	31.82	45.08	25.82
39	中(粗)砂	m³	5503005	98.26	148.99	184.49

单位:100m² 桥面

顺序号	项 目	单位	代 号	标准跨径(m)		
				30 以内		
				基础		
				水深 10m 以内		
				墩高(m)		
				20 以内	40 以内	60 以内
				9	10	11
40	砂砾	m³	5503007	30.96	30.96	34.65
41	片石	m³	5505005	15.24	19.46	4.42
42	碎石(2cm)	m³	5505012	30.39	30.39	30.39
43	碎石(4cm)	m³	5505013	100.37	171.66	219.45
44	碎石(6cm)	m³	5505014	0.64	0.64	0.64
45	碎石(8cm)	m³	5505015	0.34	–	–
46	青(红)砖	千块	5507003	0.04	0.07	0.04
47	32.5 级水泥	t	5509001	56.932	96.122	51.507
48	42.5 级水泥	t	5509002	25.141	25.141	99.970
49	四氟板式橡胶组合支座	dm³	6001002	6.37	6.37	6.37
50	板式橡胶支座	dm³	6001003	20.15	20.15	20.15
51	模数式伸缩装置 240 型	m	6003004	1.14	1.14	1.14
52	钢绞线圆锚(7 孔)	套	6005009	5.01	4.39	5.01

单位：100m² 桥面

顺序号	项　目	单位	代　号	标准跨径（m）		
				30 以内		
				基础		
				水深 10m 以内		
				墩高（m）		
				20 以内	40 以内	60 以内
				9	10	11
53	钢绞线圆锚（12 孔）	套	6005013	3.99	3.99	3.99
54	其他材料费	元	7801001	1709.9	2404.5	2788.7
55	设备摊销费	元	7901001	12409.6	15826.0	19601.3
56	1.0m³ 以内履带式机械单斗挖掘机	台班	8001035	0.05	0.07	0.06
57	1.0m³ 以内轮胎式装载机	台班	8001045	0.08	0.11	－
58	120kW 以内自行式平地机	台班	8001058	0.04	0.04	0.04
59	12～15t 光轮压路机	台班	8001081	0.07	0.07	0.07
60	18～21t 光轮压路机	台班	8001083	0.07	0.07	0.07
61	235kW 以内稳定土拌和机	台班	8003005	0.01	0.01	0.01
62	4000L 以内沥青洒布车	台班	8003038	0.01	0.01	0.01
63	混凝土电动真空吸水机组	台班	8003079	0.17	0.17	0.17
64	混凝土电动刻纹机	台班	8003083	0.52	0.52	0.44
65	混凝土电动切缝机	台班	8003085	0.17	0.17	0.17

单位:100m² 桥面

顺序号	项　目	单位	代　号	标准跨径(m)		
				30 以内		
				基础		
				水深 10m 以内		
				墩高(m)		
				20 以内	40 以内	60 以内
				9	10	11
66	250L 以内强制式混凝土搅拌机	台班	8005002	0.41	0.41	0.41
67	400L 以内灰浆搅拌机	台班	8005010	0.14	0.20	–
68	60m³/h 以内混凝土输送泵	台班	8005051	0.61	1.17	0.57
69	80m³/h 以内混凝土输送泵	台班	8005052	–	–	2.53
70	液压滑升机械	台班	8005070	–	–	9.76
71	智能张拉系统	台班	8005079	0.79	0.74	0.79
72	智能压浆系统	台班	8005084	0.05	0.05	0.05
73	20t 以内平板拖车组	台班	8007024	–	–	0.33
74	10000L 以内洒水汽车	台班	8007043	0.11	0.11	0.11
75	1t 以内机动翻斗车	台班	8007046	0.20	0.20	0.20
76	50t 以内履带式起重机	台班	8009007	1.63	2.01	2.99
77	12t 以内汽车式起重机	台班	8009027	3.78	5.45	4.39
78	16t 以内汽车式起重机	台班	8009028	0.36	0.55	0.49

单位:100m² 桥面

顺序号	项　目	单位	代　号	标准跨径(m)		
				30 以内		
				基础		
				水深 10m 以内		
				墩高(m)		
				20 以内	40 以内	60 以内
				9	10	11
79	20t 以内汽车式起重机	台班	8009029	0.14	0.15	0.15
80	25t 以内汽车式起重机	台班	8009030	3.24	6.23	5.89
81	40t 以内汽车式起重机	台班	8009032	–	1.24	0.36
82	12t 以内 80m 高塔式起重机	台班	8009055	–	–	8.38
83	30kN 以内单筒慢动电动卷扬机	台班	8009080	3.54	3.54	3.54
84	50kN 以内单筒慢动电动卷扬机	台班	8009081	12.1	15.57	36.26
85	300kN 以内振动打拔桩锤	台班	8011012	0.13	0.17	0.17
86	φ1500mm 以内回旋钻机	台班	8011035	0.98	2.19	8.22
87	φ2500mm 以内回旋钻机	台班	8011036	5.73	7.70	2.37
88	泥浆分离器	台班	8011056	0.15	0.23	0.24
89	泥浆搅拌机	台班	8011057	1.85	2.62	1.27
90	φ150mm 电动多级水泵(≤180m)	台班	8013013	–	–	11.80
91	32kV·A 以内交流电弧焊机	台班	8015028	38.35	45.28	61.20
92	42kV·A 以内交流电弧焊机	台班	8015029	0.11	0.17	0.20

单位:100m² 桥面

顺序号	项 目	单位	代 号	标准跨径(m)		
				30 以内		
				基础		
				水深 10m 以内		
				墩高(m)		
				20 以内	40 以内	60 以内
				9	10	11
93	100kV·A 以内交流对焊机	台班	8015048	0.28	0.28	0.28
94	88kW 以内内燃拖轮	台班	8019002	1.22	1.98	1.77
95	147kW 以内内燃拖轮	台班	8019003	0.05	0.06	0.06
96	221kW 以内内燃拖轮	台班	8019005	0.20	0.26	0.37
97	294kW 以内内燃拖轮	台班	8019006	0.79	0.91	1.34
98	368kW 以内内燃拖轮	台班	8019007	0.04	0.07	0.09
99	100t 以内工程驳船	台班	8019021	1.69	3.68	18.14
100	200t 以内工程驳船	台班	8019023	12.26	16.48	7.52
101	400t 以内工程驳船	台班	8019025	3.98	4.54	6.72
102	334kN·m 以内船用柴油打桩锤	台班	8019041	0.76	1.01	1.43
103	100m³/h 以内混凝土搅拌船	台班	8019056	1.26	2.19	2.94
104	123kW 以内机动艇	台班	8019062	0.13	0.22	0.29
105	小型机具使用费	元	8099001	1117.7	2001.3	3771.3
106	基价	元	9999001	337261	488896	693185

单位:100m² 桥面

顺序号	项 目	单位	代 号	标准跨径(m)				
				30 以上				
				基础				
				干处				
				墩高(m)				
				20 以内	40 以内	60 以内	80 以内	100 以内
				12	13	14	15	16
1	人工	工日	1001001	490.9	747.2	1020.7	1203.3	1367.7
2	HPB300 钢筋	t	2001001	2.874	3.218	2.867	2.945	3.015
3	HRB400 钢筋	t	2001002	17.391	26.257	44.666	53.16	60.804
4	钢绞线	t	2001008	1.686	1.686	1.686	1.686	1.686
5	钢丝绳	t	2001019	0.049	0.104	0.047	0.052	0.056
6	8~12 号铁丝	kg	2001021	2.55	2.59	2.54	2.55	2.56
7	20~22 号铁丝	kg	2001022	51.89	70.38	109.10	126.98	143.08
8	型钢	t	2003004	0.248	0.265	0.282	0.328	0.369
9	钢板	t	2003005	0.628	0.624	0.731	0.758	0.782
10	钢管	t	2003008	0.483	0.683	0.343	0.419	0.487
11	钢护筒	t	2003022	0.060	0.063	0.066	0.083	0.098
12	钢模板	t	2003025	0.926	1.209	3.107	3.749	4.327
13	组合钢模板	t	2003026	0.022	0.028	0.03	0.033	0.036

单位:100m² 桥面

顺序号	项　　目	单位	代　号	标准跨径(m)				
				30 以上				
				基础				
				干处				
				墩高(m)				
				20 以内	40 以内	60 以内	80 以内	100 以内
				12	13	14	15	16
14	安全爬梯	t	2003028	0.058	0.132	0.004	0.004	0.004
15	铸铁	kg	2003040	71.97	71.97	71.97	71.97	71.97
16	空心钢钎	kg	2009003	0.03	0.05	0.22	0.28	0.33
17	φ50mm 以内合金钻头	个	2009004	0.04	0.08	0.35	0.44	0.51
18	电焊条	kg	2009011	215.31	236.76	289.68	312.64	333.31
19	钢筋连接套筒	个	2009012	50.65	112.19	165.09	206.16	243.13
20	螺栓	kg	2009013	3.31	6.85	110.70	138.34	163.22
21	铁件	kg	2009028	188.05	504.33	511.20	619.38	716.74
22	铁钉	kg	2009030	0.51	1.57	1.09	1.29	1.47
23	铸铁管	kg	2009033	31.96	31.96	31.96	31.96	31.96
24	石油沥青	t	3001001	0.006	0.006	0.006	0.006	0.006
25	煤	t	3005001	0.001	0.001	0.001	0.001	0.001
26	水	m³	3005004	443.41	614.94	639.64	761.71	871.54

单位:100m² 桥面

顺序号	项 目	单位	代 号	标准跨径(m)				
				30 以上				
				基础				
				干处				
				墩高(m)				
				20 以内	40 以内	60 以内	80 以内	100 以内
				12	13	14	15	16
27	原木	m³	4003001	0.063	0.065	0.066	0.066	0.067
28	锯材	m³	4003002	0.732	1.369	1.202	1.371	1.522
29	枕木	m³	4003003	0.391	0.391	0.391	0.391	0.391
30	塑料波纹管 SBG-60Y	m	5001036	84.18	84.18	84.18	84.18	84.18
31	塑料波纹管 SBG-75Y	m	5001037	78.70	78.70	78.70	78.70	78.70
32	压浆料	t	5003003	0.561	0.561	0.561	0.561	0.561
33	硝铵炸药	kg	5005002	0.29	0.61	2.55	3.19	3.77
34	非电毫秒雷管	个	5005008	0.38	0.78	3.27	4.08	4.82
35	导爆索	m	5005009	0.17	0.35	1.48	1.84	2.18
36	油漆	kg	5009002	0.89	0.89	0.89	0.89	0.89
37	桥面防水涂料	kg	5009005	170.99	170.99	170.99	170.99	170.99
38	黏土	m³	5501003	32.07	41.36	25.33	31.67	37.37
39	中(粗)砂	m³	5503005	101.11	145.52	176.66	209.44	238.94

单位：100m² 桥面

顺序号	项　目	单位	代号	标准跨径（m）				
				30 以上				
				基础				
				干处				
				墩高（m）				
				20 以内	40 以内	60 以内	80 以内	100 以内
				12	13	14	15	16
40	砂砾	m³	5503007	38.84	38.84	38.84	38.84	38.84
41	天然砂砾	m³	5503008	2.38	4.83	5.60	6.93	8.12
42	片石	m³	5505005	10.12	17.45	4.96	4.96	4.96
43	碎石（2cm）	m³	5505012	34.06	34.06	34.06	34.06	34.06
44	碎石（4cm）	m³	5505013	103.58	168.15	202.41	246.32	285.83
45	碎石（6cm）	m³	5505014	0.72	0.72	0.72	0.72	0.72
46	碎石（8cm）	m³	5505015	0.30	–	–	–	–
47	青（红）砖	千块	5507003	2.14	4.34	5.04	6.23	7.30
48	32.5 级水泥	t	5509001	57.278	89.903	49.582	58.458	66.443
49	42.5 级水泥	t	5509002	28.183	28.183	94.807	111.463	126.453
50	四氟板式橡胶组合支座	dm³	6001002	7.14	7.14	7.14	7.14	7.14
51	板式橡胶支座	dm³	6001003	22.59	22.59	22.59	22.59	22.59
52	模数式伸缩装置 240 型	m	6003004	1.28	1.28	1.28	1.28	1.28

顺序号	项　目	单位	代　号	标准跨径(m)				
				30 以上				
				基础				
				干处				
				墩高(m)				
				20 以内	40 以内	60 以内	80 以内	100 以内
				12	13	14	15	16
53	钢绞线圆锚(7 孔)	套	6005009	5.62	5.62	5.62	5.62	5.62
54	钢绞线圆锚(12 孔)	套	6005013	4.48	4.48	4.48	4.48	4.48
55	其他材料费	元	7801001	1100.2	1520.5	1682.2	1931.5	2155.8
56	设备摊销费	元	7901001	5570.4	7255.5	7060.2	7532.1	7956.9
57	75kW 以内履带式推土机	台班	8001002	0.47	0.79	1.00	1.23	1.44
58	1.0m³ 以内履带式机械单斗挖掘机	台班	8001035	0.04	0.06	0.05	0.06	0.07
59	1.0m³ 以内轮胎式装载机	台班	8001045	0.51	0.88	1.00	1.23	1.44
60	120kW 以内自行式平地机	台班	8001058	0.04	0.04	0.04	0.04	0.04
61	8～10t 光轮压路机	台班	8001079	0.10	0.21	0.25	0.30	0.36
62	12～15t 光轮压路机	台班	8001081	0.08	0.08	0.08	0.08	0.08
63	18～21t 光轮压路机	台班	8001083	0.08	0.08	0.08	0.08	0.08
64	235kW 以内稳定土拌和机	台班	8003005	0.01	0.01	0.01	0.01	0.01

单位:100m² 桥面

顺序号	项 目	单位	代 号	标准跨径(m)				
				30 以上				
				基础				
				干处				
				墩高(m)				
				20 以内	40 以内	60 以内	80 以内	100 以内
				12	13	14	15	16
65	4000L 以内沥青洒布车	台班	8003038	0.01	0.01	0.01	0.01	0.01
66	混凝土电动真空吸水机组	台班	8003079	0.19	0.19	0.19	0.19	0.19
67	混凝土电动刻纹机	台班	8003083	0.50	0.50	0.50	0.50	0.50
68	混凝土电动切缝机	台班	8003085	0.19	0.19	0.19	0.19	0.19
69	250L 以内强制式混凝土搅拌机	台班	8005002	0.56	0.68	0.71	0.77	0.83
70	400L 以内灰浆搅拌机	台班	8005010	0.07	0.17	–	–	–
71	6m³ 以内混凝土搅拌运输车	台班	8005031	1.39	2.32	2.94	3.63	4.25
72	60m³/h 以内混凝土输送泵	台班	8005051	0.62	0.77	0.59	0.63	0.67
73	80m³/h 以内混凝土输送泵	台班	8005052	–	–	2.25	2.82	3.33
74	40m³/h 以内混凝土搅拌站	台班	8005058	0.53	0.89	1.13	1.39	1.63
75	液压滑升机械	台班	8005070	–	–	8.69	10.86	12.82
76	智能张拉系统	台班	8005079	0.88	0.88	0.88	0.88	0.88

单位:100m² 桥面

顺序号	项　　目	单位	代　号	标准跨径(m)				
				30 以上				
				基础				
				干处				
				墩高(m)				
				20 以内	40 以内	60 以内	80 以内	100 以内
				12	13	14	15	16
77	智能压浆系统	台班	8005084	0.06	0.06	0.06	0.06	0.06
78	8t 以内载货汽车	台班	8007006	0.20	0.41	0.48	0.59	0.69
79	15t 以内载货汽车	台班	8007009	0.09	0.12	0.10	0.13	0.15
80	20t 以内平板拖车组	台班	8007024	－	－	0.30	0.37	0.44
81	10000L 以内洒水汽车	台班	8007043	0.13	0.13	0.13	0.13	0.13
82	1t 以内机动翻斗车	台班	8007046	0.23	0.23	0.23	0.23	0.23
83	12t 以内汽车式起重机	台班	8009027	2.18	3.08	1.54	1.91	2.25
84	16t 以内汽车式起重机	台班	8009028	0.09	0.12	0.12	0.15	0.18
85	20t 以内汽车式起重机	台班	8009029	0.39	0.56	0.61	0.73	0.83
86	25t 以内汽车式起重机	台班	8009030	2.22	5.73	3.38	4.20	4.93
87	40t 以内汽车式起重机	台班	8009032	－	1.84	0.32	0.40	0.47
88	12t 以内 80m 高塔式起重机	台班	8009055	－	－	7.46	9.33	11.01

单位:100m² 桥面

顺序号	项 目	单位	代 号	标准跨径(m)				
				30 以上				
				基础				
				干处				
				墩高(m)				
				20 以内	40 以内	60 以内	80 以内	100 以内
				12	13	14	15	16
89	30kN 以内单筒慢动电动卷扬机	台班	8009080	3.97	3.97	3.97	3.97	3.97
90	50kN 以内单筒慢动电动卷扬机	台班	8009081	12.93	15.64	34.37	40.17	45.40
91	φ1500mm 以内回旋钻机	台班	8011035	0.86	1.79	7.11	8.89	10.49
92	φ2500mm 以内回旋钻机	台班	8011036	4.84	6.05	2.16	2.70	3.18
93	泥浆分离器	台班	8011056	0.14	0.19	0.20	0.25	0.29
94	泥浆搅拌机	台班	8011057	1.67	2.20	1.07	1.33	1.57
95	φ150mm 电动多级水泵(≤180m)	台班	8013013	–	–	10.50	13.13	15.49
96	32kV·A 以内交流电弧焊机	台班	8015028	32.44	37.56	49.00	54.14	58.76
97	42kV·A 以内交流电弧焊机	台班	8015029	0.10	0.14	0.17	0.21	0.25
98	100kV·A 以内交流对焊机	台班	8015048	0.32	0.32	0.32	0.32	0.32
99	3m³/min 以内机动空压机	台班	8017047	0.02	0.05	0.20	0.25	0.29
100	小型机具使用费	元	8099001	980.5	1639.4	3211.7	3819.2	4365.9
101	基价	元	9999001	245228	350714	485921	571051	647643

续前页

单位:100m² 桥面

顺序号	项　目	单位	代号	标准跨径(m)				
				30 以上				
				基础				
				水深5m以内				
				墩高(m)				
				20 以内	40 以内	60 以内	80 以内	100 以内
				17	18	19	20	21
1	人工	工日	1001001	605.3	877.0	1257.5	1464.3	1645.9
2	HPB300 钢筋	t	2001001	2.846	3.174	2.864	2.941	3.010
3	HRB400 钢筋	t	2001002	16.857	25.891	44.675	53.171	60.817
4	预应力粗钢筋	t	2001006	0.044	0.057	0.078	0.087	0.094
5	钢绞线	t	2001008	1.686	1.686	1.686	1.686	1.686
6	钢丝绳	t	2001019	0.044	0.089	0.050	0.055	0.06
7	8~12 号铁丝	kg	2001021	2.54	2.57	2.52	2.53	2.53
8	20~22 号铁丝	kg	2001022	50.77	69.65	109.14	127.04	143.15
9	型钢	t	2003004	0.688	0.866	1.144	1.291	1.409
10	钢板	t	2003005	0.829	0.885	1.087	1.155	1.211
11	圆钢	t	2003006	0.056	0.073	0.099	0.110	0.119
12	钢管	t	2003008	0.473	0.683	0.390	0.471	0.544
13	钢管桩	t	2003021	0.242	0.328	0.515	0.577	0.622

单位:100m² 桥面

顺序号	项 目	单位	代 号	标准跨径(m)				
				30 以上				
				基础				
				水深 5m 以内				
				墩高(m)				
				20 以内	40 以内	60 以内	80 以内	100 以内
				17	18	19	20	21
14	钢护筒	t	2003022	0.541	0.601	0.663	0.829	0.979
15	钢套箱	t	2003023	3.810	4.930	6.705	7.488	8.088
16	钢模板	t	2003025	0.815	1.102	3.107	3.749	4.327
17	组合钢模板	t	2003026	0.019	0.022	0.023	0.025	0.026
18	安全爬梯	t	2003028	0.038	0.088	0.004	0.004	0.004
19	铸铁	kg	2003040	71.97	71.97	71.97	71.97	71.97
20	铁皮	m²	2003044	0.42	0.61	0.39	0.49	0.58
21	电焊条	kg	2009011	226.84	252.81	314.09	339.94	362.8
22	钢筋连接套筒	个	2009012	46.6	107.79	165.09	206.16	243.13
23	螺栓	kg	2009013	2.56	5.26	110.70	138.34	163.22
24	铁件	kg	2009028	168.4	507.49	523.69	633.06	731.17
25	铁钉	kg	2009030	1.21	2.28	2.48	2.86	3.18
26	铸铁管	kg	2009033	31.96	31.96	31.96	31.96	31.96

单位:100m² 桥面

顺序号	项 目	单位	代 号	标准跨径(m)				
				30 以上				
				基础				
				水深5m 以内				
				墩高(m)				
				20 以内	40 以内	60 以内	80 以内	100 以内
				17	18	19	20	21
27	石油沥青	t	3001001	0.006	0.006	0.006	0.006	0.006
28	煤	t	3005001	0.001	0.001	0.001	0.001	0.001
29	水	m³	3005004	406.41	574.64	631.20	751.38	859.32
30	原木	m³	4003001	0.156	0.187	0.246	0.268	0.285
31	锯材	m³	4003002	1.101	1.826	2.034	2.303	2.529
32	枕木	m³	4003003	0.391	0.391	0.391	0.391	0.391
33	塑料波纹管 SBG-60Y	m	5001036	84.18	84.18	84.18	84.18	84.18
34	塑料波纹管 SBG-75Y	m	5001037	78.7	78.7	78.7	78.7	78.7
35	压浆料	t	5003003	0.561	0.561	0.561	0.561	0.561
36	油漆	kg	5009002	0.89	0.89	0.89	0.89	0.89
37	桥面防水涂料	kg	5009005	170.99	170.99	170.99	170.99	170.99
38	黏土	m³	5501003	26.42	35.46	21.69	27.11	31.99
39	中(粗)砂	m³	5503005	91.74	133.71	174.54	206.85	235.87

单位:100m² 桥面

顺序号	项　目	单位	代号	标准跨径(m)				
				30 以上				
				基础				
				水深5m 以内				
				墩高(m)				
				20 以内	40 以内	60 以内	80 以内	100 以内
				17	18	19	20	21
40	砂砾	m³	5503007	38.85	38.85	38.84	38.84	38.84
41	天然砂砾	m³	5503008	1.12	2.45	2.80	3.50	4.06
42	片石	m³	5505005	9.72	17.44	4.96	4.96	4.96
43	碎石(2cm)	m³	5505012	34.06	34.06	34.06	34.06	34.06
44	碎石(4cm)	m³	5505013	89.60	147.91	200.84	244.39	283.55
45	碎石(6cm)	m³	5505014	0.72	0.72	0.72	0.72	0.72
46	碎石(8cm)	m³	5505015	0.28	–	–	–	–
47	青(红)砖	千块	5507003	1.04	2.26	2.55	3.19	3.70
48	32.5 级水泥	t	5509001	50.422	81.836	48.657	57.325	65.103
49	42.5 级水泥	t	5509002	28.183	28.183	94.807	111.463	126.453
50	四氟板式橡胶组合支座	dm³	6001002	7.14	7.14	7.14	7.14	7.14
51	板式橡胶支座	dm³	6001003	22.59	22.59	22.59	22.59	22.59
52	模数式伸缩装置 240 型	m	6003004	1.28	1.28	1.28	1.28	1.28

单位:100m² 桥面

顺序号	项　目	单位	代　号	标准跨径(m)				
				30 以上				
				基础				
				水深5m 以内				
				墩高(m)				
				20 以内	40 以内	60 以内	80 以内	100 以内
				17	18	19	20	21
53	钢绞线圆锚(7 孔)	套	6005009	5.62	5.62	5.62	5.62	5.62
54	钢绞线圆锚(12 孔)	套	6005013	4.48	4.48	4.48	4.48	4.48
55	其他材料费	元	7801001	1422.2	2060.8	2428.4	2765.0	3054.9
56	设备摊销费	元	7901001	11608.3	15191.3	18132.1	19903.8	21316.7
57	75kW 以内履带式推土机	台班	8001002	0.20	0.35	0.50	0.62	0.72
58	1.0m³ 以内履带式机械单斗挖掘机	台班	8001035	0.04	0.05	0.05	0.06	0.07
59	1.0m³ 以内轮胎式装载机	台班	8001045	0.24	0.44	0.50	0.62	0.72
60	120kW 以内自行式平地机	台班	8001058	0.04	0.04	0.04	0.04	0.04
61	8~10t 光轮压路机	台班	8001079	0.05	0.11	0.12	0.15	0.18
62	12~15t 光轮压路机	台班	8001081	0.08	0.08	0.08	0.08	0.08
63	18~21t 光轮压路机	台班	8001083	0.08	0.08	0.08	0.08	0.08
64	235kW 以内稳定土拌和机	台班	8003005	0.01	0.01	0.01	0.01	0.01

单位:100m² 桥面

顺序号	项　　目	单位	代　号	标准跨径(m)				
				30 以上				
				基础				
				水深 5m 以内				
				墩高(m)				
				20 以内	40 以内	60 以内	80 以内	100 以内
				17	18	19	20	21
65	4000L 以内沥青洒布车	台班	8003038	0.01	0.01	0.01	0.01	0.01
66	混凝土电动真空吸水机组	台班	8003079	0.19	0.19	0.19	0.19	0.19
67	混凝土电动刻纹机	台班	8003083	0.50	0.50	0.50	0.50	0.50
68	混凝土电动切缝机	台班	8003085	0.19	0.19	0.19	0.19	0.19
69	250L 以内强制式混凝土搅拌机	台班	8005002	0.51	0.57	0.59	0.62	0.65
70	400L 以内灰浆搅拌机	台班	8005010	0.06	0.17	–	–	–
71	6m³ 以内混凝土搅拌运输车	台班	8005031	0.60	1.03	1.47	1.82	2.12
72	60m³/h 以内混凝土输送泵	台班	8005051	0.6	0.94	0.59	0.63	0.67
73	80m³/h 以内混凝土输送泵	台班	8005052	–	–	2.25	2.82	3.33
74	40m³/h 以内混凝土搅拌站	台班	8005058	0.23	0.40	0.57	0.70	0.82
75	液压滑升机械	台班	8005070	–	–	8.69	10.86	12.82
76	智能张拉系统	台班	8005079	0.88	0.88	0.88	0.88	0.88

单位:100m² 桥面

顺序号	项　目	单位	代号	标准跨径(m)				
				30 以上				
				基础				
				水深5m 以内				
				墩高(m)				
				20 以内	40 以内	60 以内	80 以内	100 以内
				17	18	19	20	21
77	智能压浆系统	台班	8005084	0.06	0.06	0.06	0.06	0.06
78	8t 以内载货汽车	台班	8007006	0.49	0.74	1.07	1.23	1.36
79	20t 以内平板拖车组	台班	8007024	–	–	0.30	0.37	0.44
80	10000L 以内洒水汽车	台班	8007043	0.13	0.13	0.13	0.13	0.13
81	1t 以内机动翻斗车	台班	8007046	0.23	0.23	0.23	0.23	0.23
82	50t 以内履带式起重机	台班	8009007	1.47	1.90	2.59	2.89	3.12
83	12t 以内汽车式起重机	台班	8009027	2.99	4.23	3.63	4.24	4.76
84	16t 以内汽车式起重机	台班	8009028	0.3	0.44	0.41	0.51	0.6
85	20t 以内汽车式起重机	台班	8009029	0.23	0.32	0.35	0.40	0.45
86	25t 以内汽车式起重机	台班	8009030	1.51	4.25	3.38	4.20	4.93
87	40t 以内汽车式起重机	台班	8009032	–	1.21	0.32	0.40	0.47
88	12t 以内 80m 高塔式起重机	台班	8009055	–	–	7.46	9.33	11.01

顺序号	项 目	单位	代 号	标准跨径(m)				
				30 以上				
				基础				
				水深 5m 以内				
				墩高(m)				
				20 以内	40 以内	60 以内	80 以内	100 以内
				17	18	19	20	21
89	30kN 以内单筒慢动电动卷扬机	台班	8009080	3.97	3.97	3.97	3.97	3.97
90	50kN 以内单筒慢动电动卷扬机	台班	8009081	12.96	15.83	34.58	40.43	45.70
91	300kN 以内振动打拔桩锤	台班	8011012	0.13	0.14	0.15	0.19	0.23
92	500kN 以内振动打拔桩锤	台班	8011013	0.30	0.40	0.64	0.71	0.77
93	600kN 以内振动打拔桩锤	台班	8011014	0.05	0.07	0.10	0.12	0.13
94	ϕ1500mm 以内回旋钻机	台班	8011035	0.81	1.72	6.90	8.63	10.18
95	ϕ2500mm 以内回旋钻机	台班	8011036	4.76	6.06	2.15	2.49	2.94
96	泥浆分离器	台班	8011056	0.12	0.18	0.20	0.25	0.29
97	泥浆搅拌机	台班	8011057	1.54	2.06	1.07	1.33	1.57
98	ϕ150mm 电动多级水泵(≤180m)	台班	8013013	−	−	10.50	13.13	15.49
99	32kV·A 以内交流电弧焊机	台班	8015028	32.98	38.48	50.68	56.02	60.80
100	42kV·A 以内交流电弧焊机	台班	8015029	0.09	0.13	0.17	0.21	0.25
101	100kV·A 以内交流对焊机	台班	8015048	0.32	0.32	0.32	0.32	0.32

单位:100m² 桥面

顺序号	项 目	单位	代 号	标准跨径(m)				
				30 以上				
				基础				
				水深5m 以内				
				墩高(m)				
				20 以内	40 以内	60 以内	80 以内	100 以内
				17	18	19	20	21
102	88kW 以内内燃拖轮	台班	8019002	1.02	1.56	1.48	1.86	2.19
103	147kW 以内内燃拖轮	台班	8019003	0.04	0.05	0.05	0.07	0.08
104	221kW 以内内燃拖轮	台班	8019005	0.32	0.44	0.69	0.77	0.83
105	294kW 以内内燃拖轮	台班	8019006	0.43	0.56	0.76	0.85	0.92
106	368kW 以内内燃拖轮	台班	8019007	0.02	0.03	0.04	0.05	0.06
107	100t 以内工程驳船	台班	8019021	1.41	2.89	15.24	19.04	22.47
108	200t 以内工程驳船	台班	8019023	11.25	14.42	9.61	10.38	11.90
109	400t 以内工程驳船	台班	8019025	2.13	2.75	3.74	4.18	4.51
110	100m³/h 以内混凝土搅拌船	台班	8019056	0.54	0.93	1.33	1.64	1.91
111	123kW 以内机动艇	台班	8019062	0.05	0.09	0.13	0.16	0.19
112	小型机具使用费	元	8099001	1052.8	1794.4	3389.6	4017.2	4578.9
113	基价	元	9999001	297479	420149	603104	704191	793874

单位:100m² 桥面

顺序号	项 目	单位	代 号	标准跨径(m)				
				30 以上				
				基础				
				水深10m 以内				
				墩高(m)				
				20 以内	40 以内	60 以内	80 以内	100 以内
				22	23	24	25	26
1	人工	工日	1001001	729.9	1059.9	1507.9	1787.2	2042.7
2	HPB300 钢筋	t	2001001	2.991	3.345	2.945	3.099	3.12
3	HRB400 钢筋	t	2001002	19.438	30.81	54.156	66.958	73.649
4	预应力粗钢筋	t	2001006	0.057	0.070	0.084	0.091	0.118
5	钢绞线	t	2001008	1.686	1.686	1.686	1.686	1.686
6	钢丝绳	t	2001019	0.050	0.109	0.056	0.063	0.069
7	8~12 号铁丝	kg	2001021	2.54	2.57	2.51	2.51	2.51
8	20~22 号铁丝	kg	2001022	56.24	80.02	129.13	156.09	170.18
9	型钢	t	2003004	1.338	1.508	1.943	1.992	2.521
10	钢板	t	2003005	1.758	1.832	2.468	2.452	2.962
11	圆钢	t	2003006	0.072	0.089	0.107	0.115	0.150
12	钢管	t	2003008	1.095	1.333	1.194	1.269	1.504
13	钢管桩	t	2003021	0.313	0.406	0.627	0.763	0.921

单位:100m² 桥面

顺序号	项　目	单位	代　号	标准跨径(m)				
				30 以上				
				基础				
				水深 10m 以内				
				墩高(m)				
				20 以内	40 以内	60 以内	80 以内	100 以内
				22	23	24	25	26
14	钢护筒	t	2003022	0.666	0.751	0.849	1.091	1.229
15	钢套箱	t	2003023	4.886	6.051	7.222	7.788	10.158
16	钢模板	t	2003025	0.908	1.299	3.824	4.763	5.428
17	组合钢模板	t	2003026	0.016	0.016	0.016	0.016	0.016
18	安全爬梯	t	2003028	0.049	0.116	0.004	0.004	0.004
19	铸铁	kg	2003040	71.97	71.97	71.97	71.97	71.97
20	铁皮	m²	2003044	0.57	0.78	0.51	0.65	0.73
21	电焊条	kg	2009011	277.05	310.13	404.38	439.14	482.39
22	钢筋连接套筒	个	2009012	67.48	140.74	210.93	275.51	305.17
23	螺栓	kg	2009013	3.42	7.03	141.55	181.97	210.69
24	铁件	kg	2009028	211.77	671.10	671.89	835.64	958.61
25	铁钉	kg	2009030	0.75	1.89	1.51	1.85	2.09
26	铸铁管	kg	2009033	31.96	31.96	31.96	31.96	31.96

顺序号	项　目	单位	代　号	标准跨径(m)				
				30 以上				
				基础				
				水深 10m 以内				
				墩高(m)				
				20 以内	40 以内	60 以内	80 以内	100 以内
				22	23	24	25	26
27	石油沥青	t	3001001	0.006	0.006	0.006	0.006	0.006
28	煤	t	3005001	0.001	0.001	0.001	0.001	0.001
29	水	m³	3005004	491.25	692.38	759.57	938.10	1039.67
30	原木	m³	4003001	0.591	0.745	1.093	1.305	1.571
31	锯材	m³	4003002	0.849	1.657	1.546	1.826	2.032
32	枕木	m³	4003003	0.391	0.391	0.391	0.391	0.391
33	塑料波纹管 SBG-60Y	m	5001036	84.18	84.18	84.18	84.18	84.18
34	塑料波纹管 SBG-75Y	m	5001037	78.70	78.70	78.70	78.70	78.70
35	压浆料	t	5003003	0.561	0.561	0.561	0.561	0.561
36	油漆	kg	5009002	0.89	0.89	0.89	0.89	0.89
37	桥面防水涂料	kg	5009005	170.99	170.99	170.99	170.99	170.99
38	黏土	m³	5501003	35.67	45.48	27.88	35.67	40.18
39	中(粗)砂	m³	5503005	106.72	158.85	208.94	257.00	285.33

顺序号	项　目	单位	代号	标准跨径(m)				
				30 以上				
				基础				
				水深10m 以内				
				墩高(m)				
				20 以内	40 以内	60 以内	80 以内	100 以内
				22	23	24	25	26
40	砂砾	m³	5503007	38.85	38.85	38.84	38.84	38.84
41	片石	m³	5505005	11.39	21.81	4.96	4.96	4.96
42	碎石(2cm)	m³	5505012	34.06	34.06	34.06	34.06	34.06
43	碎石(4cm)	m³	5505013	110.54	184.00	248.89	314.17	352.36
44	碎石(6cm)	m³	5505014	0.72	0.72	0.72	0.72	0.72
45	碎石(8cm)	m³	5505015	0.38	–	–	–	–
46	青(红)砖	千块	5507003	0.05	0.07	0.04	0.06	0.06
47	32.5 级水泥	t	5509001	62.585	101.817	58.07	71.758	76.686
48	42.5 级水泥	t	5509002	28.183	28.183	113.395	137.746	155.099
49	四氟板式橡胶组合支座	dm³	6001002	7.14	7.14	7.14	7.14	7.14
50	板式橡胶支座	dm³	6001003	22.59	22.59	22.59	22.59	22.59
51	模数式伸缩装置240 型	m	6003004	1.28	1.28	1.28	1.28	1.28
52	钢绞线圆锚(7 孔)	套	6005009	5.62	5.62	5.62	5.62	5.62

单位:100m² 桥面

顺序号	项 目	单位	代 号	标准跨径(m)				
				30 以上				
				基础				
				水深 10m 以内				
				墩高(m)				
				20 以内	40 以内	60 以内	80 以内	100 以内
				22	23	24	25	26
53	钢绞线圆锚(12 孔)	套	6005013	4.48	4.48	4.48	4.48	4.48
54	其他材料费	元	7801001	1835.7	2618.3	3004.4	3370.6	3941.9
55	设备摊销费	元	7901001	14027.8	17854.3	19975.4	21174.7	25533.2
56	1.0m³ 以内履带式机械单斗挖掘机	台班	8001035	0.05	0.07	0.06	0.08	0.09
57	1.0m³ 以内轮胎式装载机	台班	8001045	0.05	0.12	–	–	–
58	120kW 以内自行式平地机	台班	8001058	0.04	0.04	0.04	0.04	0.04
59	12～15t 光轮压路机	台班	8001081	0.08	0.08	0.08	0.08	0.08
60	18～21t 光轮压路机	台班	8001083	0.08	0.08	0.08	0.08	0.08
61	235kW 以内稳定土拌和机	台班	8003005	0.01	0.01	0.01	0.01	0.01
62	4000L 以内沥青洒布车	台班	8003038	0.01	0.01	0.01	0.01	0.01
63	混凝土电动真空吸水机组	台班	8003079	0.19	0.19	0.19	0.19	0.19
64	混凝土电动刻纹机	台班	8003083	0.50	0.50	0.50	0.50	0.50
65	混凝土电动切缝机	台班	8003085	0.19	0.19	0.19	0.19	0.19

单位:100m² 桥面

顺序号	项　目	单位	代　号	标准跨径(m)				
				30 以上				
				基础				
				水深 10m 以内				
				墩高(m)				
				20 以内	40 以内	60 以内	80 以内	100 以内
				22	23	24	25	26
66	250L 以内强制式混凝土搅拌机	台班	8005002	0.46	0.46	0.46	0.46	0.46
67	400L 以内灰浆搅拌机	台班	8005010	0.09	0.23	–	–	–
68	60m³/h 以内混凝土输送泵	台班	8005051	0.66	1.11	0.64	0.69	0.74
69	80m³/h 以内混凝土输送泵	台班	8005052	–	–	2.88	3.71	4.29
70	液压滑升机械	台班	8005070	–	–	11.11	14.29	16.55
71	智能张拉系统	台班	8005079	0.88	0.88	0.88	0.88	0.88
72	智能压浆系统	台班	8005084	0.06	0.06	0.06	0.06	0.06
73	20t 以内平板拖车组	台班	8007024	–	–	0.38	0.48	0.55
74	10000L 以内洒水汽车	台班	8007043	0.13	0.13	0.13	0.13	0.13
75	1t 以内机动翻斗车	台班	8007046	0.23	0.23	0.23	0.23	0.23
76	50t 以内履带式起重机	台班	8009007	1.89	2.34	2.79	3.01	3.92
77	12t 以内汽车式起重机	台班	8009027	3.66	4.91	3.95	5.00	5.63
78	16t 以内汽车式起重机	台班	8009028	0.41	0.56	0.53	0.67	0.76

单位:100m² 桥面

顺序号	项　目	单位	代　号	标准跨径(m)				
				30 以上				
				基础				
				水深 10m 以内				
				墩高(m)				
				20 以内	40 以内	60 以内	80 以内	100 以内
				22	23	24	25	26
79	20t 以内汽车式起重机	台班	8009029	0.16	0.16	0.16	0.17	0.18
80	25t 以内汽车式起重机	台班	8009030	3.54	7.19	6.59	7.60	9.03
81	40t 以内汽车式起重机	台班	8009032	–	1.60	0.41	0.52	0.59
82	12t 以内 80m 高塔式起重机	台班	8009055	–	–	9.55	12.27	13.83
83	30kN 以内单筒慢动电动卷扬机	台班	8009080	3.97	3.97	3.97	3.97	3.97
84	50kN 以内单筒慢动电动卷扬机	台班	8009081	13.58	17.43	41.11	49.67	55.03
85	300kN 以内振动打拔桩锤	台班	8011012	0.16	0.17	0.20	0.25	0.29
86	ϕ1500mm 以内回旋钻机	台班	8011035	1.09	2.21	8.83	11.35	12.78
87	ϕ2500mm 以内回旋钻机	台班	8011036	6.42	7.77	2.75	3.27	3.69
88	泥浆分离器	台班	8011056	0.17	0.23	0.26	0.33	0.37
89	泥浆搅拌机	台班	8011057	2.07	2.65	1.38	1.76	1.98
90	ϕ150mm 电动多级水泵(≤180m)	台班	8013013	–	–	13.43	17.27	20.01
91	32kV·A 以内交流电弧焊机	台班	8015028	42.04	49.02	67.7	74.89	82.54
92	42kV·A 以内交流电弧焊机	台班	8015029	0.13	0.17	0.22	0.28	0.32

顺序号	项　目	单位	代　号	标准跨径(m)				
				30 以上				
				基础				
				水深10m 以内				
				墩高(m)				
				20 以内	40 以内	60 以内	80 以内	100 以内
				22	23	24	25	26
93	100kV·A 以内交流对焊机	台班	8015048	0.32	0.32	0.32	0.32	0.32
94	88kW 以内内燃拖轮	台班	8019002	1.37	2.00	1.91	2.44	2.75
95	147kW 以内内燃拖轮	台班	8019003	0.05	0.06	0.07	0.09	0.10
96	221kW 以内内燃拖轮	台班	8019005	0.14	0.18	0.28	0.34	0.41
97	294kW 以内内燃拖轮	台班	8019006	0.89	1.02	1.32	1.34	1.75
98	368kW 以内内燃拖轮	台班	8019007	0.04	0.07	0.10	0.13	0.15
99	100t 以内工程驳船	台班	8019021	1.90	3.71	19.49	25.05	28.22
100	200t 以内工程驳船	台班	8019023	13.57	16.43	9.02	10.00	11.33
101	400t 以内工程驳船	台班	8019025	4.47	5.12	6.63	6.71	8.75
102	334kN·m 以内船用柴油打桩锤	台班	8019041	0.54	0.71	1.09	1.33	1.60
103	100m³/h 以内混凝土搅拌船	台班	8019056	1.39	2.38	3.37	4.31	4.85
104	123kW 以内机动艇	台班	8019062	0.14	0.24	0.33	0.43	0.48
105	小型机具使用费	元	8099001	1228.5	2204.0	4209.2	5114.3	5788.9
106	基价	元	9999001	373049	530222	759794	908487	1028308

4-10 预制安装预应力混凝土小箱梁

工程内容 挖基、围堰、基础、下部、上部、桥面系(不含桥面面层铺装)、桥头搭板等工程的全部工作。

单位:100m² 桥面

顺序号	项 目	单位	代 号	标准跨径(m)			
				30 以内			
				基础			
				干处			
				墩高(m)			
				10 以内	20 以内	40 以内	60 以内
				1	2	3	4
1	人工	工日	1001001	445.2	496.5	547.8	909.5
2	HPB300 钢筋	t	2001001	2.597	2.652	2.734	2.572
3	HRB400 钢筋	t	2001002	14.628	16.440	18.160	38.676
4	钢绞线	t	2001008	1.332	1.332	1.332	1.332
5	钢丝绳	t	2001019	0.056	0.064	0.070	0.055
6	8~12 号铁丝	kg	2001021	1.60	1.62	1.63	1.60
7	20~22 号铁丝	kg	2001022	43.95	47.78	51.46	94.34
8	型钢	t	2003004	0.135	0.158	0.174	0.244
9	钢板	t	2003005	0.103	0.103	0.103	0.197
10	钢管	t	2003008	0.472	0.552	0.667	0.310

单位:100m² 桥面

顺序号	项 目	单位	代 号	标准跨径(m)			
				30 以内			
				基础			
				干处			
				墩高(m)			
				10 以内	20 以内	40 以内	60 以内
				1	2	3	4
11	钢护筒	t	2003022	0.037	0.044	0.054	0.058
12	钢模板	t	2003025	0.541	0.625	0.685	2.614
13	组合钢模板	t	2003026	0.007	0.008	0.009	0.013
14	安全爬梯	t	2003028	0.029	0.041	0.049	0.004
15	铸铁	kg	2003040	64.22	64.22	64.22	64.22
16	空心钢钎	kg	2009003	0.03	0.03	0.04	0.20
17	φ50mm 以内合金钻头	个	2009004	0.04	0.05	0.06	0.31
18	电焊条	kg	2009011	98.50	103.15	107.65	163.91
19	钢筋连接套筒	个	2009012	46.31	58.00	70.83	146.17
20	螺栓	kg	2009013	2.17	3.05	3.71	97.10
21	铁件	kg	2009028	181.50	235.61	275.73	435.95
22	铁钉	kg	2009030	0.66	0.78	0.89	1.00
23	铸铁管	kg	2009033	38.54	38.54	38.54	38.54

单位:100m² 桥面

顺序号	项　　目	单位	代　号	标准跨径(m)			
				30 以内			
				基础			
				干处			
				墩高(m)			
				10 以内	20 以内	40 以内	60 以内
				1	2	3	4
24	石油沥青	t	3001001	0.005	0.005	0.005	0.005
25	煤	t	3005001	0.001	0.001	0.001	0.001
26	水	m³	3005004	371.04	431.12	505.38	532.79
27	原木	m³	4003001	0.115	0.115	0.115	0.116
28	锯材	m³	4003002	0.682	0.778	0.858	1.011
29	枕木	m³	4003003	0.349	0.349	0.349	0.349
30	塑料波纹管 SBG-50Y	m	5001035	393.28	393.28	393.28	393.28
31	压浆料	t	5003003	0.91	0.91	0.91	0.91
32	硝铵炸药	kg	5005002	0.30	0.34	0.42	2.24
33	非电毫秒雷管	个	5005008	0.38	0.43	0.53	2.87
34	导爆索	m	5005009	0.17	0.20	0.24	1.29
35	油漆	kg	5009002	0.80	0.80	0.80	0.80
36	桥面防水涂料	kg	5009005	152.53	152.53	152.53	152.53

单位:100m² 桥面

顺序号	项　目	单位	代　号	标准跨径(m)			
				30 以内			
				基础			
				干处			
				墩高(m)			
				10 以内	20 以内	40 以内	60 以内
				1	2	3	4
37	黏土	m³	5501003	30.26	35.60	43.58	23.17
38	中(粗)砂	m³	5503005	86.53	98.89	112.40	154.06
39	砂砾	m³	5503007	34.65	34.65	34.65	34.65
40	天然砂砾	m³	5503008	2.29	2.73	3.24	4.94
41	片石	m³	5505005	8.73	10.47	11.77	4.68
42	碎石(2cm)	m³	5505012	26.74	26.74	26.74	26.74
43	碎石(4cm)	m³	5505013	86.65	102.48	120.04	178.91
44	碎石(6cm)	m³	5505014	0.64	0.64	0.64	0.64
45	碎石(8cm)	m³	5505015	0.24	0.34	0.41	－
46	青(红)砖	千块	5507003	2.06	2.45	2.92	4.44
47	32.5 级水泥	t	5509001	50.049	59.357	69.815	44.282
48	42.5 级水泥	t	5509002	22.442	22.442	22.442	80.884
49	四氟板式橡胶组合支座	dm³	6001002	1.86	1.86	1.86	1.86

单位:100m² 桥面

顺序号	项　目	单位	代　号	标准跨径(m)			
				30 以内			
				基础			
				干处			
				墩高(m)			
				10 以内	20 以内	40 以内	60 以内
				1	2	3	4
50	板式橡胶支座	dm³	6001003	12.71	12.71	12.71	12.71
51	模数式伸缩装置 240 型	m	6003004	1.38	1.38	1.38	1.38
52	钢绞线圆锚(3 孔)	套	6005005	32.95	32.95	32.95	32.95
53	其他材料费	元	7801001	963.2	1084.9	1177.2	1547.9
54	设备摊销费	元	7901001	7624.6	7898.4	8154.3	8421.5
55	75kW 以内履带式推土机	台班	8001002	0.40	0.48	0.58	0.88
56	1.0m³ 以内履带式机械单斗挖掘机	台班	8001035	0.04	0.05	0.06	0.04
57	1.0m³ 以内轮胎式装载机	台班	8001045	0.43	0.52	0.63	0.88
58	120kW 以内自行式平地机	台班	8001058	0.04	0.04	0.04	0.04
59	8～10t 光轮压路机	台班	8001079	0.10	0.12	0.14	0.22
60	12～15t 光轮压路机	台班	8001081	0.07	0.07	0.07	0.07
61	18～21t 光轮压路机	台班	8001083	0.07	0.07	0.07	0.07

顺序号	项　目	单位	代　号	标准跨径(m)			
				30 以内			
				基础			
				干处			
				墩高(m)			
				10 以内	20 以内	40 以内	60 以内
				1	2	3	4
62	235kW 以内稳定土拌和机	台班	8003005	0.01	0.01	0.01	0.01
63	4000L 以内沥青洒布车	台班	8003038	0.01	0.01	0.01	0.01
64	混凝土电动真空吸水机组	台班	8003079	0.17	0.17	0.17	0.17
65	混凝土电动刻纹机	台班	8003083	0.44	0.44	0.44	0.44
66	混凝土电动切缝机	台班	8003085	0.17	0.17	0.17	0.17
67	250L 以内强制式混凝土搅拌机	台班	8005002	0.51	0.53	0.56	0.63
68	400L 以内灰浆搅拌机	台班	8005010	0.05	0.08	0.09	－
69	6m³ 以内混凝土搅拌运输车	台班	8005031	1.18	1.43	1.71	2.60
70	60m³/h 以内混凝土输送泵	台班	8005051	0.70	0.83	0.94	0.51
71	80m³/h 以内混凝土输送泵	台班	8005052	－	－	－	1.98
72	40m³/h 以内混凝土搅拌站	台班	8005058	0.45	0.55	0.66	1.00
73	液压滑升机械	台班	8005070	－	－	－	7.62
74	智能张拉系统	台班	8005079	2.82	2.82	2.82	2.82

顺序号	项 目	单位	代 号	标准跨径(m)			
				30 以内			
				基础			
				干处			
				墩高(m)			
				10 以内	20 以内	40 以内	60 以内
				1	2	3	4
75	智能压浆系统	台班	8005084	0.09	0.09	0.09	0.09
76	8t 以内载货汽车	台班	8007006	0.20	0.23	0.28	0.42
77	15t 以内载货汽车	台班	8007009	0.08	0.10	0.12	0.10
78	20t 以内平板拖车组	台班	8007024	–	–	–	0.26
79	10000L 以内洒水汽车	台班	8007043	0.11	0.11	0.11	0.11
80	1t 以内机动翻斗车	台班	8007046	0.20	0.20	0.20	0.20
81	12t 以内汽车式起重机	台班	8009027	2.14	2.51	3.05	1.40
82	16t 以内汽车式起重机	台班	8009028	0.08	0.1	0.12	0.11
83	20t 以内汽车式起重机	台班	8009029	0.21	0.25	0.30	0.42
84	25t 以内汽车式起重机	台班	8009030	1.20	1.66	2.00	2.97
85	40t 以内汽车式起重机	台班	8009032	0.14	0.20	0.24	0.28
86	12t 以内 80m 高塔式起重机	台班	8009055	–	–	–	6.55
87	30kN 以内单筒慢动电动卷扬机	台班	8009080	8.16	8.16	8.16	8.16

顺序号	项 目	单位	代 号	标准跨径(m)			
				30 以内			
				基础			
				干处			
				墩高(m)			
				10 以内	20 以内	40 以内	60 以内
				1	2	3	4
88	50kN 以内单筒慢动电动卷扬机	台班	8009081	14.06	14.69	15.14	33.03
89	φ1500mm 以内回旋钻机	台班	8011035	0.84	0.99	1.21	6.55
90	φ2500mm 以内回旋钻机	台班	8011036	4.75	5.58	6.83	1.99
91	泥浆分离器	台班	8011056	0.13	0.16	0.19	0.18
92	泥浆搅拌机	台班	8011057	1.64	1.93	2.36	0.98
93	φ150mm 电动多级水泵(≤180m)	台班	8013013	–	–	–	9.21
94	32kV·A 以内交流电弧焊机	台班	8015028	19.39	20.49	21.52	33.96
95	42kV·A 以内交流电弧焊机	台班	8015029	0.10	0.12	0.14	0.16
96	100kV·A 以内交流对焊机	台班	8015048	0.26	0.26	0.26	0.26
97	3m³/min 以内机动空压机	台班	8017047	0.02	0.03	0.03	0.17
98	小型机具使用费	元	8099001	956.6	1069.2	1160.7	2793.7
99	基价	元	9999001	215213	238854	263727	427848

单位:100m² 桥面

顺序号	项　目	单位	代号	标准跨径(m)			
				30 以内			
				基础			
				水深5m 以内			
				墩高(m)			
				10 以内	20 以内	40 以内	60 以内
				5	6	7	8
1	人工	工日	1001001	557.3	619.5	689.5	1123.0
2	HPB300 钢筋	t	2001001	2.621	2.650	2.732	2.594
3	HRB400 钢筋	t	2001002	14.884	16.451	18.174	38.910
4	预应力粗钢筋	t	2001006	0.041	0.044	0.045	0.071
5	钢绞线	t	2001008	1.332	1.332	1.332	1.332
6	钢丝绳	t	2001019	0.051	0.056	0.070	0.058
7	8~12 号铁丝	kg	2001021	1.59	1.60	1.62	1.58
8	20~22 号铁丝	kg	2001022	44.43	47.84	51.53	94.87
9	型钢	t	2003004	0.640	0.678	0.654	1.005
10	钢板	t	2003005	0.289	0.308	0.308	0.518
11	圆钢	t	2003006	0.052	0.056	0.057	0.089
12	钢管	t	2003008	0.435	0.571	0.693	0.381
13	钢管桩	t	2003021	0.273	0.297	0.305	0.472

单位:100m² 桥面

顺序号	项　目	单位	代号	标准跨径(m)			
				30 以内			
				基础			
				水深 5m 以内			
				墩高(m)			
				10 以内	20 以内	40 以内	60 以内
				5	6	7	8
14	钢护筒	t	2003022	0.398	0.432	0.536	0.582
15	钢套箱	t	2003023	3.507	3.812	3.864	6.059
16	钢模板	t	2003025	0.630	0.650	0.655	2.547
17	组合钢模板	t	2003026	0.004	0.004	0.005	0.007
18	安全爬梯	t	2003028	0.034	0.040	0.045	0.004
19	铸铁	kg	2003040	64.22	64.22	64.22	64.22
20	铁皮	m²	2003044	0.41	0.53	0.65	0.40
21	电焊条	kg	2009011	111.55	117.04	121.89	186.73
22	钢筋连接套筒	个	2009012	48.97	58.00	70.83	148.84
23	螺栓	kg	2009013	2.11	2.84	3.67	94.18
24	铁件	kg	2009028	104.73	151.58	261.68	435.92
25	铁钉	kg	2009030	1.13	1.23	1.62	2.06
26	铸铁管	kg	2009033	38.54	38.54	38.54	38.54

单位:100m² 桥面

顺序号	项　　目	单位	代　号	标准跨径(m)			
				30 以内			
				基础			
				水深 5m 以内			
				墩高(m)			
				10 以内	20 以内	40 以内	60 以内
				5	6	7	8
27	石油沥青	t	3001001	0.005	0.005	0.005	0.005
28	煤	t	3005001	0.001	0.001	0.001	0.001
29	水	m³	3005004	342.00	418.23	494.49	532.21
30	原木	m³	4003001	0.210	0.219	0.221	0.281
31	锯材	m³	4003002	0.928	1.021	1.253	1.669
32	枕木	m³	4003003	0.349	0.349	0.349	0.349
33	塑料波纹管 SBG-50Y	m	5001035	393.28	393.28	393.28	393.28
34	压浆料	t	5003003	0.91	0.91	0.91	0.91
35	油漆	kg	5009002	0.80	0.80	0.80	0.80
36	桥面防水涂料	kg	5009005	152.53	152.53	152.53	152.53
37	黏土	m³	5501003	25.28	33.23	40.63	21.88
38	中(粗)砂	m³	5503005	81.91	95.00	109.23	151.93
39	砂砾	m³	5503007	34.65	34.65	34.65	34.65

单位:100m² 桥面

顺序号	项 目	单位	代 号	标准跨径(m)			
				30 以内			
				基础			
				水深5m 以内			
				墩高(m)			
				10 以内	20 以内	40 以内	60 以内
				5	6	7	8
40	天然砂砾	m³	5503008	1.18	1.40	1.62	2.50
41	片石	m³	5505005	8.66	10.37	11.77	4.68
42	碎石(2cm)	m³	5505012	26.74	26.74	26.74	26.74
43	碎石(4cm)	m³	5505013	81.28	98.32	116.56	177.29
44	碎石(6cm)	m³	5505014	0.64	0.64	0.64	0.64
45	碎石(8cm)	m³	5505015	–	–	0.41	–
46	青(红)砖	千块	5507003	1.10	1.31	1.51	2.29
47	32.5 级水泥	t	5509001	46.529	56.784	67.791	45.113
48	42.5 级水泥	t	5509002	22.442	22.442	22.442	79.096
49	四氟板式橡胶组合支座	dm³	6001002	1.86	1.86	1.86	1.86
50	板式橡胶支座	dm³	6001003	12.71	12.71	12.71	12.71
51	模数式伸缩装置240 型	m	6003004	1.38	1.38	1.38	1.38
52	钢绞线圆锚(3孔)	套	6005005	32.95	32.95	32.95	32.95

单位:100m² 桥面

顺序号	项目	单位	代号	标准跨径(m)			
				30 以内			
				基础			
				水深5m 以内			
				墩高(m)			
				10 以内	20 以内	40 以内	60 以内
				5	6	7	8
53	其他材料费	元	7801001	1360.2	1449.1	1567.2	2202.4
54	设备摊销费	元	7901001	12906.1	13529.0	14482.9	18441.1
55	75kW 以内履带式推土机	台班	8001002	0.19	0.23	0.28	0.44
56	1.0m³ 以内履带式机械单斗挖掘机	台班	8001035	0.04	0.05	0.06	0.05
57	1.0m³ 以内轮胎式装载机	台班	8001045	0.21	0.27	0.33	0.44
58	120kW 以内自行式平地机	台班	8001058	0.04	0.04	0.04	0.04
59	8～10t 光轮压路机	台班	8001079	0.05	0.06	0.07	0.11
60	12～15t 光轮压路机	台班	8001081	0.07	0.07	0.07	0.07
61	18～21t 光轮压路机	台班	8001083	0.07	0.07	0.07	0.07
62	235kW 以内稳定土拌和机	台班	8003005	0.01	0.01	0.01	0.01
63	4000L 以内沥青洒布车	台班	8003038	0.01	0.01	0.01	0.01
64	混凝土电动真空吸水机组	台班	8003079	0.17	0.17	0.17	0.17

顺序号	项 目	单位	代 号	标准跨径(m)			
				30 以内			
				基础			
				水深 5m 以内			
				墩高(m)			
				10 以内	20 以内	40 以内	60 以内
				5	6	7	8
65	混凝土电动刻纹机	台班	8003083	0.44	0.44	0.44	0.44
66	混凝土电动切缝机	台班	8003085	0.17	0.17	0.17	0.17
67	250L 以内强制式混凝土搅拌机	台班	8005002	0.47	0.48	0.49	0.53
68	400L 以内灰浆搅拌机	台班	8005010	0.05	0.08	0.09	–
69	6m³ 以内混凝土搅拌运输车	台班	8005031	0.55	0.69	0.83	1.30
70	60m³/h 以内混凝土输送泵	台班	8005051	0.64	0.71	0.88	0.51
71	80m³/h 以内混凝土输送泵	台班	8005052	–	–	–	1.92
72	40m³/h 以内混凝土搅拌站	台班	8005058	0.21	0.26	0.32	0.50
73	液压滑升机械	台班	8005070	–	–	–	7.39
74	智能张拉系统	台班	8005079	2.82	2.82	2.82	2.82
75	智能压浆系统	台班	8005084	0.09	0.09	0.09	0.09
76	8t 以内载货汽车	台班	8007006	0.54	0.60	0.63	0.98

单位:100m² 桥面

顺序号	项　目	单位	代　号	标准跨径(m)			
				30 以内			
				基础			
				水深 5m 以内			
				墩高(m)			
				10 以内	20 以内	40 以内	60 以内
				5	6	7	8
77	20t 以内平板拖车组	台班	8007024	–	–	–	0.26
78	10000L 以内洒水汽车	台班	8007043	0.11	0.11	0.11	0.11
79	1t 以内机动翻斗车	台班	8007046	0.20	0.20	0.20	0.20
80	50t 以内履带式起重机	台班	8009007	1.35	1.47	1.49	2.34
81	12t 以内汽车式起重机	台班	8009027	2.99	3.72	4.29	3.46
82	16t 以内汽车式起重机	台班	8009028	0.29	0.38	0.46	0.41
83	20t 以内汽车式起重机	台班	8009029	0.09	0.11	0.13	0.19
84	25t 以内汽车式起重机	台班	8009030	1.03	1.24	1.87	2.92
85	40t 以内汽车式起重机	台班	8009032	–	–	0.22	0.28
86	12t 以内 80m 高塔式起重机	台班	8009055	–	–	–	6.55
87	30kN 以内单筒慢动电动卷扬机	台班	8009080	8.16	8.16	8.16	8.16
88	50kN 以内单筒慢动电动卷扬机	台班	8009081	14.18	14.82	15.31	32.96

单位:100m² 桥面

顺序号	项　目	单位	代号	标准跨径(m)			
				30 以内			
				基础			
				水深5m 以内			
				墩高(m)			
				10 以内	20 以内	40 以内	60 以内
				5	6	7	8
89	300kN 以内振动打拔桩锤	台班	8011012	0.09	0.10	0.12	0.14
90	500kN 以内振动打拔桩锤	台班	8011013	0.34	0.37	0.38	0.58
91	600kN 以内振动打拔桩锤	台班	8011014	0.06	0.06	0.06	0.10
92	ϕ1500mm 以内回旋钻机	台班	8011035	0.94	1.02	1.25	6.96
93	ϕ2500mm 以内回旋钻机	台班	8011036	4.55	5.98	7.32	2.01
94	泥浆分离器	台班	8011056	0.12	0.16	0.19	0.20
95	泥浆搅拌机	台班	8011057	1.45	1.93	2.36	1.08
96	ϕ150mm 电动多级水泵(≤180m)	台班	8013013	–	–	–	8.93
97	32kV·A 以内交流电弧焊机	台班	8015028	20.32	21.42	22.51	35.63
98	42kV·A 以内交流电弧焊机	台班	8015029	0.09	0.12	0.14	0.17
99	100kV·A 以内交流对焊机	台班	8015048	0.26	0.26	0.26	0.26
100	88kW 以内内燃拖轮	台班	8019002	1.01	1.28	1.56	1.50

单位:100m² 桥面

顺序号	项　目	单位	代　号	标准跨径(m)			
				30 以内			
				基础			
				水深5m 以内			
				墩高(m)			
				10 以内	20 以内	40 以内	60 以内
				5	6	7	8
101	147kW 以内内燃拖轮	台班	8019003	0.03	0.04	0.04	0.05
102	221kW 以内内燃拖轮	台班	8019005	0.37	0.40	0.41	0.63
103	294kW 以内内燃拖轮	台班	8019006	0.40	0.43	0.44	0.69
104	368kW 以内内燃拖轮	台班	8019007	0.02	0.02	0.02	0.04
105	100t 以内工程驳船	台班	8019021	1.60	1.77	2.16	15.37
106	200t 以内工程驳船	台班	8019023	11.06	14.00	16.79	8.39
107	400t 以内工程驳船	台班	8019025	1.96	2.13	2.16	3.38
108	100m³/h 以内混凝土搅拌船	台班	8019056	0.49	0.62	0.75	1.17
109	123kW 以内机动艇	台班	8019062	0.05	0.06	0.07	0.12
110	小型机具使用费	元	8099001	917.0	974.0	1238.5	2917.9
111	基价	元	9999001	270322	301052	334160	534421

单位:100m² 桥面

顺序号	项　目	单位	代　号	标准跨径(m)		
				30 以内		
				基础		
				水深10m以内		
				墩高(m)		
				20 以内	40 以内	60 以内
				9	10	11
1	人工	工日	1001001	659.1	964.4	1375.3
2	HPB300 钢筋	t	2001001	2.948	3.380	2.647
3	HRB400 钢筋	t	2001002	16.207	27.398	47.103
4	预应力粗钢筋	t	2001006	0.049	0.061	0.090
5	钢绞线	t	2001008	1.332	1.332	1.332
6	钢丝绳	t	2001019	0.058	0.108	0.063
7	8~12 号铁丝	kg	2001021	1.60	1.63	1.57
8	20~22 号铁丝	kg	2001022	48.26	71.66	112.12
9	型钢	t	2003004	1.177	1.319	1.857
10	钢板	t	2003005	1.155	1.224	1.892
11	圆钢	t	2003006	0.062	0.077	0.114
12	钢管	t	2003008	0.992	1.277	1.091
13	钢管桩	t	2003021	0.392	0.490	0.823

顺序号	项 目	单位	代 号	标准跨径(m)		
				30 以内		
				基础		
				水深 10m 以内		
				墩高(m)		
				20 以内	40 以内	60 以内
				9	10	11
14	钢护筒	t	2003022	0.710	0.724	0.745
15	钢套箱	t	2003023	4.173	5.216	7.758
16	钢模板	t	2003025	0.698	1.011	3.102
17	组合钢模板	t	2003026	0.001	0.001	0.001
18	安全爬梯	t	2003028	0.045	0.099	0.004
19	铸铁	kg	2003040	64.22	64.22	64.22
20	铁皮	m²	2003044	0.51	0.77	0.47
21	电焊条	kg	2009011	159.42	191.70	278.13
22	钢筋连接套筒	个	2009012	55.97	133.72	187.30
23	螺栓	kg	2009013	3.06	6.24	118.03
24	铁件	kg	2009028	182.18	569.89	569.48
25	铁钉	kg	2009030	0.50	1.49	1.10
26	铸铁管	kg	2009033	38.54	38.54	38.54

单位:100m² 桥面

顺序号	项　　目	单位	代　号	标准跨径(m)		
				30 以内		
				基础		
				水深10m 以内		
				墩高(m)		
				20 以内	40 以内	60 以内
				9	10	11
27	石油沥青	t	3001001	0.005	0.005	0.005
28	煤	t	3005001	0.001	0.001	0.001
29	水	m³	3005004	406.32	615.38	622.27
30	原木	m³	4003001	0.754	0.914	1.445
31	锯材	m³	4003002	0.635	1.328	1.228
32	枕木	m³	4003003	0.349	0.349	0.349
33	塑料波纹管 SBG-50Y	m	5001035	393.29	393.29	393.28
34	压浆料	t	5003003	0.91	0.91	0.91
35	油漆	kg	5009002	0.80	0.80	0.80
36	桥面防水涂料	kg	5009005	152.53	152.53	152.53
37	黏土	m³	5501003	31.82	45.08	25.82
38	中(粗)砂	m³	5503005	94.22	143.79	177.12
39	砂砾	m³	5503007	34.65	34.65	34.65

单位:100m² 桥面

顺序号	项　目	单位	代号	标准跨径(m)		
				30 以内		
				基础		
				水深10m 以内		
				墩高(m)		
				20 以内	40 以内	60 以内
				9	10	11
40	片石	m³	5505005	10.42	19.72	4.68
41	碎石(2cm)	m³	5505012	26.74	26.74	26.74
42	碎石(4cm)	m³	5505013	100.46	170.11	212.89
43	碎石(6cm)	m³	5505014	0.64	0.64	0.64
44	碎石(8cm)	m³	5505015	0.34	－	－
45	青(红)砖	千块	5507003	0.04	0.07	0.04
46	32.5 级水泥	t	5509001	56.835	94.582	51.282
47	42.5 级水泥	t	5509002	22.442	22.442	93.44
48	四氟板式橡胶组合支座	dm³	6001002	1.86	1.86	1.86
49	板式橡胶支座	dm³	6001003	12.71	12.71	12.71
50	模数式伸缩装置 240 型	m	6003004	1.38	1.38	1.38
51	钢绞线圆锚(3 孔)	套	6005005	32.95	32.95	32.95
52	其他材料费	元	7801001	1764.3	2414.8	2795.8

单位:100m² 桥面

顺序号	项 目	单位	代 号	标准跨径(m)		
				30 以内		
				基础		
				水深10m 以内		
				墩高(m)		
				20 以内	40 以内	60 以内
				9	10	11
53	设备摊销费	元	7901001	14482.7	17881.7	21651.4
54	1.0m³ 以内履带式机械单斗挖掘机	台班	8001035	0.05	0.07	0.06
55	1.0m³ 以内轮胎式装载机	台班	8001045	0.04	0.11	–
56	120kW 以内自行式平地机	台班	8001058	0.04	0.04	0.04
57	12～15t 光轮压路机	台班	8001081	0.07	0.07	0.07
58	18～21t 光轮压路机	台班	8001083	0.07	0.07	0.07
59	235kW 以内稳定土拌和机	台班	8003005	0.01	0.01	0.01
60	4000L 以内沥青洒布车	台班	8003038	0.01	0.01	0.01
61	混凝土电动真空吸水机组	台班	8003079	0.17	0.17	0.17
62	混凝土电动刻纹机	台班	8003083	0.52	0.52	0.44
63	混凝土电动切缝机	台班	8003085	0.17	0.17	0.17
64	250L 以内强制式混凝土搅拌机	台班	8005002	0.41	0.42	0.41
65	400L 以内灰浆搅拌机	台班	8005010	0.08	0.20	

顺序号	项　目	单位	代　号	标准跨径（m）		
				30 以内		
				基础		
				水深 10m 以内		
				墩高（m）		
				20 以内	40 以内	60 以内
				9	10	11
66	60m³/h 以内混凝土输送泵	台班	8005051	0.59	0.94	0.54
67	80m³/h 以内混凝土输送泵	台班	8005052	-	-	2.40
68	液压滑升机械	台班	8005070	-	-	9.26
69	智能张拉系统	台班	8005079	2.82	2.82	2.82
70	智能压浆系统	台班	8005084	0.09	0.09	0.09
71	20t 以内平板拖车组	台班	8007024	-	-	0.33
72	10000L 以内洒水汽车	台班	8007043	0.11	0.11	0.11
73	1t 以内机动翻斗车	台班	8007046	0.20	0.20	0.20
74	50t 以内履带式起重机	台班	8009007	1.61	2.01	2.99
75	12t 以内汽车式起重机	台班	8009027	3.64	5.17	4.40
76	16t 以内汽车式起重机	台班	8009028	0.36	0.55	0.49
77	20t 以内汽车式起重机	台班	8009029	0.02	0.02	0.02
78	25t 以内汽车式起重机	台班	8009030	3.24	6.38	5.75

单位:100m² 桥面

顺序号	项　目	单位	代　号	标准跨径(m)		
				30 以内		
				基础		
				水深10m 以内		
				墩高(m)		
				20 以内	40 以内	60 以内
				9	10	11
79	40t 以内汽车式起重机	台班	8009032	–	1.40	0.36
80	12t 以内 80m 高塔式起重机	台班	8009055	–	–	8.38
81	30kN 以内单筒慢动电动卷扬机	台班	8009080	8.16	8.16	8.16
82	50kN 以内单筒慢动电动卷扬机	台班	8009081	14.88	18.31	38.45
83	300kN 以内振动打拔桩锤	台班	8011012	0.17	0.18	0.17
84	φ1500mm 以内回旋钻机	台班	8011035	0.98	2.19	8.22
85	φ2500mm 以内回旋钻机	台班	8011036	5.73	7.70	2.37
86	泥浆分离器	台班	8011056	0.15	0.23	0.24
87	泥浆搅拌机	台班	8011057	1.85	2.62	1.27
88	φ100mm 电动多级水泵(≤120m)	台班	8013011	0.02	0.03	–
89	φ150mm 电动多级水泵(≤180m)	台班	8013013	–	–	11.19
90	32kV·A 以内交流电弧焊机	台班	8015028	28.75	35.55	51.70
91	42kV·A 以内交流电弧焊机	台班	8015029	0.11	0.17	0.20

单位:100m² 桥面

顺序号	项 目	单位	代 号	标准跨径(m)		
				30 以内		
				基础		
				水深 10m 以内		
				墩高(m)		
				20 以内	40 以内	60 以内
				9	10	11
92	100kV·A 以内交流对焊机	台班	8015048	0.26	0.26	0.26
93	88kW 以内内燃拖轮	台班	8019002	1.22	1.98	1.77
94	147kW 以内内燃拖轮	台班	8019003	0.06	0.06	0.06
95	221kW 以内内燃拖轮	台班	8019005	0.18	0.22	0.37
96	294kW 以内内燃拖轮	台班	8019006	0.79	0.91	1.34
97	368kW 以内内燃拖轮	台班	8019007	0.04	0.07	0.09
98	100t 以内工程驳船	台班	8019021	1.69	3.68	18.14
99	200t 以内工程驳船	台班	8019023	12.27	16.38	7.52
100	400t 以内工程驳船	台班	8019025	3.96	4.54	6.72
101	334kN·m 以内船用柴油打桩锤	台班	8019041	0.68	0.85	1.43
102	100m³/h 以内混凝土搅拌船	台班	8019056	1.26	2.19	2.87
103	123kW 以内机动艇	台班	8019062	0.13	0.22	0.28
104	小型机具使用费	元	8099001	1074.7	1934.4	3644.3
105	基价	元	9999001	332838	483073	682773

顺序号	项 目	单位	代 号	标准跨径(m)				
				30 以上				
				基础				
				干处				
				墩高(m)				
				20 以内	40 以内	60 以内	80 以内	100 以内
				12	13	14	15	16
1	人工	工日	1001001	495.9	732.7	1020.5	1203.2	1367.5
2	HPB300 钢筋	t	2001001	3.012	3.357	2.874	2.951	3.021
3	HRB400 钢筋	t	2001002	17.227	26.382	43.796	52.289	59.934
4	钢绞线	t	2001008	1.493	1.493	1.493	1.493	1.493
5	钢丝绳	t	2001019	0.059	0.104	0.062	0.067	0.071
6	8~12 号铁丝	kg	2001021	1.80	1.84	1.79	1.80	1.81
7	20~22 号铁丝	kg	2001022	51.71	70.81	106.68	124.57	140.67
8	型钢	t	2003004	0.223	0.251	0.274	0.320	0.361
9	钢板	t	2003005	0.118	0.116	0.223	0.249	0.273
10	钢管	t	2003008	0.483	0.688	0.343	0.418	0.487
11	钢护筒	t	2003022	0.057	0.063	0.066	0.083	0.098
12	钢模板	t	2003025	0.725	1.000	2.906	3.548	4.126

单位:100m² 桥面

顺序号	项　目	单位	代　号	标准跨径(m)				
				30 以上				
				基础				
				干处				
				墩高(m)				
				20 以内	40 以内	60 以内	80 以内	100 以内
				12	13	14	15	16
13	组合钢模板	t	2003026	0.007	0.014	0.015	0.018	0.021
14	安全爬梯	t	2003028	0.043	0.093	0.004	0.004	0.004
15	铸铁	kg	2003040	71.97	71.97	71.97	71.97	71.97
16	空心钢钎	kg	2009003	0.03	0.05	0.22	0.28	0.33
17	φ50mm 以内合金钻头	个	2009004	0.04	0.08	0.35	0.44	0.51
18	电焊条	kg	2009011	114.46	136.58	184.92	207.89	228.56
19	钢筋连接套筒	个	2009012	51.58	114.48	165.09	206.16	243.13
20	螺栓	kg	2009013	2.91	5.52	107.77	135.42	160.30
21	铁件	kg	2009028	158.23	506.19	484.97	593.16	690.52
22	铁钉	kg	2009030	0.55	1.40	1.12	1.32	1.50
23	铸铁管	kg	2009033	43.21	43.21	43.21	43.21	43.21
24	石油沥青	t	3001001	0.006	0.006	0.006	0.006	0.006

单位:100m² 桥面

顺序号	项目	单位	代号	标准跨径(m)				
				30 以上				
				基础				
				干处				
				墩高(m)				
				20 以内	40 以内	60 以内	80 以内	100 以内
				12	13	14	15	16
25	煤	t	3005001	0.001	0.001	0.001	0.001	0.001
26	水	m³	3005004	396.79	568.10	591.72	713.78	823.62
27	原木	m³	4003001	0.129	0.131	0.131	0.131	0.132
28	锯材	m³	4003002	0.664	1.272	1.129	1.298	1.449
29	枕木	m³	4003003	0.391	0.391	0.391	0.391	0.391
30	塑料波纹管 SBG-50Y	m	5001035	440.84	440.84	440.87	440.87	440.87
31	压浆料	t	5003003	1.02	1.02	1.02	1.02	1.02
32	硝铵炸药	kg	5005002	0.29	0.61	2.55	3.19	3.77
33	非电毫秒雷管	个	5005008	0.38	0.79	3.27	4.08	4.82
34	导爆索	m	5005009	0.17	0.36	1.48	1.84	2.18
35	油漆	kg	5009002	0.89	0.89	0.89	0.89	0.89
36	桥面防水涂料	kg	5009005	170.99	170.99	170.99	170.99	170.99

顺序号	项　　目	单位	代　号	标准跨径(m)				
				30 以上				
				基础				
				干处				
				墩高(m)				
				20 以内	40 以内	60 以内	80 以内	100 以内
				12	13	14	15	16
37	黏土	m³	5501003	31.90	41.36	25.33	31.67	37.37
38	中(粗)砂	m³	5503005	95.95	138.54	171.77	204.55	234.05
39	砂砾	m³	5503007	38.85	38.85	38.84	38.84	38.84
40	天然砂砾	m³	5503008	2.50	5.08	5.60	6.93	8.12
41	片石	m³	5505005	10.68	18.39	5.25	5.25	5.25
42	碎石(2cm)	m³	5505012	29.98	29.98	29.98	29.98	29.98
43	碎石(4cm)	m³	5505013	98.44	157.01	199.41	243.32	282.83
44	碎石(6cm)	m³	5505014	0.72	0.72	0.72	0.72	0.72
45	碎石(8cm)	m³	5505015	0.32	–	–	–	–
46	青(红)砖	千块	5507003	2.25	4.57	5.04	6.23	7.30
47	32.5 级水泥	t	5509001	55.364	86.963	49.510	58.385	66.371
48	42.5 级水泥	t	5509002	25.157	25.157	89.993	106.649	121.640

单位:100m²桥面

顺序号	项　目	单位	代号	标准跨径(m)				
				30 以上				
				基础				
				干处				
				墩高(m)				
				20 以内	40 以内	60 以内	80 以内	100 以内
				12	13	14	15	16
49	四氟板式橡胶组合支座	dm³	6001002	2.08	2.08	2.08	2.08	2.08
50	板式橡胶支座	dm³	6001003	14.25	14.25	14.25	14.25	14.25
51	模数式伸缩装置240型	m	6003004	1.54	1.54	1.54	1.54	1.54
52	钢绞线圆锚(3孔)	套	6005005	36.93	36.93	36.94	36.94	36.94
53	其他材料费	元	7801001	1157.5	1655.2	1725.6	1974.8	2199.2
54	设备摊销费	元	7901001	7971.4	9787.8	9418.3	9890.3	10315.0
55	75kW以内履带式推土机	台班	8001002	0.44	0.74	0.98	1.21	1.42
56	1.0m³以内履带式机械单斗挖掘机	台班	8001035	0.04	0.06	0.05	0.06	0.07
57	1.0m³以内轮胎式装载机	台班	8001045	0.48	0.83	0.98	1.21	1.42
58	120kW以内自行式平地机	台班	8001058	0.04	0.04	0.04	0.04	0.04
59	8~10t光轮压路机	台班	8001079	0.11	0.22	0.25	0.30	0.36
60	12~15t光轮压路机	台班	8001081	0.08	0.08	0.08	0.08	0.08

单位:100m² 桥面

顺序号	项　目	单位	代　号	标准跨径(m)				
				30 以上				
				基础				
				干处				
				墩高(m)				
				20 以内	40 以内	60 以内	80 以内	100 以内
				12	13	14	15	16
61	18～21t 光轮压路机	台班	8001083	0.08	0.08	0.08	0.08	0.08
62	235kW 以内稳定土拌和机	台班	8003005	0.01	0.01	0.01	0.01	0.01
63	4000L 以内沥青洒布车	台班	8003038	0.01	0.01	0.01	0.01	0.01
64	混凝土电动真空吸水机组	台班	8003079	0.20	0.20	0.19	0.19	0.19
65	混凝土电动刻纹机	台班	8003083	0.52	0.50	0.50	0.50	0.50
66	混凝土电动切缝机	台班	8003085	0.20	0.20	0.19	0.19	0.19
67	250L 以内强制式混凝土搅拌机	台班	8005002	0.59	0.71	0.71	0.77	0.83
68	400L 以内灰浆搅拌机	台班	8005010	0.07	0.18	—	—	—
69	6m³ 以内混凝土搅拌运输车	台班	8005031	1.31	2.17	2.89	3.58	4.20
70	60m³/h 以内混凝土输送泵	台班	8005051	0.62	0.95	0.57	0.61	0.65
71	80m³/h 以内混凝土输送泵	台班	8005052	—	—	2.19	2.76	3.26
72	40m³/h 以内混凝土搅拌站	台班	8005058	0.50	0.83	1.11	1.37	1.61

单位:100m² 桥面

顺序号	项　目	单位	代号	标准跨径(m)				
				30 以上				
				基础				
				干处				
				墩高(m)				
				20 以内	40 以内	60 以内	80 以内	100 以内
				12	13	14	15	16
73	液压滑升机械	台班	8005070	–	–	8.46	10.63	12.58
74	智能张拉系统	台班	8005079	3.16	3.16	3.16	3.16	3.16
75	智能压浆系统	台班	8005084	0.10	0.10	0.10	0.10	0.10
76	8t 以内载货汽车	台班	8007006	0.21	0.43	0.48	0.59	0.69
77	15t 以内载货汽车	台班	8007009	0.09	0.12	0.10	0.13	0.15
78	20t 以内平板拖车组	台班	8007024	–	–	0.30	0.37	0.44
79	10000L 以内洒水汽车	台班	8007043	0.13	0.13	0.13	0.13	0.13
80	1t 以内机动翻斗车	台班	8007046	0.24	0.24	0.23	0.23	0.23
81	12t 以内汽车式起重机	台班	8009027	2.19	3.11	1.55	1.92	2.26
82	16t 以内汽车式起重机	台班	8009028	0.09	0.12	0.12	0.15	0.18
83	20t 以内汽车式起重机	台班	8009029	0.25	0.44	0.48	0.59	0.69
84	25t 以内汽车式起重机	台班	8009030	1.71	4.48	3.31	4.13	4.86
85	40t 以内汽车式起重机	台班	8009032	–	1.27	0.32	0.40	0.47
86	12t 以内 80m 高塔式起重机	台班	8009055	–	–	7.46	9.33	11.01

单位:100m² 桥面

顺序号	项　目	单位	代　号	标准跨径(m)				
				30 以上				
				基础				
				干处				
				墩高(m)				
				20 以内	40 以内	60 以内	80 以内	100 以内
				12	13	14	15	16
87	30kN 以内单筒慢动电动卷扬机	台班	8009080	9.21	9.21	9.14	9.14	9.14
88	50kN 以内单筒慢动电动卷扬机	台班	8009081	16.07	18.93	37.17	42.97	48.19
89	φ1500mm 以内回旋钻机	台班	8011035	0.86	1.79	7.11	8.89	10.49
90	φ2500mm 以内回旋钻机	台班	8011036	4.84	6.05	2.16	2.70	3.18
91	泥浆分离器	台班	8011056	0.14	0.19	0.20	0.25	0.29
92	泥浆搅拌机	台班	8011057	1.67	2.20	1.07	1.33	1.57
93	φ150mm 电动多级水泵(≤180m)	台班	8013013	–	–	10.22	12.85	15.21
94	32kV·A 以内交流电弧焊机	台班	8015028	22.71	27.98	38.35	43.49	48.11
95	42kV·A 以内交流电弧焊机	台班	8015029	0.10	0.14	0.17	0.21	0.25
96	100kV·A 以内交流对焊机	台班	8015048	0.31	0.31	0.29	0.29	0.29
97	3m³/min 以内机动空压机	台班	8017047	0.02	0.05	0.20	0.25	0.29
98	小型机具使用费	元	8099001	947.7	1685.2	3128.2	3735.6	4282.4
99	基价	元	9999001	242423	343934	480039	565153	641721

单位:100m² 桥面

顺序号	项 目	单位	代 号	标准跨径(m)				
				30 以上				
				基础				
				水深5m 以内				
				墩高(m)				
				20 以内	40 以内	60 以内	80 以内	100 以内
				17	18	19	20	21
1	人工	工日	1001001	605.7	869.7	1256.9	1463.7	1645.3
2	HPB300 钢筋	t	2001001	2.853	3.214	2.87	2.947	3.016
3	HRB400 钢筋	t	2001002	15.987	25.321	43.804	52.300	59.946
4	预应力粗钢筋	t	2001006	0.040	0.050	0.078	0.087	0.094
5	钢绞线	t	2001008	1.494	1.494	1.493	1.493	1.493
6	钢丝绳	t	2001019	0.060	0.104	0.065	0.070	0.075
7	8～12 号铁丝	kg	2001021	1.79	1.82	1.78	1.78	1.78
8	20～22 号铁丝	kg	2001022	48.36	67.83	106.73	124.62	140.73
9	型钢	t	2003004	0.666	0.817	1.136	1.283	1.402
10	钢板	t	2003005	0.299	0.342	0.578	0.646	0.702
11	圆钢	t	2003006	0.050	0.063	0.099	0.110	0.119
12	钢管	t	2003008	0.470	0.676	0.390	0.471	0.543

单位:100m² 桥面

顺序号	项　目	单位	代　号	标准跨径(m)				
				30 以上				
				基础				
				水深5m 以内				
				墩高(m)				
				20 以内	40 以内	60 以内	80 以内	100 以内
				17	18	19	20	21
13	钢管桩	t	2003021	0.328	0.414	0.515	0.577	0.622
14	钢护筒	t	2003022	0.481	0.601	0.663	0.829	0.979
15	钢套箱	t	2003023	3.407	4.258	6.705	7.488	8.088
16	钢模板	t	2003025	0.682	0.968	2.906	3.548	4.126
17	组合钢模板	t	2003026	0.004	0.007	0.008	0.010	0.011
18	安全爬梯	t	2003028	0.038	0.088	0.004	0.004	0.004
19	铸铁	kg	2003040	71.97	71.97	71.97	71.97	71.97
20	铁皮	m²	2003044	0.42	0.61	0.39	0.49	0.58
21	电焊条	kg	2009011	122.79	148.74	209.33	235.18	258.04
22	钢筋连接套筒	个	2009012	46.60	111.37	165.09	206.16	243.13
23	螺栓	kg	2009013	2.56	5.26	107.77	135.42	160.30
24	铁件	kg	2009028	153.31	491.99	497.46	606.83	704.94

单位:100m² 桥面

顺序号	项 目	单位	代 号	标准跨径(m)				
				30 以上				
				基础				
				水深 5m 以内				
				墩高(m)				
				20 以内	40 以内	60 以内	80 以内	100 以内
				17	18	19	20	21
25	铁钉	kg	2009030	1.47	2.54	2.51	2.89	3.21
26	铸铁管	kg	2009033	43.21	43.21	43.21	43.21	43.21
27	石油沥青	t	3001001	0.006	0.006	0.006	0.006	0.006
28	煤	t	3005001	0.001	0.001	0.001	0.001	0.001
29	水	m³	3005004	366.04	533.68	583.28	703.46	811.40
30	原木	m³	4003001	0.234	0.262	0.311	0.333	0.350
31	锯材	m³	4003002	1.180	1.906	1.961	2.230	2.456
32	枕木	m³	4003003	0.391	0.391	0.391	0.391	0.391
33	塑料波纹管 SBG-50Y	m	5001035	440.89	440.89	440.87	440.87	440.87
34	压浆料	t	5003003	1.02	1.02	1.02	1.02	1.02
35	油漆	kg	5009002	0.89	0.89	0.89	0.89	0.89
36	桥面防水涂料	kg	5009005	170.99	170.99	170.99	170.99	170.99

单位:100m² 桥面

顺序号	项　目	单位	代号	标准跨径(m)				
				30 以上				
				基础				
				水深 5m 以内				
				墩高(m)				
				20 以内	40 以内	60 以内	80 以内	100 以内
				17	18	19	20	21
37	黏土	m³	5501003	26.42	35.46	21.69	27.11	31.99
38	中(粗)砂	m³	5503005	89.25	131.07	169.65	201.95	230.97
39	砂砾	m³	5503007	38.85	38.85	38.84	38.84	38.84
40	天然砂砾	m³	5503008	1.12	2.45	2.80	3.50	4.06
41	片石	m³	5505005	10.01	17.73	5.25	5.25	5.25
42	碎石(2cm)	m³	5505012	29.98	29.98	29.98	29.98	29.98
43	碎石(4cm)	m³	5505013	89.70	147.82	197.84	241.39	280.55
44	碎石(6cm)	m³	5505014	0.72	0.72	0.72	0.72	0.72
45	碎石(8cm)	m³	5505015	0.28	-	-	-	-
46	青(红)砖	千块	5507003	1.04	2.26	2.55	3.19	3.70
47	32.5 级水泥	t	5509001	50.478	81.770	48.584	57.253	65.030
48	42.5 级水泥	t	5509002	25.157	25.157	89.993	106.649	121.640

单位:100m² 桥面

顺序号	项 目	单位	代 号	标准跨径(m)				
				30 以上				
				基础				
				水深5m 以内				
				墩高(m)				
				20 以内	40 以内	60 以内	80 以内	100 以内
				17	18	19	20	21
49	四氟板式橡胶组合支座	dm³	6001002	2.08	2.08	2.08	2.08	2.08
50	板式橡胶支座	dm³	6001003	14.25	14.25	14.25	14.25	14.25
51	模数式伸缩装置240 型	m	6003004	1.54	1.54	1.54	1.54	1.54
52	钢绞线圆锚(3 孔)	套	6005005	36.94	36.94	36.94	36.94	36.94
53	其他材料费	元	7801001	1506.8	2126.0	2471.7	2808.3	3098.2
54	设备摊销费	元	7901001	13851.2	17078.0	20490.2	22261.9	23674.8
55	75kW 以内履带式推土机	台班	8001002	0.20	0.35	0.49	0.61	0.71
56	1.0m³ 以内履带式机械单斗挖掘机	台班	8001035	0.04	0.05	0.05	0.06	0.07
57	1.0m³ 以内轮胎式装载机	台班	8001045	0.24	0.44	0.49	0.61	0.71
58	120kW 以内自行式平地机	台班	8001058	0.04	0.04	0.04	0.04	0.04
59	8 ~ 10t 光轮压路机	台班	8001079	0.05	0.11	0.12	0.15	0.18
60	12 ~ 15t 光轮压路机	台班	8001081	0.08	0.08	0.08	0.08	0.08

顺序号	项 目	单位	代 号	标准跨径(m)				
				30 以上				
				基础				
				水深 5m 以内				
				墩高(m)				
				20 以内	40 以内	60 以内	80 以内	100 以内
				17	18	19	20	21
61	18~21t 光轮压路机	台班	8001083	0.08	0.08	0.08	0.08	0.08
62	235kW 以内稳定土拌和机	台班	8003005	0.01	0.01	0.01	0.01	0.01
63	4000L 以内沥青洒布车	台班	8003038	0.01	0.01	0.01	0.01	0.01
64	混凝土电动真空吸水机组	台班	8003079	0.19	0.19	0.19	0.19	0.19
65	混凝土电动刻纹机	台班	8003083	0.50	0.50	0.50	0.50	0.50
66	混凝土电动切缝机	台班	8003085	0.19	0.19	0.19	0.19	0.19
67	250L 以内强制式混凝土搅拌机	台班	8005002	0.51	0.58	0.59	0.62	0.65
68	400L 以内灰浆搅拌机	台班	8005010	0.06	0.17	－	－	－
69	6m³ 以内混凝土搅拌运输车	台班	8005031	0.60	1.03	1.45	1.79	2.10
70	60m³/h 以内混凝土输送泵	台班	8005051	0.59	0.92	0.57	0.61	0.65
71	80m³/h 以内混凝土输送泵	台班	8005052	－	－	2.19	2.76	3.26
72	40m³/h 以内混凝土搅拌站	台班	8005058	0.23	0.40	0.56	0.69	0.81

单位:100m² 桥面

顺序号	项　　目	单位	代　号	标准跨径(m)				
				30 以上				
				基础				
				水深 5m 以内				
				墩高(m)				
				20 以内	40 以内	60 以内	80 以内	100 以内
				17	18	19	20	21
73	液压滑升机械	台班	8005070	–	–	8.46	10.63	12.58
74	智能张拉系统	台班	8005079	3.16	3.16	3.16	3.16	3.16
75	智能压浆系统	台班	8005084	0.10	0.10	0.10	0.10	0.10
76	8t 以内载货汽车	台班	8007006	0.63	0.88	1.07	1.23	1.36
77	15t 以内载货汽车	台班	8007009	–	–	–	–	–
78	20t 以内平板拖车组	台班	8007024	–	–	0.30	0.37	0.44
79	10000L 以内洒水汽车	台班	8007043	0.13	0.13	0.13	0.13	0.13
80	1t 以内机动翻斗车	台班	8007046	0.23	0.23	0.23	0.23	0.23
81	50t 以内履带式起重机	台班	8009007	1.31	1.64	2.59	2.89	3.12
82	12t 以内汽车式起重机	台班	8009027	3.36	4.59	3.64	4.26	4.77
83	16t 以内汽车式起重机	台班	8009028	0.30	0.44	0.41	0.51	0.60
84	20t 以内汽车式起重机	台班	8009029	0.09	0.19	0.21	0.26	0.31
85	25t 以内汽车式起重机	台班	8009030	1.51	4.27	3.31	4.13	4.86

单位:100m² 桥面

顺序号	项　目	单位	代　号	标准跨径(m)				
				30 以上				
				基础				
				水深 5m 以内				
				墩高(m)				
				20 以内	40 以内	60 以内	80 以内	100 以内
				17	18	19	20	21
86	40t 以内汽车式起重机	台班	8009032	–	1.21	0.32	0.40	0.47
87	12t 以内 80m 高塔式起重机	台班	8009055	–	–	7.46	9.33	11.01
88	30kN 以内单筒慢动电动卷扬机	台班	8009080	9.14	9.14	9.14	9.14	9.14
89	50kN 以内单筒慢动电动卷扬机	台班	8009081	15.98	18.87	37.37	43.23	48.50
90	300kN 以内振动打拔桩锤	台班	8011012	0.11	0.14	0.15	0.19	0.23
91	500kN 以内振动打拔桩锤	台班	8011013	0.40	0.51	0.64	0.71	0.77
92	600kN 以内振动打拔桩锤	台班	8011014	0.07	0.08	0.10	0.12	0.13
93	ϕ1500mm 以内回旋钻机	台班	8011035	0.81	1.72	6.90	8.63	10.18
94	ϕ2500mm 以内回旋钻机	台班	8011036	4.76	6.06	2.15	2.49	2.94
95	泥浆分离器	台班	8011056	0.12	0.18	0.20	0.25	0.29
96	泥浆搅拌机	台班	8011057	1.54	2.06	1.07	1.33	1.57
97	ϕ150mm 电动多级水泵(≤180m)	台班	8013013	–	–	10.22	12.85	15.21
98	32kV·A 以内交流电弧焊机	台班	8015028	22.44	28.04	40.03	45.37	50.15

顺序号	项 目	单位	代 号	标准跨径(m)				
				30 以上				
				基础				
				水深5m 以内				
				墩高(m)				
				20 以内	40 以内	60 以内	80 以内	100 以内
				17	18	19	20	21
99	42kV·A 以内交流电弧焊机	台班	8015029	0.09	0.13	0.17	0.21	0.25
100	100kV·A 以内交流对焊机	台班	8015048	0.29	0.29	0.29	0.29	0.29
101	88kW 以内内燃拖轮	台班	8019002	1.02	1.56	1.48	1.86	2.19
102	147kW 以内内燃拖轮	台班	8019003	0.04	0.05	0.05	0.07	0.08
103	221kW 以内内燃拖轮	台班	8019005	0.44	0.55	0.69	0.77	0.83
104	294kW 以内内燃拖轮	台班	8019006	0.39	0.49	0.76	0.85	0.92
105	368kW 以内内燃拖轮	台班	8019007	0.02	0.03	0.04	0.05	0.06
106	100t 以内工程驳船	台班	8019021	1.41	2.89	15.24	19.04	22.47
107	200t 以内工程驳船	台班	8019023	11.74	14.93	9.61	10.38	11.90
108	400t 以内工程驳船	台班	8019025	1.90	2.38	3.74	4.18	4.51
109	100m³/h 以内混凝土搅拌船	台班	8019056	0.54	0.93	1.30	1.61	1.89
110	123kW 以内机动艇	台班	8019062	0.05	0.09	0.13	0.16	0.19
111	小型机具使用费	元	8099001	1016.3	1756.9	3306.0	3933.7	4495.3
112	基价	元	9999001	292593	413664	596667	697751	787603

单位:100m² 桥面

顺序号	项　　目	单位	代　号	标准跨径(m)				
				30 以上				
				基础				
				水深 10m 以内				
				墩高(m)				
				20 以内	40 以内	60 以内	80 以内	100 以内
				22	23	24	25	26
1	人工	工日	1001001	736.8	1055.0	1502.9	1785.8	2032.4
2	HPB300 钢筋	t	2001001	2.953	3.351	2.952	3.063	3.126
3	HRB400 钢筋	t	2001002	18.168	29.94	53.285	65.706	72.778
4	预应力粗钢筋	t	2001006	0.057	0.067	0.081	0.091	0.118
5	钢绞线	t	2001008	1.493	1.493	1.493	1.493	1.493
6	钢丝绳	t	2001019	0.065	0.123	0.071	0.079	0.083
7	8~12 号铁丝	kg	2001021	1.79	1.83	1.76	1.76	1.76
8	20~22 号铁丝	kg	2001022	53.03	77.61	126.70	152.87	167.76
9	型钢	t	2003004	1.336	1.439	1.909	1.987	2.510
10	钢板	t	2003005	1.249	1.264	1.935	1.928	2.448
11	圆钢	t	2003006	0.072	0.085	0.103	0.115	0.150
12	钢管	t	2003008	1.093	1.306	1.176	1.230	1.503
13	钢管桩	t	2003021	0.311	0.393	0.574	0.681	0.888

顺序号	项 目	单位	代 号	标准跨径(m)				
				30 以上				
				基础				
				水深10m 以内				
				墩高(m)				
				20 以内	40 以内	60 以内	80 以内	100 以内
				22	23	24	25	26
14	钢护筒	t	2003022	0.730	0.811	0.849	1.091	1.229
15	钢套箱	t	2003023	4.886	5.748	6.951	7.788	10.158
16	钢模板	t	2003025	0.782	1.154	3.690	4.629	5.164
17	组合钢模板	t	2003026	0.001	0.001	0.001	0.001	0.001
18	安全爬梯	t	2003028	0.050	0.114	0.004	0.004	0.004
19	铸铁	kg	2003040	71.97	71.97	71.97	71.97	71.97
20	铁皮	m²	2003044	0.57	0.78	0.50	0.65	0.73
21	电焊条	kg	2009011	171.52	202.52	297.41	331.13	376.64
22	钢筋连接套筒	个	2009012	62.74	140.74	210.93	270.98	305.17
23	螺栓	kg	2009013	3.43	7.31	141.55	181.97	204.98
24	铁件	kg	2009028	198.61	646.47	653.42	816.10	920.29
25	铁钉	kg	2009030	0.79	1.92	1.55	1.89	2.10
26	铸铁管	kg	2009033	43.21	43.21	43.21	43.21	43.21

单位:100m² 桥面

顺序号	项目	单位	代号	标准跨径(m)				
				30 以上				
				基础				
				水深 10m 以内				
				墩高(m)				
				20 以内	40 以内	60 以内	80 以内	100 以内
				22	23	24	25	26
27	石油沥青	t	3001001	0.006	0.006	0.006	0.006	0.006
28	煤	t	3005001	0.001	0.001	0.001	0.001	0.001
29	水	m³	3005004	451.26	650.42	713.83	886.34	984.56
30	原木	m³	4003001	0.653	0.787	1.074	1.245	1.585
31	锯材	m³	4003002	0.793	1.581	1.475	1.748	1.938
32	枕木	m³	4003003	0.391	0.391	0.391	0.391	0.391
33	塑料波纹管 SBG-50Y	m	5001035	440.84	440.84	440.87	440.87	440.87
34	压浆料	t	5003003	1.02	1.02	1.02	1.02	1.02
35	油漆	kg	5009002	0.89	0.89	0.89	0.89	0.89
36	桥面防水涂料	kg	5009005	170.99	170.99	170.99	170.99	170.99
37	黏土	m³	5501003	35.67	45.48	27.74	35.67	40.18
38	中(粗)砂	m³	5503005	104.45	155.74	205.29	251.71	278.15
39	砂砾	m³	5503007	38.85	38.85	38.84	38.84	38.84

单位:100m² 桥面

顺序号	项　　目	单位	代　号	标准跨径(m)				
				30 以上				
				基础				
				水深 10m 以内				
				墩高(m)				
				20 以内	40 以内	60 以内	80 以内	100 以内
				22	23	24	25	26
40	片石	m³	5505005	11.68	22.10	5.25	5.25	5.25
41	碎石(2cm)	m³	5505012	29.98	29.98	29.98	29.98	29.98
42	碎石(4cm)	m³	5505013	111.10	182.99	247.43	310.50	346.41
43	碎石(6cm)	m³	5505014	0.72	0.72	0.72	0.72	0.72
44	碎石(8cm)	m³	5505015	0.38	–	–	–	–
45	青(红)砖	千块	5507003	0.05	0.07	0.04	0.06	0.06
46	32.5 级水泥	t	5509001	62.818	101.353	57.155	69.477	76.492
47	42.5 级水泥	t	5509002	25.157	25.157	110.369	134.72	148.584
48	四氟板式橡胶组合支座	dm³	6001002	2.08	2.08	2.08	2.08	2.08
49	板式橡胶支座	dm³	6001003	14.25	14.25	14.25	14.25	14.25
50	模数式伸缩装置 240 型	m	6003004	1.54	1.54	1.54	1.54	1.54
51	钢绞线圆锚(3 孔)	套	6005005	36.93	36.93	36.94	36.94	36.94
52	其他材料费	元	7801001	1913.7	2624.5	3049.0	3431.5	3958.8

单位:100m²桥面

顺序号	项　　目	单位	代　号	标准跨径(m)				
				30 以上				
				基础				
				水深 10m 以内				
				墩高(m)				
				20 以内	40 以内	60 以内	80 以内	100 以内
				22	23	24	25	26
53	设备摊销费	元	7901001	16427.5	19714.0	22006.2	23544.2	27850.6
54	1.0m³ 以内履带式机械单斗挖掘机	台班	8001035	0.05	0.07	0.06	0.08	0.09
55	1.0m³ 以内轮胎式装载机	台班	8001045	0.05	0.12	—	—	—
56	120kW 以内自行式平地机	台班	8001058	0.04	0.04	0.04	0.04	0.04
57	12～15t 光轮压路机	台班	8001081	0.08	0.08	0.08	0.08	0.08
58	18～21t 光轮压路机	台班	8001083	0.08	0.08	0.08	0.08	0.08
59	235kW 以内稳定土拌和机	台班	8003005	0.01	0.01	0.01	0.01	0.01
60	4000L 以内沥青洒布车	台班	8003038	0.01	0.01	0.01	0.01	0.01
61	混凝土电动真空吸水机组	台班	8003079	0.19	0.19	0.19	0.19	0.19
62	混凝土电动刻纹机	台班	8003083	0.50	0.50	0.50	0.50	0.50
63	混凝土电动切缝机	台班	8003085	0.19	0.19	0.19	0.19	0.19
64	250L 以内强制式混凝土搅拌机	台班	8005002	0.46	0.46	0.46	0.46	0.46
65	400L 以内灰浆搅拌机	台班	8005010	0.09	0.23	—	—	—

顺序号	项　目	单位	代号	标准跨径(m)				
				30 以上				
				基础				
				水深10m 以内				
				墩高(m)				
				20 以内	40 以内	60 以内	80 以内	100 以内
				22	23	24	25	26
66	60m³/h 以内混凝土输送泵	台班	8005051	0.65	1.10	0.62	0.68	0.71
67	80m³/h 以内混凝土输送泵	台班	8005052	–	–	2.88	3.71	4.18
68	液压滑升机械	台班	8005070	–	–	11.11	14.29	16.10
69	智能张拉系统	台班	8005079	3.16	3.16	3.16	3.16	3.16
70	智能压浆系统	台班	8005084	0.10	0.10	0.10	0.10	0.10
71	20t 以内平板拖车组	台班	8007024	–	–	0.38	0.48	0.55
72	10000L 以内洒水汽车	台班	8007043	0.13	0.13	0.13	0.13	0.13
73	1t 以内机动翻斗车	台班	8007046	0.23	0.23	0.23	0.23	0.23
74	50t 以内履带式起重机	台班	8009007	1.89	2.22	2.68	3.01	3.92
75	12t 以内汽车式起重机	台班	8009027	3.66	4.88	3.70	4.56	5.52
76	16t 以内汽车式起重机	台班	8009028	0.41	0.56	0.52	0.67	0.76
77	20t 以内汽车式起重机	台班	8009029	0.02	0.02	0.03	0.03	0.04
78	25t 以内汽车式起重机	台班	8009030	3.56	7.02	6.59	7.58	8.89

单位:100m² 桥面

顺序号	项　目	单位	代号	标准跨径(m)				
				30 以上				
				基础				
				水深 10m 以内				
				墩高(m)				
				20 以内	40 以内	60 以内	80 以内	100 以内
				22	23	24	25	26
79	40t 以内汽车式起重机	台班	8009032	–	1.56	0.41	0.52	0.59
80	12t 以内 80m 高塔式起重机	台班	8009055	–	–	9.55	12.27	13.83
81	30kN 以内单筒慢动电动卷扬机	台班	8009080	9.14	9.14	9.14	9.14	9.14
82	50kN 以内单筒慢动电动卷扬机	台班	8009081	16.64	20.49	44.15	52.71	57.59
83	300kN 以内振动打拔桩锤	台班	8011012	0.17	0.19	0.20	0.25	0.29
84	φ1500mm 以内回旋钻机	台班	8011035	1.09	2.21	8.83	11.35	12.78
85	φ2500mm 以内回旋钻机	台班	8011036	6.42	7.77	2.75	3.27	3.69
86	泥浆分离器	台班	8011056	0.17	0.23	0.26	0.33	0.37
87	泥浆搅拌机	台班	8011057	2.07	2.65	1.37	1.76	1.98
88	φ150mm 电动多级水泵(≤180m)	台班	8013013	–	–	13.43	17.27	19.46
89	32kV·A 以内交流电弧焊机	台班	8015028	31.21	37.95	56.87	63.82	71.80
90	42kV·A 以内交流电弧焊机	台班	8015029	0.13	0.17	0.22	0.28	0.32
91	100kV·A 以内交流对焊机	台班	8015048	0.29	0.29	0.29	0.29	0.29

单位:100m² 桥面

顺序号	项　　目	单位	代　号	标准跨径(m)				
				30 以上				
				基础				
				水深10m 以内				
				墩高(m)				
				20 以内	40 以内	60 以内	80 以内	100 以内
				22	23	24	25	26
92	88kW 以内内燃拖轮	台班	8019002	1.37	2.00	1.90	2.44	2.75
93	147kW 以内内燃拖轮	台班	8019003	0.06	0.07	0.07	0.09	0.10
94	221kW 以内内燃拖轮	台班	8019005	0.14	0.18	0.26	0.30	0.40
95	294kW 以内内燃拖轮	台班	8019006	0.89	0.97	1.29	1.34	1.75
96	368kW 以内内燃拖轮	台班	8019007	0.04	0.07	0.10	0.13	0.14
97	100t 以内工程驳船	台班	8019021	1.90	3.71	19.49	25.05	28.22
98	200t 以内工程驳船	台班	8019023	13.59	16.44	9.02	9.90	11.29
99	400t 以内工程驳船	台班	8019025	4.48	4.87	6.48	6.71	8.75
100	334kN·m 以内船用柴油打桩锤	台班	8019041	0.54	0.68	1.00	1.18	1.54
101	100m³/h 以内混凝土搅拌船	台班	8019056	1.39	2.49	3.34	4.25	4.76
102	123kW 以内机动艇	台班	8019062	0.14	0.25	0.33	0.42	0.47
103	小型机具使用费	元	8099001	1182.6	2136.1	4155.7	5056.1	5661.4
104	基价	元	9999001	369218	524386	751385	899057	1017044

4-11 现浇预应力混凝土连续梁

工程内容 挖基、围堰、基础、下部、上部、桥面系(不含桥面面层铺装)、桥头搭板等工程的全部工作。

单位:100m² 桥面

顺序号	项 目	单位	代 号	标准跨径(m)			
				30 以内		60 以内	
				基础			
				干处	水中	干处	水中
				1	2	3	4
1	人工	工日	1001001	569.8	619.1	773.2	822.9
2	HPB300 钢筋	t	2001001	2.178	2.362	2.957	3.112
3	HRB400 钢筋	t	2001002	17.765	19.985	24.305	26.428
4	钢绞线	t	2001008	1.833	1.889	2.507	2.499
5	钢丝绳	t	2001019	0.009	0.015	0.013	0.019
6	8~12 号铁丝	kg	2001021	0.07	0.08	0.10	0.10
7	20~22 号铁丝	kg	2001022	61.04	66.64	83.36	88.10
8	型钢	t	2003004	0.229	0.250	0.307	0.329
9	钢板	t	2003005	0.070	0.072	0.095	0.099
10	钢管	t	2003008	2.414	2.627	3.222	3.517
11	支座预埋钢板	kg	2003013	60.48	62.34	82.73	82.47
12	钢护筒	t	2003022	0.119	1.548	0.163	2.048

顺序号	项 目	单位	代 号	标准跨径(m)			
				30 以内		60 以内	
				基础			
				干处	水中	干处	水中
				1	2	3	4
13	钢模板	t	2003025	0.789	0.846	1.066	1.112
14	组合钢模板	t	2003026	0.011	0.006	0.015	0.008
15	安全爬梯	t	2003028	0.018	0.024	0.024	0.031
16	铸铁	kg	2003040	128.22	128.22	159.58	162.53
17	铁皮	m²	2003044	–	0.76	–	1.00
18	空心钢钎	kg	2009003	0.05	–	0.07	–
19	φ50mm 以内合金钻头	个	2009004	0.08	–	0.11	–
20	电焊条	kg	2009011	45.11	51.51	61.72	68.14
21	钢筋连接套筒	个	2009012	51.97	67.66	71.09	89.50
22	螺栓	kg	2009013	2.03	2.64	2.78	3.50
23	铁件	kg	2009028	73.68	80.16	97.09	105.20
24	铁钉	kg	2009030	0.07	0.29	0.09	0.38
25	铸铁管	kg	2009033	25.86	26.66	35.37	35.26
26	石油沥青	t	3001001	0.009	0.010	0.012	0.012
27	煤	t	3005001	0.002	0.002	0.003	0.002

单位:100m² 桥面

顺序号	项 目	单位	代 号	标准跨径(m)			
				30 以内		60 以内	
				基础			
				干处	水中	干处	水中
				1	2	3	4
28	水	m³	3005004	460.59	547.76	628.14	724.34
29	原木	m³	4003001	0.289	0.294	0.391	0.388
30	锯材	m³	4003002	0.664	0.706	0.889	0.947
31	草皮	m²	4013002	0.04	0.05	0.05	0.07
32	塑料波纹管 SBG-50Y	m	5001035	15.27	15.74	20.89	20.82
33	塑料波纹管 SBG-60Y	m	5001036	53.79	55.45	73.58	73.35
34	塑料波纹管 SBG-75Y	m	5001037	45.17	46.57	61.79	61.60
35	塑料波纹管 SBG-100Y	m	5001038	25.46	26.24	34.82	34.71
36	塑料波纹管 SBG-130Y	m	5001039	5.21	5.37	7.13	7.11
37	压浆料	t	5003003	0.633	0.653	0.866	0.863
38	硝铵炸药	kg	5005002	0.62	–	0.85	–
39	非电毫秒雷管	个	5005008	0.79	–	1.08	–
40	导爆索	m	5005009	0.36	–	0.49	–
41	油漆	kg	5009002	1.59	1.59	1.98	2.02
42	桥面防水涂料	kg	5009005	168.17	173.36	230.04	229.32

单位:100m² 桥面

顺序号	项　目	单位	代　号	标准跨径(m)			
				30 以内		60 以内	
				基础			
				干处	水中	干处	水中
				1	2	3	4
43	环氧树脂	kg	5009009	2.78	2.86	3.80	3.79
44	黏土	m³	5501003	37.50	40.33	51.30	53.34
45	中(粗)砂	m³	5503005	101.97	117.03	138.91	154.69
46	砂砾	m³	5503007	48.27	34.62	66.03	45.79
47	天然砂砾	m³	5503008	4.05	2.35	5.50	3.14
48	片石	m³	5505005	2.42	3.15	2.65	4.17
49	碎石(2cm)	m³	5505012	45.25	46.65	61.90	61.71
50	碎石(4cm)	m³	5505013	95.57	116.17	130.18	153.46
51	碎石(8cm)	m³	5505015	0.21	0.27	0.28	0.35
52	碎石	m³	5505016	8.40	8.66	11.49	11.46
53	青(红)砖	千块	5507003	3.64	2.18	4.95	2.91
54	32.5 级水泥	t	5509001	52.021	63.629	70.881	84.087
55	42.5 级水泥	t	5509002	38.01	39.181	51.994	51.832
56	52.5 级水泥	t	5509003	0.013	0.014	0.018	0.018
57	四氟板式橡胶组合支座	dm³	6001002	6.19	6.38	8.47	8.45

顺序号	项 目	单位	代 号	标准跨径(m)			
				30 以内		60 以内	
				基础			
				干处	水中	干处	水中
				1	2	3	4
58	板式橡胶支座	dm³	6001003	16.68	17.20	22.82	22.75
59	盆式橡胶支座(DX,3000kN)	套	6001061	0.21	0.21	0.28	0.28
60	盆式橡胶支座(DX,4000kN)	套	6001067	0.03	0.03	0.04	0.04
61	盆式橡胶支座(DX,5000kN)	套	6001070	0.16	0.16	0.21	0.21
62	盆式橡胶支座(DX,7000kN)	套	6001076	0.05	0.05	0.06	0.06
63	盆式橡胶支座(DX,10000kN)	套	6001085	0.15	0.15	0.20	0.20
64	模数式伸缩装置 240 型	m	6003004	1.20	1.24	1.65	1.65
65	钢绞线圆锚(3 孔)	套	6005005	2.53	2.61	3.46	3.45
66	钢绞线圆锚(7 孔)	套	6005009	6.38	6.57	8.72	8.69
67	钢绞线圆锚(12 孔)	套	6005013	2.50	2.57	3.41	3.40
68	钢绞线圆锚(19 孔)	套	6005018	1.70	1.76	2.33	2.32
69	钢绞线圆锚(22 孔)	套	6005019	0.20	0.21	0.27	0.27
70	钢绞线圆锚(31 孔)	套	6005021	0.62	0.63	0.84	0.84
71	其他材料费	元	7801001	837.5	894.6	1144.4	1183.0
72	设备摊销费	元	7901001	474.3	617.4	648.7	816.7

单位:100m² 桥面

顺序号	项 目	单位	代 号	标准跨径(m)			
				30 以内		60 以内	
				基础			
				干处	水中	干处	水中
				1	2	3	4
73	75kW 以内履带式推土机	台班	8001002	0.67	0.40	0.91	0.52
74	0.6m³ 以内履带式液压单斗挖掘机	台班	8001025	0.06	−	0.09	−
75	1.0m³ 以内履带式机械单斗挖掘机	台班	8001035	0.06	0.08	0.09	0.10
76	1.0m³ 以内轮胎式装载机	台班	8001045	0.69	0.42	0.93	0.55
77	120kW 以内自行式平地机	台班	8001058	0.01	0.01	0.01	0.01
78	75kW 以内履带式拖拉机	台班	8001066	−	−	0.01	0.01
79	8~10t 光轮压路机	台班	8001079	0.18	0.10	0.24	0.14
80	12~15t 光轮压路机	台班	8001081	0.15	0.14	0.21	0.18
81	18~21t 光轮压路机	台班	8001083	0.06	0.07	0.09	0.09
82	4000L 以内沥青洒布车	台班	8003038	0.01	0.01	0.01	0.01
83	混凝土电动真空吸水机组	台班	8003079	0.29	0.30	0.40	0.40
84	混凝土电动切缝机	台班	8003085	0.29	0.30	0.40	0.40
85	250L 以内强制式混凝土搅拌机	台班	8005002	0.80	0.74	1.07	0.98
86	400L 以内灰浆搅拌机	台班	8005010	0.03	0.04	0.04	0.06
87	6m³ 以内混凝土搅拌运输车	台班	8005031	1.97	1.17	2.70	1.54
88	60m³/h 以内混凝土输送泵车	台班	8005039	0.62	0.64	0.84	0.84

单位:100m² 桥面

顺序号	项 目	单位	代 号	标准跨径(m)			
				30 以内		60 以内	
				基础			
				干处	水中	干处	水中
				1	2	3	4
89	40m³/h 以内混凝土搅拌站	台班	8005058	0.76	0.45	1.04	0.59
90	智能张拉系统	台班	8005079	1.10	1.14	1.51	1.50
91	智能压浆系统	台班	8005084	0.07	0.07	0.09	0.09
92	8t 以内载货汽车	台班	8007006	0.35	0.20	0.47	0.27
93	15t 以内载货汽车	台班	8007009	0.13	–	0.18	–
94	6t 以内自卸汽车	台班	8007013	0.35	0.35	0.44	0.51
95	10000L 以内洒水汽车	台班	8007043	0.14	0.15	0.19	0.19
96	1t 以内机动翻斗车	台班	8007046	0.71	0.44	0.96	0.58
97	12t 以内汽车式起重机	台班	8009027	2.05	2.59	2.80	3.42
98	16t 以内汽车式起重机	台班	8009028	2.01	2.52	2.68	3.38
99	20t 以内汽车式起重机	台班	8009029	5.49	5.40	7.50	7.16
100	25t 以内汽车式起重机	台班	8009030	1.1	1.43	1.50	1.89
101	30t 以内汽车式起重机	台班	8009031	2.49	2.56	3.40	3.39
102	50kN 以内单筒慢动电动卷扬机	台班	8009081	1.11	1.93	1.51	2.55
103	300kN 以内振动打拔桩锤	台班	8011012	–	0.36	–	0.48
104	ϕ1500mm 以内回旋钻机	台班	8011035	2.59	3.36	3.54	4.45
105	ϕ2500mm 以内回旋钻机	台班	8011036	5.67	7.36	7.76	9.74

单位:100m² 桥面

顺序号	项 目	单位	代 号	标准跨径(m)			
				30 以内		60 以内	
				基础			
				干处	水中	干处	水中
				1	2	3	4
106	泥浆分离器	台班	8011056	0.22	0.28	0.30	0.37
107	泥浆搅拌机	台班	8011057	1.98	2.57	2.70	3.4
108	φ100mm 电动多级水泵(≤120m)	台班	8013011	1.97	2.04	2.70	2.69
109	32kV·A 以内交流电弧焊机	台班	8015028	8.48	9.76	11.60	12.92
110	42kV·A 以内交流电弧焊机	台班	8015029	0.16	0.20	0.21	0.27
111	100kV·A 以内交流对焊机	台班	8015048	0.37	0.39	0.51	0.52
112	3m³/min 以内机动空压机	台班	8017047	0.03	–	0.04	–
113	9m³/min 以内机动空压机	台班	8017049	0.01	–	0.01	–
114	88kW 以内内燃拖轮	台班	8019002	–	2.21	–	2.92
115	147kW 以内内燃拖轮	台班	8019003	–	0.13	–	0.17
116	368kW 以内内燃拖轮	台班	8019007	–	0.03	–	0.05
117	100t 以内工程驳船	台班	8019021	–	5.94	–	7.86
118	200t 以内工程驳船	台班	8019023	–	18.22	–	24.11
119	100m³/h 以内混凝土搅拌船	台班	8019056	–	1.16	–	1.60
120	123kW 以内机动艇	台班	8019062	–	0.12	–	0.16
121	小型机具使用费	元	8099001	716.2	776.7	979.1	1027.1
122	基价	元	9999001	268930	330544	366045	438972

4-12 拱 桥

工程内容 挖基、围堰、基础、下部、上部、桥面系(不含桥面面层铺装)、桥头搭板等工程的全部工作。

单位:100m² 桥面

顺序号	项 目	单位	代 号	石拱桥			
				标准跨径(m)			
				40 以内		40 以上	
				基础			
				干处	水中	干处	水中
				1	2	3	4
1	人工	工日	1001001	1297.5	1811.1	1212.7	1779
2	HPB300 钢筋	t	2001001	2.459	2.459	2.895	2.895
3	HRB400 钢筋	t	2001002	0.094	0.094	2.018	2.018
4	钢丝绳	t	2001019	–	–	1.471	1.471
5	8~12 号铁丝	kg	2001021	30.99	42.52	51.68	57.26
6	20~22 号铁丝	kg	2001022	7.77	7.77	14.09	14.09
7	型钢	t	2003004	0.132	0.132	0.078	0.078
8	钢管	t	2003008	1.788	1.857	1.129	1.163
9	钢模板	t	2003025	0.025	0.136	0.037	0.141
10	组合钢模板	t	2003026	0.041	0.041	0.051	0.051
11	钢砂	kg	2003041	0.08	0.08	0.10	0.10
12	空心钢钎	kg	2009003	2.11	5.00	2.32	5.81

单位:100m² 桥面

顺序号	项 目	单位	代 号	石拱桥			
				标准跨径(m)			
				40 以内		40 以上	
				基础			
				干处	水中	干处	水中
				1	2	3	4
13	φ50mm 以内合金钻头	个	2009004	3.28	7.75	3.60	9.01
14	电焊条	kg	2009011	16.08	16.08	20.84	20.84
15	螺栓	kg	2009013	1.43	4.02	5.42	7.85
16	铁件	kg	2009028	557.97	580.18	460.52	481.35
17	铁钉	kg	2009030	17.39	19.30	12.85	13.78
18	铸铁管	kg	2009033	119.33	92.53	218.83	218.83
19	石油沥青	t	3001001	0.668	0.477	0.567	0.567
20	水	m³	3005004	549.05	681.53	585.15	760.42
21	原木	m³	4003001	14.970	15.039	4.139	4.170
22	锯材	m³	4003002	9.793	10.110	5.994	6.149
23	草皮	m²	4013002	42.89	42.89	52.95	52.95
24	塑料编织袋	个	5001052	–	3654.87	–	5482.30
25	硝铵炸药	kg	5005002	24.04	56.89	26.40	66.16
26	非电毫秒雷管	个	5005008	30.76	72.79	33.78	84.65
27	导爆索	m	5005009	13.90	32.88	15.26	38.24

单位:100m² 桥面

顺序号	项　目	单位	代　号	石拱桥			
				标准跨径(m)			
				40 以内		40 以上	
				基础			
				干处	水中	干处	水中
				1	2	3	4
28	油毛毡	m²	5009012	195.42	135.04	150.45	150.45
29	黏土	m³	5501003	25.17	25.17	31.08	31.08
30	中(粗)砂	m³	5503005	180.00	230.35	201.12	253.57
31	砂砾	m³	5503007	5.59	5.59	9.98	9.98
32	片石	m³	5505005	321.97	382.10	301.09	387.89
33	碎石(2cm)	m³	5505012	4.58	4.58	5.65	5.65
34	碎石(4cm)	m³	5505013	19.43	19.43	37.46	37.46
35	碎石(8cm)	m³	5505015	156.70	196.02	169.21	219.48
36	块石	m³	5505025	166.42	164.42	240.87	219.07
37	粗料石	m³	5505029	11.88	14.09	27.08	27.08
38	细料石	m³	5505030	3.43	3.43	4.09	4.09
39	32.5 级水泥	t	5509001	53.874	73.752	63.305	83.272
40	其他材料费	元	7801001	1282.7	1290.4	1539.7	1656.6
41	设备摊销费	元	7901001	–	–	21999.1	21999.1
42	75kW 以内履带式推土机	台班	8001002	–	0.36	–	0.36

单位:100m² 桥面

顺序号	项　目	单位	代　号	石拱桥			
				标准跨径(m)			
				40 以内		40 以上	
				基础			
				干处	水中	干处	水中
				1	2	3	4
43	1.0m³ 以内轮胎式装载机	台班	8001045	4.40	4.85	5.26	5.66
44	12~15t 光轮压路机	台班	8001081	0.15	0.15	0.18	0.18
45	混凝土电动切缝机	台班	8003085	1.60	1.60	2.19	2.19
46	500L 以内强制式混凝土搅拌机	台班	8005004	0.82	2.40	0.86	2.34
47	400L 以内灰浆搅拌机	台班	8005010	6.55	6.93	7.38	7.84
48	1t 以内机动翻斗车	台班	8007046	1.94	3.88	2.27	4.09
49	16t 以内汽车式起重机	台班	8009028	2.11	2.11	1.78	1.78
50	25t 以内汽车式起重机	台班	8009030	0.40	1.66	12.56	13.74
51	50kN 以内单筒慢动电动卷扬机	台班	8009081	0.05	0.05	4.94	4.94
52	φ500mm 以内木工圆锯机	台班	8015013	8.15	8.15	0.64	0.64
53	32kV·A 以内交流电弧焊机	台班	8015028	2.85	2.85	3.53	3.53
54	3m³/min 以内机动空压机	台班	8017047	1.84	4.36	2.02	5.07
55	小型机具使用费	元	8099001	472.2	612.3	321.5	472.6
56	基价	元	9999001	295616	378925	335747	428854

单位:100m² 桥面

顺序号	项　目	单位	代　号	钢筋混凝土斜腿刚构、桁架拱桥		箱形拱(标准跨径≤100m)		钢管拱 (标准跨径 ≤100m)
				基础				
				干处	水中	干处	水中	
				5	6	7	8	9
1	人工	工日	1001001	1134.4	1092.3	1122.4	1319.4	938.7
2	HPB300 钢筋	t	2001001	2.480	3.189	8.804	9.028	2.020
3	HRB400 钢筋	t	2001002	18.307	24.676	20.582	22.028	19.701
4	钢绞线	t	2001008	–	–	–	–	3.288
5	吊索	t	2001018	–	–	–	–	0.615
6	钢丝绳	t	2001019	0.083	0.088	0.032	0.087	0.204
7	8～12 号铁丝	kg	2001021	4.57	4.56	79.20	51.00	2.21
8	20～22 号铁丝	kg	2001022	54.56	68.21	128.79	132.67	54.35
9	索道钢丝绳	t	2001034	0.696	0.696	0.512	0.512	0.456
10	型钢	t	2003004	0.206	0.234	0.432	1.171	0.286
11	钢板	t	2003005	0.086	0.090	0.630	1.216	0.609
12	钢管	t	2003008	0.120	0.825	0.178	0.516	0.358
13	支座预埋钢板	kg	2003013	–	–	–	–	45.51
14	钢管桩	t	2003021	–	0.130	–	0.428	4.692
15	钢护筒	t	2003022	0.019	3.086	0.050	1.118	0.051
16	钢套箱	t	2003023	–	–	–	0.256	–
17	钢壳沉井	t	2003024	–	–	–	1.565	–

单位:100m² 桥面

顺序号	项目	单位	代号	钢筋混凝土斜腿刚构、桁架拱桥		箱形拱(标准跨径≤100m)		钢管拱(标准跨径≤100m)
				基础				
				干处	水中	干处	水中	
				5	6	7	8	9
18	钢模板	t	2003025	0.466	0.405	0.467	0.457	0.754
19	组合钢模板	t	2003026	0.253	0.249	0.020	0.066	0.045
20	安全爬梯	t	2003028	–	–	–	–	0.032
21	钢管拱肋	t	2003039	–	–	–	–	11.029
22	铸铁	kg	2003040	–	–	69.37	69.37	89.42
23	钢砂	kg	2003041	0.14	0.14	–	–	–
24	铁皮	m²	2003044	3.60	4.73	25.80	25.92	–
25	钢钎	kg	2009002	–	–	–	0.21	–
26	空心钢钎	kg	2009003	4.02	0.12	2.81	0.24	–
27	φ50mm 以内合金钻头	个	2009004	6.23	0.19	4.28	0.57	–
28	电焊条	kg	2009011	130.56	149.46	151.94	205.13	163.23
29	钢筋连接套筒	个	2009012	32.28	107.71	3.03	13.52	67.19
30	螺栓	kg	2009013	32.16	30.75	263.95	262.73	8.20
31	铁件	kg	2009028	171.87	159.24	106.89	204.12	152.47
32	铁钉	kg	2009030	2.99	3.21	29.19	28.56	0.92
33	铸铁管	kg	2009033	58.01	58.01	29.89	29.89	41.23
34	石油沥青	t	3001001	0.088	0.088	0.379	0.379	0.001

顺序号	项　　目	单位	代　号	钢筋混凝土斜腿刚构、桁架拱桥		箱形拱(标准跨径≤100m)		钢管拱(标准跨径≤100m)
				基础				
				干处	水中	干处	水中	
				5	6	7	8	9
35	煤	t	3005001	0.020	0.020	0.005	0.005	—
36	水	m³	3005004	393.07	735.61	492.83	610.75	591.53
37	原木	m³	4003001	0.411	0.436	1.035	1.582	0.836
38	锯材	m³	4003002	1.689	1.805	2.651	4.960	1.794
39	草皮	m²	4013002	1.94	1.94	8.74	8.04	—
40	PVC 塑料管(φ50mm)	m	5001013	—	—	19.77	1.81	—
41	塑料波纹管 SBG-60Y	m	5001036	—	—	—	—	223.38
42	塑料波纹管 SBG-100Y	m	5001038	—	—	—	—	59.76
43	塑料编织袋	个	5001052	—	1579.01	—	—	320.54
44	压浆料	t	5003003	—	—	—	—	1.057
45	硝铵炸药	kg	5005002	45.73	1.41	32.02	7.97	—
46	非电毫秒雷管	个	5005008	58.51	1.81	40.97	3.43	—
47	导爆索	m	5005009	26.43	0.82	18.50	1.55	—
48	油漆	kg	5009002	—	—	0.86	0.86	1.11
49	桥面防水涂料	kg	5009005	176.44	176.44	—	—	—
50	环氧树脂	kg	5009009	—	—	—	—	2.02
51	油毛毡	m²	5009012	2.79	2.79	0.76	0.76	15.42

顺序号	项 目	单位	代 号	钢筋混凝土斜腿刚构、桁架拱桥		箱形拱(标准跨径≤100m)		钢管拱(标准跨径≤100m)
				基础				
				干处	水中	干处	水中	
				5	6	7	8	9
52	黏土	m³	5501003	4.44	66.25	9.97	11.45	37.90
53	中(粗)砂	m³	5503005	137.65	169.07	198.21	284.77	136.02
54	砂砾	m³	5503007	50.15	50.09	56.29	5.39	6.64
55	天然砂砾	m³	5503008	5.12	3.33	8.46	11.29	6.48
56	片石	m³	5505005	59.44	54.48	252.05	94.93	1.17
57	碎石(2cm)	m³	5505012	9.76	9.76	58.96	58.88	15.63
58	碎石(4cm)	m³	5505013	140.75	208.32	42.49	266.18	184.23
59	碎石(8cm)	m³	5505015	37.8	8.61	32.82	19.71	–
60	碎石	m³	5505016	–	–	–	0.70	–
61	块石	m³	5505025	13.67	13.67	132.79	123.45	–
62	粗料石	m³	5505029	–	–	18.45	16.98	–
63	青(红)砖	千块	5507003	5.17	3.45	0.86	3.41	6.54
64	32.5级水泥	t	5509001	86.101	119.432	58.310	144.542	99.217
65	42.5级水泥	t	5509002	–	–	31.679	31.679	–
66	52.5级水泥	t	5509003	–	–	–	–	6.774
67	盆式橡胶支座(DX,3000kN)	套	6001061	–	–	–	–	0.15
68	盆式橡胶支座(DX,10000kN)	套	6001085	–	–	–	–	0.21

单位:100m² 桥面

顺序号	项　目	单位	代　号	钢筋混凝土斜腿刚构、桁架拱桥		箱形拱(标准跨径≤100m)		钢管拱(标准跨径≤100m)
				基础				
				干处	水中	干处	水中	
				5	6	7	8	9
69	模数式伸缩装置240型	m	6003004	–	–	–	–	4.19
70	钢绞线圆锚(7孔)	套	6005009	–	–	–	–	17.45
71	钢绞线圆锚(12孔)	套	6005013	–	–	–	–	1.01
72	钢绞线圆锚(22孔)	套	6005019	–	–	–	–	1.15
73	其他材料费	元	7801001	1456	1511.6	932.1	1243.4	4303.7
74	设备摊销费	元	7901001	6966.8	8186.5	21250.9	22772.7	11020.6
75	75kW以内履带式推土机	台班	8001002	0.57	0.61	0.17	0.63	0.77
76	0.6m³以内履带式液压单斗挖掘机	台班	8001025	–	–	–	–	0.07
77	1.0m³以内履带式机械单斗挖掘机	台班	8001035	0.01	0.15	0.53	0.06	0.06
78	1.0m³以内轮胎式装载机	台班	8001045	1.1	0.94	3.80	2.76	0.73
79	120kW以内自行式平地机	台班	8001058	0.04	0.04	–	–	–
80	8~10t光轮压路机	台班	8001079	0.22	0.14	0.04	0.17	0.28
81	12~15t光轮压路机	台班	8001081	0.08	0.08	0.17	0.17	0.03
82	18~21t光轮压路机	台班	8001083	0.06	0.06	–	–	0.01
83	4000L以内沥青洒布车	台班	8003038	0.01	0.01	–	–	–
84	混凝土电动真空吸水机组	台班	8003079	0.22	0.22	–	–	–
85	混凝土电动刻纹机	台班	8003083	0.51	0.51	–	–	0.44

顺序号	项　目	单位	代号	钢筋混凝土斜腿刚构、桁架拱桥		箱形拱（标准跨径≤100m）		钢管拱（标准跨径≤100m）
				基础				
				干处	水中	干处	水中	
				5	6	7	8	9
86	混凝土电动切缝机	台班	8003085	0.22	0.22	0.77	0.71	0.16
87	250L 以内强制式混凝土搅拌机	台班	8005002	0.61	0.54	0.21	0.37	0.42
88	400L 以内灰浆搅拌机	台班	8005010	0.79	0.84	4.95	2.74	－
89	6m³ 以内混凝土搅拌运输车	台班	8005031	2.29	4.55	0.49	1.85	2.94
90	60m³/h 以内混凝土输送泵	台班	8005051	0.11	0.11	－	－	0.75
91	40m³/h 以内混凝土搅拌站	台班	8005058	－	－	0.19	0.71	－
92	60m³/h 以内混凝土搅拌站	台班	8005060	0.61	0.41	－	－	0.79
93	3000kN 以内预应力拉伸机	台班	8005076	－	－	－	－	15.06
94	智能张拉系统	台班	8005079					1.56
95	智能压浆系统	台班	8005084					0.11
96	4t 以内载货汽车	台班	8007003	1.64	1.64	0.29	0.45	－
97	8t 以内载货汽车	台班	8007006	－	0.21	0.08	0.32	
98	15t 以内载货汽车	台班	8007009	0.01	－	－	－	0.12
99	40t 以内平板拖车组	台班	8007026	0.18	0.12	－	－	0.23
100	10000L 以内洒水汽车	台班	8007043	0.14	0.13			
101	1t 以内机动翻斗车	台班	8007046	－	－	3.65	0.63	0.44
102	15t 以内履带式起重机	台班	8009002	－	－	－	0.05	－

单位:100m² 桥面

顺序号	项　　目	单位	代　号	钢筋混凝土斜腿刚构、桁架拱桥		箱形拱(标准跨径≤100m)		钢管拱(标准跨径≤100m)
				基础				
				干处	水中	干处	水中	
				5	6	7	8	9
103	50t 以内履带式起重机	台班	8009007	–	–	–	0.13	0.49
104	25t 以内轮胎式起重机	台班	8009021	–	–	–	0.20	0.36
105	5t 以内汽车式起重机	台班	8009025	–	–	–	0.06	–
106	8t 以内汽车式起重机	台班	8009026	–	–	–	–	0.78
107	12t 以内汽车式起重机	台班	8009027	0.25	4.10	0.02	1.50	0.34
108	16t 以内汽车式起重机	台班	8009028	0.01	1.17	–	0.12	0.12
109	20t 以内汽车式起重机	台班	8009029	0.03	0.09	0.14	10.95	0.66
110	25t 以内汽车式起重机	台班	8009030	4.53	4.15	2.15	2.65	1.96
111	30t 以内汽车式起重机	台班	8009031	0.33	0.22	–	–	0.48
112	30kN 以内单筒慢动电动卷扬机	台班	8009080	6.62	6.62	26.66	21.04	20.73
113	50kN 以内单筒慢动电动卷扬机	台班	8009081	27.57	28.53	64.56	66.86	55.69
114	100kN 以内单筒慢动电动卷扬机	台班	8009083	–	–	–	–	3.43
115	50kN 以内双筒快动电动卷扬机	台班	8009102	–	–	–	3.11	–
116	300kN 以内振动打拔桩锤	台班	8011012	–	0.72	–	0.44	–
117	500kN 以内振动打拔桩锤	台班	8011013	–	0.16	–	–	–
118	600kN 以内振动打拔桩锤	台班	8011014	–	0.03	–	–	0.28
119	φ1500mm 以内回旋钻机	台班	8011035	0.49	13.67	–	2.30	–

顺序号	项 目	单位	代 号	钢筋混凝土斜腿刚构、桁架拱桥		箱形拱(标准跨径≤100m)		钢管拱(标准跨径≤100m)
				基础				
				干处	水中	干处	水中	
				5	6	7	8	9
120	φ2500mm 以内回旋钻机	台班	8011036	–	–	–	0.30	5.82
121	泥浆分离器	台班	8011056	0.02	0.44	–	0.06	0.18
122	泥浆搅拌机	台班	8011057	0.09	2.64	–	0.34	2.75
123	φ150mm 电动单级离心水泵	台班	8013003	–	–	–	3.68	–
124	φ100mm 电动多级水泵(≤120m)	台班	8013011	–	–	–	0.53	1.70
125	φ150mm 电动多级水泵(≤180m)	台班	8013013	–	–	–	4.01	–
126	32kV·A 以内交流电弧焊机	台班	8015028	24.82	28.68	27.27	34.55	20.21
127	42kV·A 以内交流电弧焊机	台班	8015029	0.01	0.19	–	0.04	0.11
128	100kV·A 以内交流对焊机	台班	8015048	0.34	0.34	1.12	1.12	0.18
129	3m³/min 以内机动空压机	台班	8017047	3.51	0.11	1.10	0.08	–
130	9m³/min 以内机动空压机	台班	8017049	–	–	0.81	2.24	–
131	88kW 以内内燃拖轮	台班	8019002	–	4.60	–	0.44	–
132	147kW 以内内燃拖轮	台班	8019003	–	0.25	–	0.09	–
133	221kW 以内内燃拖轮	台班	8019005	–	0.17	–	0.19	–
134	294kW 以内内燃拖轮	台班	8019006	–	–	–	0.60	–
135	368kW 以内内燃拖轮	台班	8019007	–	0.07	–	0.05	–
136	100t 以内工程驳船	台班	8019021	–	21.42	–	4.41	–

顺序号	项 目	单位	代 号	钢筋混凝土斜腿刚构、桁架拱桥		箱形拱(标准跨径≤100m)		钢管拱(标准跨径≤100m)
				基础				
				干处	水中	干处	水中	
				5	6	7	8	9
137	200t 以内工程驳船	台班	8019023	–	1.90	–	1.36	–
138	400t 以内工程驳船	台班	8019025	–	–	–	3.52	–
139	334kN·m 以内船用柴油打桩锤	台班	8019041	–	–	–	0.74	–
140	100m³/h 以内混凝土搅拌船	台班	8019056	–	–	–	1.67	–
141	150m³/h 以内混凝土搅拌船	台班	8019058	–	1.02	–	–	–
142	123kW 以内机动艇	台班	8019062	–	0.19	–	0.17	–
143	小型机具使用费	元	8099001	817.7	816.7	1258.1	1648.8	1299
144	基价	元	9999001	308483	421869	388407	546623	497336

4-13 钢索吊桥

工程内容 挖基、基础、下部、上部、桥面系(不含桥面面层铺装)、桥头搭板等工程的全部工作。

单位:100m² 桥面

顺序号	项 目	单位	代 号	钢索吊桥
				1
1	人工	工日	1001001	1711.1
2	HPB300 钢筋	t	2001001	1.811
3	HRB400 钢筋	t	2001002	7.711
4	钢丝绳	t	2001019	10.282
5	8~12 号铁丝	kg	2001021	35.86
6	20~22 号铁丝	kg	2001022	18.12
7	索道钢丝绳	t	2001034	0.985
8	型钢	t	2003004	0.141
9	钢板	t	2003005	1.090
10	钢管	t	2003008	2.033
11	钢护筒	t	2003022	0.037
12	钢模板	t	2003025	0.023
13	组合钢模板	t	2003026	0.489
14	门式钢支架	t	2003027	0.001

单位:100m² 桥面

顺序号	项 目	单位	代 号	钢索吊桥
				1
15	悬吊系统构件	t	2003031	3.271
16	套管及拉杆构件	t	2003032	3.515
17	钢桁	t	2003034	34.800
18	铁皮	m²	2003044	0.25
19	锌	kg	2007001	262.89
20	空心钢钎	kg	2009003	2.87
21	φ50mm 以内合金钻头	个	2009004	4.45
22	电焊条	kg	2009011	71.87
23	钢筋连接套筒	个	2009012	52.86
24	螺栓	kg	2009013	2098.80
25	铁件	kg	2009028	1059.95
26	铁钉	kg	2009030	27.35
27	铸铁管	kg	2009033	84.00
28	石油沥青	t	3001001	0.014
29	水	m³	3005004	491.25
30	原木	m³	4003001	2.221
31	锯材	m³	4003002	38.308

单位:100m² 桥面

顺序号	项 目	单位	代 号	钢索吊桥
				1
32	维萨面板	m²	4003009	0.46
33	竹胶模板	m²	4005002	2.07
34	硝铵炸药	kg	5005002	32.68
35	非电毫秒雷管	个	5005008	41.81
36	导爆索	m	5005009	18.89
37	黏土	m³	5501003	46.05
38	中(粗)砂	m³	5503005	128.81
39	砂砾	m³	5503007	155.91
40	天然砂砾	m³	5503008	3.76
41	石屑	m³	5503014	0.08
42	片石	m³	5505005	31.59
43	碎石(2cm)	m³	5505012	31.43
44	碎石(4cm)	m³	5505013	93.90
45	碎石(8cm)	m³	5505015	7.39
46	青(红)砖	千块	5507003	3.38
47	32.5 级水泥	t	5509001	62.166
48	42.5 级水泥	t	5509002	5.129

单位:100m² 桥面

顺序号	项　目	单位	代　号	钢索吊桥
				1
49	钢支座	t	6001001	0.318
50	裸铝(铜)线	m	7001005	0.08
51	其他材料费	元	7801001	4578.2
52	设备摊销费	元	7901001	1715.8
53	75kW 以内履带式推土机	台班	8001002	0.49
54	1.0m³ 以内履带式机械单斗挖掘机	台班	8001035	0.10
55	1.0m³ 以内轮胎式装载机	台班	8001045	0.69
56	8~10t 光轮压路机	台班	8001079	0.17
57	12~15t 光轮压路机	台班	8001081	0.59
58	18~21t 光轮压路机	台班	8001083	0.23
59	250L 以内强制式混凝土搅拌机	台班	8005002	0.17
60	400L 以内灰浆搅拌机	台班	8005010	0.31
61	6m³ 以内混凝土搅拌运输车	台班	8005031	1.97
62	60m³/h 以内混凝土输送泵	台班	8005051	0.05
63	80m³/h 以内混凝土输送泵	台班	8005052	0.17
64	60m³/h 以内混凝土搅拌站	台班	8005060	0.53
65	8t 以内载货汽车	台班	8007006	0.32

单位:100m² 桥面

顺序号	项　目	单位	代　号	钢索吊桥
				1
66	15t 以内载货汽车	台班	8007009	0.20
67	20t 以内平板拖车组	台班	8007024	0.01
68	5t 以内汽车式起重机	台班	8009025	72.41
69	12t 以内汽车式起重机	台班	8009027	2.43
70	16t 以内汽车式起重机	台班	8009028	0.23
71	20t 以内汽车式起重机	台班	8009029	0.31
72	25t 以内汽车式起重机	台班	8009030	0.67
73	40t 以内汽车式起重机	台班	8009032	0.02
74	8t 以内 80m 高塔式起重机	台班	8009052	0.23
75	30kN 以内单筒慢动电动卷扬机	台班	8009080	0.03
76	50kN 以内单筒慢动电动卷扬机	台班	8009081	22.37
77	75m 以内单笼施工电梯	台班	8009128	0.23
78	ϕ1500mm 以内回旋钻机	台班	8011035	9.41
79	泥浆分离器	台班	8011056	0.30
80	泥浆搅拌机	台班	8011057	1.79
81	ϕ150mm 电动多级水泵(≤180m)	台班	8013013	0.79
82	ϕ150mm 电动多级水泵(>180m)	台班	8013014	0.09

单位:100m² 桥面

顺序号	项　目	单位	代　号	钢索吊桥
				1
83	32kV·A 以内交流电弧焊机	台班	8015028	7.28
84	42kV·A 以内交流电弧焊机	台班	8015029	0.20
85	3m³/min 以内机动空压机	台班	8017047	2.51
86	9m³/min 以内机动空压机	台班	8017049	2.47
87	小型机具使用费	元	8099001	702.7
88	基价	元	9999001	937633

注:本指标适用于索塔在干处、跨径在 150m 以内的加劲钢桁架吊桥。

4－14 技术复杂大桥基础工程

工程内容 扩大基础:围堰、筑岛,挖基,基础混凝土及钢筋等工程的全部工作。

沉井基础:围堰、筑岛,沉井制作、组拼、浮运、接高、定位落床、下沉、填塞等工程的全部工作。

灌注桩基础:护筒,工作平台,钻孔,基础混凝土、检测管及钢筋等工程的全部工作。

船上振动打拔柱锤打钢管桩:钢管桩运输、打桩船打入、填心、防腐等全部工作。

承台:围堰、筑岛、挖基、钢套箱及双壁钢围堰组拼、浮运、接高、定位落床、下沉到位、封底、承台混凝土、冷却管及钢筋等全部工作。

地下连续墙:导墙开挖与浇筑、地下连续墙成槽、内衬、墙体浇筑及钢筋等全部工作。

锚体:锚碇混凝土、冷却管、钢筋、定位支架、锚固系统安装等全部工作。

单位:10m³ 实体

顺序号	项　　目	单位	代　号	扩大基础		沉井基础	
				干处	水中	钢筋混凝土沉井	钢壳沉井
				1	2	3	4
1	人工	工日	1001001	28.0	43.9	26.6	32.9
2	HPB300 钢筋	t	2001001	0.008	0.009	0.023	0.011
3	HRB400 钢筋	t	2001002	0.123	0.137	0.427	0.241
4	钢丝绳	t	2001019	－	－	－	0.024
5	8～12 号铁丝	kg	2001021	－	3.75	0.08	－
6	20～22 号铁丝	kg	2001022	0.26	0.29	1.05	0.70
7	型钢	t	2003004	－	－	0.024	0.039

单位:10m³ 实体

顺序号	项 目	单位	代 号	扩大基础		沉井基础	
				干处	水中	钢筋混凝土沉井	钢壳沉井
				1	2	3	4
8	钢板	t	2003005	–	–	–	0.040
9	钢管	t	2003008	–	–	0.003	–
10	钢壳沉井	t	2003024	–	–	–	0.773
11	钢模板	t	2003025	0.040	0.040	–	–
12	组合钢模板	t	2003026	0.001	0.001	0.011	–
13	钢钎	kg	2009002	–	–	0.04	–
14	空心钢钎	kg	2009003	0.30	0.30	–	–
15	ϕ50mm 以内合金钻头	个	2009004	0.46	0.46	0.04	–
16	电焊条	kg	2009011	0.15	0.16	1.73	8.51
17	螺栓	kg	2009013	1.28	1.28	–	–
18	锚链	t	2009027	–	–	–	0.023
19	铁件	kg	2009028	10.34	10.34	5.33	8.14
20	铁钉	kg	2009030	–	0.02	0.08	0.03
21	水	m³	3005004	15.01	15.04	10.94	5.44
22	原木	m³	4003001	–	0.015	0.040	0.036

顺序号	项　　目	单位	代号	扩大基础		沉井基础	
				干处	水中	钢筋混凝土沉井	钢壳沉井
				1	2	3	4
23	锯材	m³	4003002	–	0.004	0.045	0.175
24	毛竹	根	4005001	–	12.6	–	–
25	塑料编织袋	个	5001052	–	586.55	200.02	–
26	硝铵炸药	kg	5005002	3.46	3.46	0.99	–
27	非电毫秒雷管	个	5005008	4.42	4.42	–	–
28	导爆索	m	5005009	2.0	2.0	–	–
29	中(粗)砂	m³	5503005	6.85	6.86	5.04	5.36
30	天然砂砾	m³	5503008	0.31	0.32	–	–
31	片石	m³	5505005	–	–	0.07	0.03
32	大卵石	m³	5505008	–	3.85	–	–
33	碎石(4cm)	m³	5505013	0.24	0.24	7.90	7.63
34	碎石(8cm)	m³	5505015	9.91	9.91	0.48	0.24
35	青(红)砖	千块	5507003	0.31	0.32	–	–
36	32.5级水泥	t	5509001	3.152	3.156	3.091	3.748
37	其他材料费	元	7801001	37.2	37.2	14.2	48.3

单位:10m³ 实体

顺序号	项　目	单位	代　号	扩大基础		沉井基础	
				干处	水中	钢筋混凝土沉井	钢壳沉井
				1	2	3	4
38	设备摊销费	元	7901001	–	–	0.8	343.3
39	75kW 以内履带式推土机	台班	8001002	0.03	0.03	0.09	–
40	1.0m³ 以内履带式机械单斗挖掘机	台班	8001035	0.08	0.08	–	–
41	1.0m³ 以内轮胎式装载机	台班	8001045	0.03	0.03	–	–
42	8～10t 光轮压路机	台班	8001079	0.01	0.01	–	–
43	250L 以内强制式混凝土搅拌机	台班	8005002	0.02	0.02	–	–
44	6m³ 以内混凝土搅拌运输车	台班	8005031	0.14	0.14	–	–
45	60m³/h 以内混凝土输送泵	台班	8005051	–	–	–	0.01
46	60m³/h 以内混凝土搅拌站	台班	8005060	0.04	0.04	–	–
47	30t 以内平板拖车组	台班	8007025	–	–	–	0.01
48	40t 以内平板拖车组	台班	8007026	0.01	0.01	–	–
49	1t 以内机动翻斗车	台班	8007046	0.98	0.77	–	–
50	15t 以内履带式起重机	台班	8009002	–	–	–	0.02
51	25t 以内履带式起重机	台班	8009004	–	–	–	0.04
52	25t 以内轮胎起重机	台班	8009021	–	–	–	0.10
53	12t 以内汽车式起重机	台班	8009027	0.01	0.01	–	–
54	20t 以内汽车式起重机	台班	8009029	–	–	0.35	0.37
55	25t 以内汽车式起重机	台班	8009030	0.30	0.30	–	–
56	30t 以内汽车式起重机	台班	8009031	0.02	0.02	–	–

单位:10m³ 实体

顺序号	项目	单位	代号	扩大基础		沉井基础	
				干处	水中	钢筋混凝土沉井	钢壳沉井
				1	2	3	4
57	50t 以内汽车式起重机	台班	8009033	—	—	—	0.03
58	30kN 以内单筒慢动电动卷扬机	台班	8009080	0.55	0.36	—	—
59	50kN 以内单筒慢动电动卷扬机	台班	8009081	—	—	0.09	0.26
60	50kN 以内双筒快动电动卷扬机	台班	8009102	—	—	0.83	0.45
61	φ150mm 电动单级离心水泵	台班	8013003	—	—	1.15	0.21
62	φ150mm 电动多级水泵(≤180m)	台班	8013013	—	—	1.02	0.42
63	32kV·A 以内交流电弧焊机	台班	8015028	0.04	0.04	0.23	0.99
64	9m³/min 以内机动空压机	台班	8017049	0.16	0.16	0.68	0.20
65	221kW 以内内燃拖轮	台班	8019005	—	—	—	0.05
66	294kW 以内内燃拖轮	台班	8019006	—	—	—	0.13
67	400t 以内工程驳船	台班	8019025	—	—	—	1.10
68	600t 以内工程驳船	台班	8019027	—	—	—	0.22
69	100m³/h 以内混凝土搅拌船	台班	8019056	—	—	0.11	0.11
70	123kW 以内机动艇	台班	8019062	—	—	0.01	0.01
71	小型机具使用费	元	8099001	22.1	22.4	68.1	25.4
72	基价	元	9999001	7653	10710	11076	15950

顺序号	项目	单位	代号	灌注桩基础				
				干处	水深(m)			
					3 以内	5 以内	10 以内	20 以内
				5	6	7	8	9
1	人工	工日	1001001	24.0	21.1	22.3	33.8	40.1
2	HPB300 钢筋	t	2001001	0.076	0.075	0.075	0.079	0.084
3	HRB400 钢筋	t	2001002	0.676	0.667	0.667	0.708	0.754
4	20~22 号铁丝	kg	2001022	1.39	1.38	1.38	1.46	1.55
5	型钢	t	2003004	–	0.011	0.013	0.027	0.303
6	钢板	t	2003005	–	0.001	0.001	0.083	0.068
7	钢管	t	2003008	0.036	0.036	0.036	0.050	0.049
8	钢管桩	t	2003021	–	0.016	0.019	0.329	0.411
9	钢护筒	t	2003022	–	0.722	0.866	1.041	1.607
10	组合钢模板	t	2003026	0.001	0.001	–	–	–
11	铁皮	m²	2003044	–	0.06	0.07	0.04	0.04
12	电焊条	kg	2009011	1.57	1.97	2.10	12.61	10.75
13	钢筋连接套筒	个	2009012	8.03	7.92	7.92	8.41	8.95
14	铁件	kg	2009028	0.35	0.50	0.41	16.87	27.95
15	铁钉	kg	2009030	–	0.06	0.07	0.04	0.04
16	水	m³	3005004	41.63	41.58	44.22	38.86	38.25
17	原木	m³	4003001	–	0.004	0.004	0.496	0.537

单位:10m³ 实体

顺序号	项　目	单位	代　号	灌注桩基础				
				干处	水深(m)			
					3 以内	5 以内	10 以内	20 以内
				5	6	7	8	9
18	锯材	m³	4003002	0.003	0.031	0.038	0.081	0.227
19	黏土	m³	5501003	11.44	5.12	6.14	4.66	4.34
20	中(粗)砂	m³	5503005	6.39	6.40	6.26	6.11	6.11
21	天然砂砾	m³	5503008	0.31	0.31	0.15	－	－
22	碎石(4cm)	m³	5505013	8.49	8.51	8.39	8.27	8.27
23	青(红)砖	千块	5507003	0.31	0.32	0.16	－	－
24	32.5 级水泥	t	5509001	5.242	5.248	5.183	5.114	5.114
25	其他材料费	元	7801001	3.7	13.4	14.9	37.1	36.6
26	设备摊销费	元	7901001	53.1	121.6	137.2	110.8	104.6
27	75kW 以内履带式推土机	台班	8001002	0.03	0.04	0.02	－	－
28	1.0m³ 以内履带式机械单斗挖掘机	台班	8001035	0.01	0.01	0.01	0.01	0.01
29	1.0m³ 以内轮胎式装载机	台班	8001045	0.03	0.04	0.02	－	－
30	8～10t 光轮压路机	台班	8001079	0.01	0.01	0.01	－	－
31	250L 以内强制式混凝土搅拌机	台班	8005002	0.02	0.02	0.02	－	－
32	6m³ 以内混凝土搅拌运输车	台班	8005031	0.14	0.14	0.07	－	－
33	60m³/h 以内混凝土输送泵	台班	8005051	0.09	0.09	0.09	0.09	0.09
34	60m³/h 以内混凝土搅拌站	台班	8005060	0.04	0.04	0.02	－	－

单位:10m³ 实体

顺序号	项　目	单位	代　号	灌注桩基础				
				干处	水深(m)			
					3 以内	5 以内	10 以内	20 以内
				5	6	7	8	9
35	8t 以内载货汽车	台班	8007006	–	0.03	0.03	–	–
36	15t 以内载货汽车	台班	8007009	0.01	–	–	–	–
37	40t 以内平板拖车组	台班	8007026	0.01	0.01	0.01	–	–
38	1t 以内机动翻斗车	台班	8007046	0.02	–	–	–	–
39	12t 以内汽车式起重机	台班	8009027	0.01	0.07	0.08	1.09	1.09
40	16t 以内汽车式起重机	台班	8009028	0.02	0.05	0.06	0.03	0.03
41	20t 以内汽车式起重机	台班	8009029	–	0.02	0.03	0.03	0.05
42	25t 以内汽车式起重机	台班	8009030	0.03	0.03	0.03	0.08	0.08
43	30t 以内汽车式起重机	台班	8009031	0.02	0.02	0.01	–	–
44	50kN 以内单筒慢动电动卷扬机	台班	8009081	0.59	0.23	0.27	0.73	1.2
45	300kN 以内振动打拔桩锤	台班	8011012	–	0.17	0.20	0.41	0.68
46	500kN 以内振动打拔桩锤	台班	8011013	–	0.02	0.02	–	–
47	ϕ1500mm 以内回旋钻机	台班	8011035	0.27	0.14	0.17	–	–
48	ϕ2500mm 以内回旋钻机	台班	8011036	0.82	0.81	0.97	0.73	0.67
49	ϕ3000mm 以内回旋钻机	台班	8011037	0.20	0.19	0.22	0.38	0.31
50	泥浆分离器	台班	8011056	0.03	0.02	0.03	0.02	0.02
51	泥浆搅拌机	台班	8011057	0.26	0.26	0.31	0.22	0.23

单位:10m³ 实体

顺序号	项 目	单位	代 号	灌注桩基础				
				干处	水深(m)			
					3 以内	5 以内	10 以内	20 以内
				5	6	7	8	9
52	φ100mm 电动多级水泵(≤120m)	台班	8013011	–	–	–	0.41	–
53	φ150mm 电动多级水泵(≤180m)	台班	8013013	–	–	–	–	0.70
54	32kV·A 以内交流电弧焊机	台班	8015028	0.34	0.38	0.39	1.49	1.42
55	42kV·A 以内交流电弧焊机	台班	8015029	0.02	0.02	0.02	0.02	0.02
56	88kW 以内内燃拖轮	台班	8019002	–	0.14	0.17	0.08	0.07
57	147kW 以内内燃拖轮	台班	8019003	–	0.06	0.07	0.08	0.13
58	221kW 以内内燃拖轮	台班	8019005	–	0.02	0.03	0.15	0.18
59	294kW 以内内燃拖轮	台班	8019006	–	–	–	0.01	0.01
60	368kW 以内内燃拖轮	台班	8019007	–	–	–	0.01	0.01
61	100t 以内工程驳船	台班	8019021	–	0.32	0.38	0.01	0.01
62	200t 以内工程驳船	台班	8019023	–	3.67	4.40	5.26	4.93
63	400t 以内工程驳船	台班	8019025	–	–	–	0.05	0.05
64	334kN·m 以内船用柴油打桩锤	台班	8019041	–	–	–	0.57	0.64
65	100m³/h 以内混凝土搅拌船	台班	8019056	–	–	0.06	–	–
66	150m³/h 以内混凝土搅拌船	台班	8019058	–	–	–	0.09	0.09
67	123kW 以内机动艇	台班	8019062	–	–	0.01	0.02	0.02
68	小型机具使用费	元	8099001	8.6	11.1	11.6	52.1	53.2
69	基价	元	9999001	12258	16258	18713	27417	32579

单位:10 根

顺序号	项 目	单位	代 号	船上振动打拔桩锤打钢管桩
				10
1	人工	工日	1001001	670.6
2	型钢	t	2003004	0.321
3	钢板	t	2003005	2.472
4	钢管桩	t	2003021	152.620
5	电焊条	kg	2009011	510.88
6	铁件	kg	2009028	177.71
7	铁钉	kg	2009030	0.78
8	水	m³	3005004	79.25
9	原木	m³	4003001	6.786
10	锯材	m³	4003002	2.236
11	中(粗)砂	m³	5503005	132.08
12	碎石(4cm)	m³	5505013	226.39
13	32.5 级水泥	t	5509001	80.305

单位:10 根

顺序号	项　　目	单位	代　号	船上振动打拔桩锤打钢管桩
				10
14	其他材料费	元	7801001	678.7
15	设备摊销费	元	7901001	615.5
16	50t 以内履带式起重机	台班	8009007	15.42
17	80t 以内履带式起重机	台班	8009010	5.72
18	25t 以内汽车式起重机	台班	8009030	11.36
19	900kN 以内振动打拔桩锤	台班	8011015	5.84
20	ϕ100mm 电动多级水泵($\leqslant$120m)	台班	8013011	42.79
21	32kV·A 以内交流电弧焊机	台班	8015028	33.02
22	294kW 以内内燃拖轮	台班	8019006	2.54
23	368kW 以内内燃拖轮	台班	8019007	0.14
24	400t 以内工程驳船	台班	8019025	33.57
25	150m³/h 以内混凝土搅拌船	台班	8019058	2.08
26	123kW 以内机动艇	台班	8019062	0.38
27	小型机具使用费	元	8099001	756
28	基价	元	9999001	1019957

单位:10m³ 实体

顺序号	项 目	单位	代 号	承台				
				干处	水深(m)			
					3 以内	5 以内	10 以内	20 以内
				11	12	13	14	15
1	人工	工日	1001001	16.3	32.3	37.6	46	57.7
2	HRB400 钢筋	t	2001002	0.897	0.685	0.698	0.718	1.064
3	预应力粗钢筋	t	2001006	–	–	0.004	0.003	–
4	钢丝绳	t	2001019	–	–	–	0.044	0.076
5	20~22 号铁丝	kg	2001022	2.26	1.72	1.75	1.81	2.92
6	型钢	t	2003004	–	–	0.058	0.051	0.100
7	钢板	t	2003005	–	–	0.022	0.057	0.072
8	圆钢	t	2003006	–	–	0.005	0.004	–
9	钢管	t	2003008	0.109	0.109	0.112	0.153	0.151
10	钢套箱	t	2003023	–	–	0.442	0.258	–
11	钢壳沉井	t	2003024	–	–	–	0.67	1.12
12	钢模板	t	2003025	0.019	0.016	0.016	0.011	0.009
13	组合钢模板	t	2003026	0.001	0.001	–	–	–
14	空心钢钎	kg	2009003	0.01	–	–	–	–
15	φ50mm 以内合金钻头	个	2009004	0.02	–	–	–	–
16	电焊条	kg	2009011	3.26	2.50	3.54	10.18	15.84
17	螺栓	kg	2009013	0.44	0.39	0.39	0.25	0.22

单位:10m³ 实体

顺序号	项 目	单位	代 号	承台				
				干处	水深(m)			
					3 以内	5 以内	10 以内	20 以内
				11	12	13	14	15
18	锚链	t	2009027	–	–	–	0.021	0.057
19	铁件	kg	2009028	3.67	3.27	3.66	6.57	18.33
20	水	m³	3005004	18.71	16.88	16.45	12.45	13.20
21	原木	m³	4003001	–	–	0.006	0.034	0.053
22	锯材	m³	4003002	–	–	–	0.086	0.151
23	塑料编织袋	个	5001052	–	621.03	–	–	–
24	硝铵炸药	kg	5005002	0.13	–	–	–	–
25	非电毫秒雷管	个	5005008	0.17	–	–	–	–
26	导爆索	m	5005009	0.08	–	–	–	–
27	中(粗)砂	m³	5503005	6.27	6.20	6.07	7.99	10.58
28	天然砂砾	m³	5503008	0.26	0.26	0.13	–	–
29	片石	m³	5505005	–	–	–	2.01	2.89
30	碎石(4cm)	m³	5505013	7.79	7.76	7.66	9.60	12.22
31	碎石(8cm)	m³	5505015	–	–	–	–	0.60
32	碎石	m³	5505016	–	–	0.29	–	–
33	青(红)砖	千块	5507003	0.27	0.27	0.13	–	–
34	32.5 级水泥	t	5509001	4.056	4.051	3.992	4.994	6.544

顺序号	项　　　目	单位	代　号	承台				
				干处	水深(m)			
					3 以内	5 以内	10 以内	20 以内
				11	12	13	14	15
35	其他材料费	元	7801001	7.8	9.3	42.3	90	96.7
36	设备摊销费	元	7901001	–	–	591.2	687.4	1218.6
37	75kW 以内履带式推土机	台班	8001002	0.03	0.10	0.02	–	–
38	0.6m³ 以内履带式液压单斗挖掘机	台班	8001025	0.04	0.08	–	–	–
39	1.0m³ 以内轮胎式装载机	台班	8001045	0.03	0.03	0.02	–	–
40	8～10t 光轮压路机	台班	8001079	0.01	0.01	0.01	–	–
41	250L 以内强制式混凝土搅拌机	台班	8005002	0.01	0.01	0.01	–	–
42	6m³ 以内混凝土搅拌运输车	台班	8005031	0.12	0.12	0.06	–	–
43	60m³/h 以内混凝土输送泵	台班	8005051	0.11	0.11	0.11	0.12	0.14
44	60m³/h 以内混凝土搅拌站	台班	8005060	0.03	0.03	0.02	–	–
45	30t 以内平板拖车组	台班	8007025	–	–	–	–	0.03
46	40t 以内平板拖车组	台班	8007026	0.01	0.01	–	–	–
47	1t 以内机动翻斗车	台班	8007046	0.19	0.32	0.45	–	–
48	15t 以内履带式起重机	台班	8009002	–	–	–	0.02	0.03
49	25t 以内履带式起重机	台班	8009004	–	–	–	0.01	0.10
50	50t 以内履带式起重机	台班	8009007	–	–	0.18	0.10	–
51	25t 以内轮胎式起重机	台班	8009021	–	–	–	0.09	0.14
52	12t 以内汽车式起重机	台班	8009027	0.01	0.01	–	–	–

单位:10m³ 实体

顺序号	项　目	单位	代　号	承台				
				干处	水深(m)			
					3 以内	5 以内	10 以内	20 以内
				11	12	13	14	15
53	20t 以内汽车式起重机	台班	8009029	–	–	–	0.10	0.16
54	25t 以内汽车式起重机	台班	8009030	0.03	0.03	0.03	0.02	0.02
55	30t 以内汽车式起重机	台班	8009031	0.02	0.02	0.01	–	–
56	50t 以内汽车式起重机	台班	8009033	–	–	–	0.01	0.09
57	30kN 以内单筒慢动电动卷扬机	台班	8009080	–	–	0.40	–	–
58	50kN 以内单筒慢动电动卷扬机	台班	8009081	–	–	–	0.25	0.49
59	50kN 以内双筒快动电动卷扬机	台班	8009102	–	–	–	0.38	0.69
60	φ150mm 电动单级离心水泵	台班	8013003	0.83	0.83	0.83	1.35	2.03
61	φ100mm 电动多级水泵(≤120m)	台班	8013011	–	–	0.03	–	–
62	φ150mm 电动多级水泵(≤180m)	台班	8013013	–	–	–	0.34	0.66
63	32kV·A 以内交流电弧焊机	台班	8015028	0.47	0.37	0.42	1.22	2.08
64	9m³/min 以内机动空压机	台班	8017049	0.01	–	–	0.17	0.61
65	221kW 以内内燃拖轮	台班	8019005	–	–	–	0.03	0.12
66	294kW 以内内燃拖轮	台班	8019006	–	–	0.06	0.21	0.24
67	368kW 以内内燃拖轮	台班	8019007	–	–	–	–	0.01
68	400t 以内工程驳船	台班	8019025	–	–	0.27	1.35	1.96
69	600t 以内工程驳船	台班	8019027	–	–	–	0.11	0.81
70	100m³/h 以内混凝土搅拌船	台班	8019056	–	–	0.05	0.14	0.18
71	123kW 以内机动艇	台班	8019062	–	–	0.01	0.01	0.02
72	小型机具使用费	元	8099001	25.7	22.5	30.8	47.6	88.6
73	基价	元	9999001	8702	10666	14629	22503	30973

注:水深超过 20m 时,按概算定额计算。

单位:10m³ 实体

顺序号	项 目	单位	代 号	地下连续墙	锚体
				16	17
1	人工	工日	1001001	33.2	10.6
2	HPB300 钢筋	t	2001001	0.001	0.019
3	HRB400 钢筋	t	2001002	1.857	0.308
4	环氧钢绞线	t	2001009	–	0.022
5	钢丝绳	t	2001019	–	0.001
6	20～22 号铁丝	kg	2001022	5.25	0.65
7	型钢	t	2003004	0.005	0.028
8	钢板	t	2003005	0.003	0.012
9	钢管	t	2003008	–	0.061
10	钢模板	t	2003025	0.002	0.024
11	组合钢模板	t	2003026	0.001	0.001
12	安全爬梯	t	2003028	–	0.001
13	套管及拉杆构件	t	2003032	–	0.036
14	钢钎	kg	2009002	0.22	–
15	电焊条	kg	2009011	14.91	0.63
16	螺栓	kg	2009013	–	0.71
17	镀锌螺栓	kg	2009014	–	0.01

顺序号	项　目	单位	代　号	地下连续墙	锚体
				16	17
18	膨胀螺栓	套	2009015	–	0.1
19	铁件	kg	2009028	89.19	4.12
20	铁钉	kg	2009030	–	0.01
21	水	m³	3005004	15.80	21.68
22	原木	m³	4003001	–	0.001
23	锯材	m³	4003002	0.014	0.017
24	PVC 阻燃塑料管	m	5001016	–	0.11
25	黏土	m³	5501003	0.08	–
26	膨润土	kg	5501004	620.76	–
27	粉煤灰	t	5501009		0.673
28	中(粗)砂	m³	5503005	6.58	6.10
29	天然砂砾	m³	5503008	0.31	0.31
30	碎石(4cm)	m³	5505013	8.62	7.81
31	青(红)砖	千块	5507003	0.31	0.31
32	32.5 级水泥	t	5509001	5.120	4.126
33	42.5 级水泥	t	5509002	–	0.408
34	电缆	m	7001001	–	0.59

顺序号	项　　目	单位	代　号	地下连续墙 16	锚体 17
35	照明灯具	盏	7509001	–	0.03
36	其他材料费	元	7801001	369.4	72.0
37	设备摊销费	元	7901001	13.3	9.3
38	75kW 以内履带式推土机	台班	8001002	0.04	0.03
39	1.0m³ 以内轮胎式装载机	台班	8001045	0.04	0.03
40	2.0m³ 以内轮胎式装载机	台班	8001047	0.01	–
41	8~10t 光轮压路机	台班	8001079	0.01	0.01
42	250L 以内强制式混凝土搅拌机	台班	8005002	0.02	0.02
43	6m³ 以内混凝土搅拌运输车	台班	8005031	0.14	0.12
44	60m³/h 以内混凝土输送泵	台班	8005051	0.09	0.12
45	60m³/h 以内混凝土搅拌站	台班	8005060	0.04	0.03
46	半径 20m 以内混凝土布料机	台班	8005066	–	0.10
47	钢绞线拉伸设备	台班	8005078	–	0.01
48	10t 以内自卸汽车	台班	8007015	0.23	–
49	20t 以内平板拖车组	台班	8007024	0.01	–
50	40t 以内平板拖车组	台班	8007026	0.01	0.01
51	15t 以内履带式起重机	台班	8009002	0.18	–
52	40t 以内履带式起重机	台班	8009006	0.19	–
53	50t 以内履带式起重机	台班	8009007	0.01	–

顺序号	项 目	单位	代 号	地下连续墙 16	锚体 17
54	12t 以内汽车式起重机	台班	8009027	0.01	0.01
55	16t 以内汽车式起重机	台班	8009028	–	0.01
56	25t 以内汽车式起重机	台班	8009030	–	0.04
57	30t 以内汽车式起重机	台班	8009031	0.02	0.02
58	40t 以内汽车式起重机	台班	8009032	0.01	0.01
59	6t 以内 80m 高塔式起重机	台班	8009049	0.03	–
60	8t 以内 80m 高塔式起重机	台班	8009052	–	0.05
61	泥浆制作循环设备	台班	8011055	0.29	–
62	铣槽机	台班	8011067	0.06	–
63	履带式液压抓斗成槽机	台班	8011068	0.24	–
64	液压冲击重凿机	台班	8011070	0.03	–
65	φ150mm 电动单级离心水泵	台班	8013003	–	0.18
66	φ100mm 电动多级水泵(≤120m)	台班	8013011	–	0.17
67	φ150mm 电动多级水泵(≤180m)	台班	8013013	–	0.06
68	φ100mm 以内泥浆泵	台班	8013024	0.15	–
69	32kV·A 以内交流电弧焊机	台班	8015028	2.50	0.27
70	75kV·A 以内交流对焊机	台班	8015047	0.50	–
71	3m³/min 以内机动空压机	台班	8017047	0.09	–
72	9m³/min 以内机动空压机	台班	8017049	–	0.01
73	小型机具使用费	元	8099001	35.0	26.1
74	基价	元	9999001	17520	7178

4-15 技术复杂大桥下部构造

工程内容 桥台:桥台砌石、混凝土、钢筋、桥台锥坡、台背排水、台背填料、桥头搭板、桥台护栏、桥台路面(不含面层)的全部工作。

桥墩:桥墩混凝土、钢筋的全部工作。

索塔:索塔混凝土、钢筋、钢绞线、斜拉桥索塔钢锚箱、索塔附属构件的全部工作。

单位:10m³ 实体

顺序号	项 目	单位	代 号	混凝土桥台			砌石桥台
				肋板式	柱式	重力式	
				1	2	3	4
1	人工	工日	1001001	82.7	55.0	24.3	13.1
2	HPB300 钢筋	t	2001001	0.42	0.279	0.135	0.134
3	HRB400 钢筋	t	2001002	1.074	1.171	0.063	0.063
4	钢丝绳	t	2001019	0.002	0.002	0.002	–
5	8~12 号铁丝	kg	2001021	0.24	–	0.16	0.58
6	20~22 号铁丝	kg	2001022	3.51	3.28	0.54	0.54
7	型钢	t	2003004	0.021	0.056	0.001	–
8	钢管	t	2003008	0.012	0.003	0.010	0.005
9	钢模板	t	2003025	0.093	0.130	0.049	0.002
10	组合钢模板	t	2003026	0.001	0.001	0.001	–
11	安全爬梯	t	2003028	–	0.004	–	–
12	铸铁	kg	2003040	3.65	3.39	1.17	1.10

顺序号	项　目	单位	代　号	混凝土桥台			砌石桥台
				肋板式	柱式	重力式	
				1	2	3	4
13	电焊条	kg	2009011	5.31	4.63	1.01	1.01
14	钢筋连接套筒	个	2009012	5.03	5.48	0.29	0.29
15	螺栓	kg	2009013	4.9	2.23	5.01	0.18
16	铁件	kg	2009028	12.93	22.37	3.49	0.41
17	铁钉	kg	2009030	0.19	–	0.14	0.10
18	水	m³	3005004	39.25	40.17	16.50	11.83
19	原木	m³	4003001	0.007	0.001	0.001	–
20	锯材	m³	4003002	0.040	0.021	0.021	0.020
21	草皮	m²	4013002	–	–	1.49	2.01
22	油漆	kg	5009002	0.05	0.04	0.02	0.01
23	黏土	m³	5501003	–	–	0.88	1.18
24	中(粗)砂	m³	5503005	12.08	11.59	6.05	4.75
25	天然砂砾	m³	5503008	0.36	0.33	0.26	–
26	片石	m³	5505005	11.21	11.22	3.47	10.27
27	碎石(4cm)	m³	5505013	13.23	10.52	1.34	1.24
28	碎石(8cm)	m³	5505015	15.62	13.57	11.26	4.50
29	块石	m³	5505025	–	–	–	2.10
30	青(红)砖	千块	5507003	0.36	0.34	0.26	–
31	32.5 级水泥	t	5509001	6.86	6.474	2.935	1.594

顺序号	项　目	单位	代　号	混凝土桥台			砌石桥台
				肋板式	柱式	重力式	
				1	2	3	4
32	其他材料费	元	7801001	159.7	132.4	102.8	24.5
33	75kW 以内履带式推土机	台班	8001002	0.04	0.04	0.03	—
34	1.0m³ 以内轮胎式装载机	台班	8001045	0.12	0.12	0.04	0.11
35	8~10t 光轮压路机	台班	8001079	0.02	0.01	0.01	—
36	混凝土电动刻纹机	台班	8003083	0.10	0.06	0.03	0.03
37	250L 以内强制式混凝土搅拌机	台班	8005002	0.06	0.02	0.01	—
38	400L 以内灰浆搅拌机	台班	8005010	0.15	0.15	0.01	0.16
39	6m³ 以内混凝土搅拌运输车	台班	8005031	0.17	0.15	0.11	—
40	60m³/h 以内混凝土输送泵	台班	8005051	0.02	0.12	0.01	0.01
41	60m³/h 以内混凝土搅拌站	台班	8005060	0.05	0.04	0.03	—
42	40t 以内平板拖车组	台班	8007026	0.01	0.01	0.01	—
43	1t 以内机动翻斗车	台班	8007046	0.13	0.08	0.03	0.03
44	12t 以内汽车式起重机	台班	8009027	0.01	0.01	0.01	—
45	25t 以内汽车式起重机	台班	8009030	0.66	0.48	0.38	0.02
46	30t 以内汽车式起重机	台班	8009031	0.02	0.02	0.02	—
47	50kN 以内单筒慢动电动卷扬机	台班	8009081	0.53	0.58	0.03	0.03
48	32kV·A 以内交流电弧焊机	台班	8015028	1.12	1.02	0.19	0.19
49	小型机具使用费	元	8099001	51.3	48.3	16.3	6.4
50	基价	元	9999001	23119	19515	7531	4616

单位:10m³ 实体

顺序号	项　目	单位	代　号	桥墩					
				实体式墩		薄壁墩		Y 形墩	
				干处	水中	干处	水中	干处	水中
				5	6	7	8	9	10
1	人工	工日	1001001	22.8	24.0	33.3	31.6	37.1	38.5
2	HPB300 钢筋	t	2001001	–	–	0.001	0.001	–	–
3	HRB400 钢筋	t	2001002	0.879	0.879	1.749	1.749	1.906	1.906
4	钢丝绳	t	2001019	0.002	0.002	–	–	0.001	0.001
5	8～12 号铁丝	kg	2001021	0.21	0.21	–	–	0.06	0.05
6	20～22 号铁丝	kg	2001022	1.82	1.82	3.62	3.62	3.94	3.94
7	型钢	t	2003004	–	–	0.001	0.001	0.004	0.004
8	钢管	t	2003008	0.006	0.006	0.002	0.002	0.006	0.006
9	钢模板	t	2003025	0.044	0.044	0.082	0.082	0.114	0.114
10	组合钢模板	t	2003026	0.001	0.001	–	–	0.001	–
11	安全爬梯	t	2003028	–	–	0.009	0.009	–	–
12	电焊条	kg	2009011	2.15	2.15	4.28	4.28	4.67	4.67
13	钢筋连接套筒	个	2009012	4.12	4.12	8.19	8.19	8.92	8.92
14	螺栓	kg	2009013	6.16	6.16	7.51	7.51	6.67	6.67

单位:10m³ 实体

顺序号	项 目	单位	代 号	桥墩					
				实体式墩		薄壁墩		Y 形墩	
				干处	水中	干处	水中	干处	水中
				5	6	7	8	9	10
15	铁件	kg	2009028	3.88	3.63	49.07	48.80	5.90	5.63
16	铁钉	kg	2009030	0.18	0.18	–	–	–	–
17	水	m³	3005004	12.83	12.00	21.06	20.16	21.06	20.15
18	锯材	m³	4003002	0.020	0.020	0.041	0.041	0.012	0.012
19	中(粗)砂	m³	5503005	5.07	4.83	6.79	6.52	6.79	6.52
20	天然砂砾	m³	5503008	0.26	–	0.29	–	0.29	–
21	碎石(4cm)	m³	5505013	8.67	8.47	8.72	8.50	8.72	8.50
22	青(红)砖	千块	5507003	0.27	–	0.29	–	0.29	–
23	32.5 级水泥	t	5509001	3.681	3.567	5.016	4.892	5.015	4.891
24	其他材料费	元	7801001	81.3	80.5	38.5	37.6	45.2	44.3
25	75kW 以内履带式推土机	台班	8001002	0.03	–	0.03	–	0.03	–
26	1.0m³ 以内轮胎式装载机	台班	8001045	0.03	–	0.03	–	0.03	–
27	8~10t 光轮压路机	台班	8001079	0.01	–	0.01	–	0.01	–
28	250L 以内强制式混凝土搅拌机	台班	8005002	0.01	–	0.01	–	0.01	–

顺序号	项　目	单位	代　号	桥墩					
				实体式墩		薄壁墩		Y 形墩	
				干处	水中	干处	水中	干处	水中
				5	6	7	8	9	10
29	6m³ 以内混凝土搅拌运输车	台班	8005031	0.12	–	0.13	–	0.13	–
30	60m³/h 以内混凝土输送泵	台班	8005051	–	–	0.17	0.17	0.24	0.24
31	60m³/h 以内混凝土搅拌站	台班	8005060	0.03	–	0.04	–	0.04	–
32	40t 以内平板拖车组	台班	8007026	0.01	–	0.01	–	0.01	–
33	12t 以内汽车式起重机	台班	8009027	0.01	–	0.01	–	0.01	–
34	25t 以内汽车式起重机	台班	8009030	0.50	0.50	0.33	0.33	0.40	0.40
35	30t 以内汽车式起重机	台班	8009031	0.02	–	0.02	–	0.02	–
36	50kN 以内单筒慢动电动卷扬机	台班	8009081	0.43	0.43	0.86	0.86	0.94	0.94
37	32kV·A 以内交流电弧焊机	台班	8015028	0.53	0.53	1.05	1.05	1.15	1.15
38	368kW 以内内燃拖轮	台班	8019007	–	0.01	–	–	–	0.01
39	150m³/h 以内混凝土搅拌船	台班	8019058	–	0.08	–	0.03	–	0.09
40	123kW 以内机动艇	台班	8019062	–	0.02	–	0.01	–	0.02
41	小型机具使用费	元	8099001	34.3	34.1	55.0	54.8	58.5	58.3
42	基价	元	9999001	9443	10952	14688	14653	15719	17431

单位:10m³ 实体

顺序号	项 目	单位	代 号	桥墩			
				柱式墩		空心墩	
				干处	水中	干处	水中
				11	12	13	14
1	人工	工日	1001001	28.4	29.7	33.0	33.4
2	HPB300 钢筋	t	2001001	0.001	—	0.001	0.001
3	HRB400 钢筋	t	2001002	1.374	1.374	1.462	1.462
4	钢绞线	t	2001008	0.023	0.023	0.009	0.009
5	钢丝绳	t	2001019	0.008	0.008	0.001	0.001
6	20～22 号铁丝	kg	2001022	2.84	2.84	3.01	3.01
7	型钢	t	2003004	0.037	0.037	0.026	0.029
8	钢板	t	2003005	0.001	0.001	0.003	0.003
9	钢管	t	2003008	0.002	0.002	0.001	0.001
10	钢模板	t	2003025	0.111	0.111	0.183	0.187
11	组合钢模板	t	2003026	0.001	—	0.001	—
12	安全爬梯	t	2003028	0.019	0.019	0.005	0.006

单位:10m³ 实体

顺序号	项　目	单位	代　号	桥墩			
				柱式墩		空心墩	
				干处	水中	干处	水中
				11	12	13	14
13	电焊条	kg	2009011	3.37	3.37	3.86	3.86
14	钢筋连接套筒	个	2009012	6.44	6.44	6.81	6.81
15	螺栓	kg	2009013	0.44	0.44	7.18	7.11
16	铁件	kg	2009028	31.73	31.46	31.47	32.17
17	铁钉	kg	2009030	0.01	0.01	0.05	0.06
18	水	m³	3005004	21.03	20.13	21.05	20.14
19	锯材	m³	4003002	0.032	0.032	0.043	0.045
20	塑料波纹管 SBG-100Y	m	5001038	0.87	0.87	0.43	0.43
21	压浆料	t	5003003	0.006	0.006	0.003	0.003
22	中(粗)砂	m³	5503005	6.88	6.61	6.71	6.43
23	天然砂砾	m³	5503008	0.29	–	0.29	–
24	碎石(4cm)	m³	5505013	8.73	8.51	8.56	8.32
25	青(红)砖	千块	5507003	0.29	–	0.29	–

单位:10m³ 实体

顺序号	项　目	单位	代　号	桥墩			
				柱式墩		空心墩	
				干处	水中	干处	水中
				11	12	13	14
26	32.5 级水泥	t	5509001	4.790	4.667	0.948	0.977
27	42.5 级水泥	t	5509002	–	–	4.278	4.100
28	钢绞线圆锚(19 孔)	套	6005018	–	–	0.03	0.03
29	钢绞线圆锚(22 孔)	套	6005019	0.18	0.18	–	–
30	其他材料费	元	7801001	95.7	94.8	80.0	82.5
31	设备摊销费	元	7901001	28.1	28.1	102.0	93.8
32	75kW 以内履带式推土机	台班	8001002	0.03	–	0.03	–
33	1.0m³ 以内轮胎式装载机	台班	8001045	0.03	–	0.03	–
34	8～10t 光轮压路机	台班	8001079	0.01	–	0.01	–
35	250L 以内强制式混凝土搅拌机	台班	8005002	0.01	–	0.01	–
36	6m³ 以内混凝土搅拌运输车	台班	8005031	0.13	–	0.13	–
37	60m³/h 以内混凝土输送泵	台班	8005051	0.17	0.17	0.15	0.19
38	80m³/h 以内混凝土输送泵	台班	8005052	–	–	0.04	–
39	60m³/h 以内混凝土搅拌站	台班	8005060	0.04	–	0.04	–
40	液压滑升机械	台班	8005070	–	–	0.14	–

顺序号	项　目	单位	代　号	桥墩			
				柱式墩		空心墩	
				干处	水中	干处	水中
				11	12	13	14
41	智能张拉系统	台班	8005079	0.01	0.01	–	–
42	20t 以内平板拖车组	台班	8007024	–	–	0.01	0.01
43	40t 以内平板拖车组	台班	8007026	0.01	–	0.01	0.01
44	12t 以内汽车式起重机	台班	8009027	0.01	–	0.01	–
45	25t 以内汽车式起重机	台班	8009030	0.31	0.31	0.31	0.36
46	30t 以内汽车式起重机	台班	8009031	0.02	–	0.02	–
47	40t 以内汽车式起重机	台班	8009032	0.01	0.01	0.11	0.14
48	8t 以内 150m 高塔式起重机	台班	8009053	–	–	0.25	0.25
49	50kN 以内单筒慢动电动卷扬机	台班	8009081	0.68	0.68	0.87	0.72
50	φ150mm 电动多级水泵 (≤180m)	台班	8013013	–	–	0.50	0.62
51	φ150mm 电动多级水泵 (>180m)	台班	8013014	–	–	0.16	–
52	32kV·A 以内交流电弧焊机	台班	8015028	0.83	0.83	0.90	0.90
53	368kW 以内内燃拖轮	台班	8019007	–	0.01	–	0.01
54	150m³/h 以内混凝土搅拌船	台班	8019058	–	0.09	–	0.09
55	123kW 以内机动艇	台班	8019062	–	0.02	–	0.02
56	小型机具使用费	元	8099001	54.2	54.0	131.6	125.3
57	基价	元	9999001	13363	15061	15792	17426

单位:10m³ 实体

顺序号	项 目	单位	代 号	索塔			
				斜拉桥		悬索桥	
				干处	水中	干处	水中
				15	16	17	18
1	人工	工日	1001001	52.3	55.1	47.9	50.4
2	HPB300 钢筋	t	2001001	0.002	0.002	0.002	0.002
3	HRB400 钢筋	t	2001002	2.104	2.170	2.104	2.170
4	预应力粗钢筋	t	2001006	0.001	–	0.001	–
5	钢绞线	t	2001008	0.121	0.121	0.121	0.121
6	钢丝绳	t	2001019	0.002	0.002	0.002	0.002
7	8~12 号铁丝	kg	2001021	0.06	0.03	0.06	0.03
8	20~22 号铁丝	kg	2001022	2.72	2.82	2.72	2.82
9	型钢	t	2003004	0.054	0.052	0.052	0.050
10	钢板	t	2003005	0.085	0.077	0.085	0.077
11	钢管	t	2003008	0.029	0.031	0.012	0.012
12	钢管桩	t	2003021	0.007	0.010	0.007	0.010
13	钢模板	t	2003025	0.007	0.005	0.007	0.005
14	组合钢模板	t	2003026	0.001	–	0.001	–

顺序号	项　　目	单位	代　号	索塔			
				斜拉桥		悬索桥	
				干处	水中	干处	水中
				15	16	17	18
15	门式钢支架	t	2003027	0.001	0.001	0.001	0.001
16	电焊条	kg	2009011	12.15	12.09	11.95	11.88
17	铁件	kg	2009028	21.22	19.68	21.22	19.68
18	铁钉	kg	2009030	0.40	0.38	0.40	0.38
19	水	m³	3005004	19.76	18.91	19.76	18.91
20	原木	m³	4003001	0.059	0.054	0.059	0.054
21	锯材	m³	4003002	0.194	0.181	0.194	0.181
22	维萨面板	m²	4003009	0.51	0.51	0.51	0.51
23	竹胶模板	m²	4005002	2.36	2.45	2.36	2.45
24	塑料波纹管 SBG-100Y	m	5001038	4.75	4.75	4.75	4.75
25	压浆料	t	5003003	0.034	0.034	0.034	0.034
26	中(粗)砂	m³	5503005	6.37	6.12	6.37	6.12
27	天然砂砾	m³	5503008	0.27	-	0.27	-
28	碎石(4cm)	m³	5505013	7.66	7.45	7.66	7.45

顺序号	项　目	单位	代　号	索塔			
				斜拉桥		悬索桥	
				干处	水中	干处	水中
				15	16	17	18
29	青(红)砖	千块	5507003	0.27	–	0.27	–
30	32.5 级水泥	t	5509001	0.118	0.001	0.118	0.001
31	42.5 级水泥	t	5509002	5.612	5.613	5.612	5.613
32	钢绞线圆锚(22 孔)	套	6005019	0.72	0.72	0.72	0.72
33	精轧螺纹钢锚具	套	6005022	0.12	–	0.12	–
34	裸铝(铜)线	m	7001005	0.10	0.04	0.10	0.04
35	其他材料费	元	7801001	74.3	69.7	74.1	69.4
36	设备摊销费	元	7901001	367.2	394.4	367.2	394.4
37	75kW 以内履带式推土机	台班	8001002	0.03	–	0.03	–
38	1.0m³ 以内轮胎式装载机	台班	8001045	0.03	–	0.03	–
39	8~10t 光轮压路机	台班	8001079	0.01		0.01	
40	250L 以内强制式混凝土搅拌机	台班	8005002	0.01		0.01	
41	6m³ 以内混凝土搅拌运输车	台班	8005031	0.12	–	0.12	–
42	60m³/h 以内混凝土输送泵	台班	8005051	0.04	0.04	0.04	0.04

顺序号	项　目	单位	代　号	索塔			
				斜拉桥		悬索桥	
				干处	水中	干处	水中
				15	16	17	18
43	80m³/h 以内混凝土输送泵	台班	8005052	0.20	0.23	0.20	0.23
44	60m³/h 以内混凝土搅拌站	台班	8005060	0.03	–	0.03	–
45	智能张拉系统	台班	8005079	0.05	0.05	0.05	0.05
46	20t 以内载货汽车	台班	8007010	0.01	0.01	0.01	0.01
47	20t 以内平板拖车组	台班	8007024	0.02	0.01	0.02	0.01
48	40t 以内平板拖车组	台班	8007026	0.01	–	0.01	–
49	12t 以内汽车式起重机	台班	8009027	0.01	–	0.01	–
50	20t 以内汽车式起重机	台班	8009029	0.01	–	0.01	–
51	25t 以内汽车式起重机	台班	8009030	0.30	0.29	0.30	0.29
52	30t 以内汽车式起重机	台班	8009031	0.03	0.02	0.03	0.02
53	40t 以内汽车式起重机	台班	8009032	0.02	0.02	0.02	0.02
54	8t 以内 80m 高塔式起重机	台班	8009052	0.10	–	0.10	–
55	8t 以内 150m 高塔式起重机	台班	8009053	0.10	0.10	0.10	0.10
56	8t 以内 200m 高塔式起重机	台班	8009054	0.04	0.13	0.04	0.13
57	30kN 以内单筒慢动电动卷扬机	台班	8009080	0.03	0.03	0.03	0.03

单位:10m³ 实体

顺序号	项目	单位	代号	索塔			
				斜拉桥		悬索桥	
				干处	水中	干处	水中
				15	16	17	18
58	50kN 以内单筒慢动电动卷扬机	台班	8009081	2.28	2.55	2.28	2.55
59	80kN 以内单筒慢动电动卷扬机	台班	8009082	0.32	0.35	–	–
60	100m 以内单笼施工电梯	台班	8009129	0.23	–	0.23	–
61	150m 以内单笼施工电梯	台班	8009130	0.17	0.16	0.17	0.16
62	200m 以内双笼施工电梯	台班	8009132	0.07	0.25	0.07	0.25
63	φ150mm 电动多级水泵(≤180m)	台班	8013013	0.76	0.36	0.76	0.36
64	φ150mm 电动多级水泵(>180m)	台班	8013014	0.25	0.7	0.25	0.70
65	32kV·A 以内交流电弧焊机	台班	8015028	1.47	1.49	1.23	1.22
66	42kV·A 以内交流电弧焊机	台班	8015029	0.08	0.08	0.08	0.08
67	368kW 以内内燃拖轮	台班	8019007	–	0.01	–	0.01
68	150m³/h 以内混凝土搅拌船	台班	8019058	–	0.08	–	0.08
69	123kW 以内机动艇	台班	8019062	–	0.02	–	0.02
70	小型机具使用费	元	8099001	139.1	152.8	132.5	145.8
71	基价	元	9999001	21916	23990	21250	23271

4-16 技术复杂大桥上部构造

工程内容 预应力混凝土梁:悬浇混凝土或顶推,行车道构件的预制、安装,钢筋和预应力系统、支座、伸缩缝、吊装、顶推设备,桥面系(不含桥面面层铺装)等工程的全部工作。

箱形拱:吊装设备的拼装、拆除、构件、预制块的预制、安装、现浇混凝土、支座、伸缩缝、桥面系(不含桥面面层铺装)等工程的全部工作。

钢管拱:拱肋安装、拱肋混凝土、吊索、系杆、桥面板、桥面系(不含桥面面层铺装)等全部工作。

斜拉桥斜拉索:平行钢丝斜拉索、钢绞线斜拉索、减振器安装等全部工作。

悬索桥主缆:索鞍安装、主缆架设、紧缆、缠丝、牵引系统、猫道安拆、索夹、吊索安装等上部悬吊系统安装一切工作。

钢箱梁:钢箱梁吊装或顶推,支座伸缩缝钢护栏安装,临时设施安拆等钢箱梁及附属工程安装全部工作。

单位:100m² 桥面

顺序号	项 目	单位	代 号	预应力混凝土梁						
				连续梁		连续刚构			斜拉桥	
				标准跨径(m)						
				100 以内	150 以内	150 以内	200 以内	270 以内	300 以内	500 以内
				1	2	3	4	5	6	7
1	人工	工日	1001001	534.2	556.9	542.8	646.8	805.3	517.6	557.7
2	HPB300 钢筋	t	2001001	2.645	2.460	2.533	2.719	3.025	1.763	1.947
3	HRB400 钢筋	t	2001002	16.750	15.000	15.799	18.567	23.122	19.315	21.823
4	预应力粗钢筋	t	2001006	0.789	1.217	0.728	1.456	2.600	0.806	1.014

顺序号	项　目	单位	代　号	预应力混凝土梁						
				连续梁		连续刚构			斜拉桥	
				标准跨径(m)						
				100 以内	150 以内	150 以内	200 以内	270 以内	300 以内	500 以内
				1	2	3	4	5	6	7
5	钢绞线	t	2001008	5.810	6.079	5.739	6.373	16.505	3.392	4.167
6	钢丝绳	t	2001019	0.079	0.085	0.025	0.029	0.033	0.023	0.022
7	8~12 号铁丝	kg	2001021	3.42	3.66	3.38	3.96	4.71	2.71	2.86
8	20~22 号铁丝	kg	2001022	66.90	59.94	64.63	75.12	92.37	74.43	83.98
9	波纹管钢带	t	2003002	0.075	0.115	0.069	0.138	0.246	0.076	0.096
10	型钢	t	2003004	0.330	0.352	0.282	0.351	0.391	0.445	0.401
11	钢板	t	2003005	0.066	0.070	0.073	0.098	0.101	0.939	1.006
12	钢管	t	2003008	0.059	0.052	0.100	0.088	0.095	0.332	0.375
13	支座预埋钢板	kg	2003013	57.34	23.07	52.97	9.28	2.56	16.13	11.48
14	钢管立柱	t	2003015	0.012	0.012	0.012	0.012	0.012	–	–
15	波形钢板	t	2003017	0.019	0.018	0.018	0.018	0.018	0.247	0.426
16	钢管桩	t	2003021	–	–	–	0.166	–	0.258	0.343
17	钢模板	t	2003025	0.746	0.798	0.751	0.873	1.033	0.828	0.878

单位:100m² 桥面

顺序号	项 目	单位	代 号	预应力混凝土梁						
				连续梁		连续刚构			斜拉桥	
				标准跨径(m)						
				100 以内	150 以内	150 以内	200 以内	270 以内	300 以内	500 以内
				1	2	3	4	5	6	7
18	组合钢模板	t	2003026	0.004	–	–	–	–	0.018	0.026
19	铸铁	kg	2003040	97.43	93.24	93.24	93.24	93.24	50.07	59.53
20	电焊条	kg	2009011	50.63	47.57	51.41	59.56	69.28	61.86	68.60
21	螺栓	kg	2009013	1.01	0.97	0.97	0.97	0.97	9.68	16.71
22	阻尼器	套	2009020	–	–	–	–	–	0.02	0.02
23	铁件	kg	2009028	45.45	45.18	39.26	42.95	47.54	39.80	46.48
24	铁钉	kg	2009030	2.19	2.36	2.83	3.31	3.95	1.26	1.34
25	铸铁管	kg	2009033	18.28	19.65	23.23	27.19	32.37	34.37	36.33
26	石油沥青	t	3001001	–	–	–	–	–	0.004	0.005
27	煤	t	3005001	–	–	–	–	–	0.003	0.005
28	水	m³	3005004	231.96	241.35	249.82	288.26	338.47	215.12	228.71
29	原木	m³	4003001	1.062	1.138	0.140	0.161	0.189	0.144	0.158
30	锯材	m³	4003002	1.003	1.074	0.907	1.055	1.250	0.605	0.641

单位:100m² 桥面

顺序号	项　目	单位	代　号	预应力混凝土梁						
				连续梁		连续刚构			斜拉桥	
				标准跨径(m)						
				100 以内	150 以内	150 以内	200 以内	270 以内	300 以内	500 以内
				1	2	3	4	5	6	7
31	聚四氟乙烯滑板	kg	5001001	6.53	7.02	10.31	12.07	14.36	4.16	4.40
32	塑料波纹管 SBG-50Y	m	5001035	118.20	102.14	–	36.08	–	58.55	0.22
33	塑料波纹管 SBG-60Y	m	5001036	29.29	–	9.97	–	–	9.13	116.52
34	塑料波纹管 SBG-75Y	m	5001037	135.90	–	258.53	17.82	–	124.82	52.35
35	塑料波纹管 SBG-100Y	m	5001038	156.99	223.06	103.74	211.01	777.63	61.49	93.58
36	塑料波纹管 SBG-130Y	m	5001039	–	22.63	–	41.79	–	–	10.94
37	压浆料	t	5003003	2.126	2.226	1.891	2.323	6.031	1.128	1.391
38	油漆	kg	5009002	1.21	1.16	1.16	1.16	1.16	0.62	0.74
39	桥面防水涂料	kg	5009005	173.89	166.40	166.40	166.40	166.40	–	–
40	环氧树脂	kg	5009009	2.39	1.01	2.14	0.43	0.13	0.99	0.85
41	油毛毡	m²	5009012	–	–	–	–	–	0.48	0.72
42	中(粗)砂	m³	5503005	59.82	61.89	66.11	76.09	89.13	54.48	57.96

单位:100m² 桥面

顺序号	项　目	单位	代　号	预应力混凝土梁						
				连续梁		连续刚构			斜拉桥	
				标准跨径(m)						
				100 以内	150 以内	150 以内	200 以内	270 以内	300 以内	500 以内
				1	2	3	4	5	6	7
43	砂砾	m³	5503007	12.56	13.43	16.10	18.57	22.11	40.00	42.28
44	天然砂砾	m³	5503008	1.45	–	–	–	–	–	–
45	碎石(2cm)	m³	5505012	63.44	68.19	71.14	83.28	99.13	62.65	66.76
46	碎石(4cm)	m³	5505013	13.72	12.25	13.03	13.45	13.99	9.45	9.81
47	青(红)砖	千块	5507003	1.46	–	–	–	–	–	–
48	32.5 级水泥	t	5509001	7.163	6.409	6.598	6.884	7.294	5.042	5.548
49	42.5 级水泥	t	5509002	–	–	59.752	69.951	83.261	–	–
50	52.5 级水泥	t	5509003	52.977	56.933	0.010	0.002	0.001	51.631	54.572
51	盆式橡胶支座(DX,3000kN)	套	6001061	0.02	–	0.02	0.03	0.02	0.01	
52	盆式橡胶支座(DX,4000kN)	套	6001067	0.09	0.13	0.04	–	0.02		
53	盆式橡胶支座(DX,5000kN)	套	6001070	–	–	0.06	0.03	–	0.01	0.02
54	盆式橡胶支座(DX,7000kN)	套	6001076	–	0.02	–	0.01	–	0.03	

顺序号	项　目	单位	代　号	预应力混凝土梁						
				连续梁		连续刚构			斜拉桥	
				标准跨径（m）						
				100 以内	150 以内	150 以内	200 以内	270 以内	300 以内	500 以内
				1	2	3	4	5	6	7
55	盆式橡胶支座（DX,10000kN）	套	6001085	0.02	–	–	0.02	–	0.01	0.01
56	盆式橡胶支座（DX,15000kN）	套	6001091	0.06	–	–	–	–	0.01	0.01
57	盆式橡胶支座（DX,20000kN）	套	6001097	0.08	0.03	–	–	–	–	0.01
58	盆式橡胶支座（DX,30000kN）	套	6001109	–	–	0.08	–	–	–	–
59	盆式橡胶支座（DX,35000kN）	套	6001115	–	–	–	–	–	–	0.01
60	盆式橡胶支座（DX,50000kN）	套	6001127	–	–	–	–	–	0.01	–
61	抗风支座	个	6001136	–	–	–	–	–	–	–
62	模数式伸缩装置 240 型	m	6003004	2.17	2.08	2.08	2.08	2.08	2.23	1.60
63	钢绞线圆锚（3 孔）	套	6005005	14.78	19.29	–	–	–	7.70	0.03
64	钢绞线圆锚（4 孔）	套	6005006	2.77	–	–	2.33	–	–	–
65	钢绞线圆锚（7 孔）	套	6005009	–	–	0.20	1.44	–	0.48	9.84
66	钢绞线圆锚（9 孔）	套	6005011	1.71	–	0.82	–	–	–	–
67	钢绞线圆锚（10 孔）	套	6005012	–	–	0.39	–	–	–	–

顺序号	项　目	单位	代　号	预应力混凝土梁						
				连续梁		连续刚构			斜拉桥	
				标准跨径（m）						
				100 以内	150 以内	150 以内	200 以内	270 以内	300 以内	500 以内
				1	2	3	4	5	6	7
68	钢绞线圆锚（12孔）	套	6005013	7.16	–	7.47	0.93	–	8.94	3.46
69	钢绞线圆锚（15孔）	套	6005015	1.28	–	0.37	1.07	–	–	–
70	钢绞线圆锚（17孔）	套	6005017	1.0	–	–	0.1	–	–	–
71	钢绞线圆锚（19孔）	套	6005018	8.50	10.17	6.32	5.89	28.09	1.44	3.35
72	钢绞线圆锚（22孔）	套	6005019	0.19	2.00	0.22	0.95	–	3.01	3.76
73	钢绞线圆锚（31孔）	套	6005021	–	0.37	–	2.84	–	–	0.80
74	精轧螺纹钢锚具	套	6005022	85.09	131.23	78.51	157.02	280.40	74.83	97.26
75	其他材料费	元	7801001	1180.2	1210.1	919.8	1025.2	1484.9	1170.1	1226.4
76	设备摊销费	元	7901001	12714.6	13665.7	18893.9	22173.2	26327.6	13163.7	13740.4
77	75kW 以内履带式推土机	台班	8001002	0.16	–	–	–	–	–	–
78	1.0m³ 以内轮胎式装载机	台班	8001045	0.16	–	–	–	–	–	–
79	8～10t 光轮压路机	台班	8001079	0.06	–	–	–	–	–	–

顺序号	项　目	单位	代　号	预应力混凝土梁						
				连续梁		连续刚构			斜拉桥	
				标准跨径(m)						
				100 以内	150 以内	150 以内	200 以内	270 以内	300 以内	500 以内
				1	2	3	4	5	6	7
80	12～15t 光轮压路机	台班	8001081	0.05	0.05	0.06	0.07	0.09	0.16	0.17
81	18～21t 光轮压路机	台班	8001083	0.02	0.02	0.02	0.02	0.03	0.06	0.07
82	4000L 以内沥青洒布车	台班	8003038	0.01	0.01	0.01	0.01	0.01	－	－
83	混凝土电动刻纹机	台班	8003083	0.46	0.44	0.44	0.44	0.44	－	－
84	混凝土电动切缝机	台班	8003085	－	－	－	－	－	0.62	0.62
85	250L 以内强制式混凝土搅拌机	台班	8005002	0.18	0.11	0.11	0.11	0.11	0.06	0.07
86	6m³ 以内混凝土搅拌运输车	台班	8005031	0.63	－	－	－	－	－	－
87	60m³/h 以内混凝土输送泵	台班	8005051	0.94	1.00	1.04	1.20	1.41	0.84	0.88
88	60m³/h 以内混凝土搅拌站	台班	8005060	0.17	－	－	－	－	－	－
89	900kN 以内预应力拉伸机	台班	8005074	1.35	2.08	1.25	2.49	4.45	1.20	1.56
90	智能张拉系统	台班	8005079	3.14	2.55	1.74	1.93	3.40	1.68	1.95
91	波纹管卷制机	台班	8005082	0.6	0.92	0.55	1.10	1.97	0.61	0.77

顺序号	项　目	单位	代　号	预应力混凝土梁						
				连续梁		连续刚构			斜拉桥	
				标准跨径（m）						
				100 以内	150 以内	150 以内	200 以内	270 以内	300 以内	500 以内
				1	2	3	4	5	6	7
92	智能压浆系统	台班	8005084	0.22	0.23	0.19	0.24	0.65	0.11	0.15
93	4t 以内载货汽车	台班	8007003	－	－	－	－	－	0.24	0.37
94	20t 以内载货汽车	台班	8007010	－	－	－	0.19	－	0.30	0.40
95	40t 以内平板拖车组	台班	8007026	0.05	－	－	－	－	－	－
96	1t 以内机动翻斗车	台班	8007046	0.11	0.10	0.10	0.10	0.10	0.43	0.44
97	12t 以内汽车式起重机	台班	8009027	0.13	0.09	0.09	0.09	0.09	0.99	1.08
98	16t 以内汽车式起重机	台班	8009028	0.01	－	0.04	－	－	－	－
99	20t 以内汽车式起重机	台班	8009029	0.03	0.03	0.03	0.01	0.01	0.01	0.01
100	25t 以内汽车式起重机	台班	8009030	－	－	－	－	－	－	－
101	30t 以内汽车式起重机	台班	8009031	0.14	0.01	0.02	0.29	－	0.87	0.87
102	30kN 以内单筒慢动电动卷扬机	台班	8009080	35.07	37.69	43.67	51.12	60.85	30.08	31.79
103	50kN 以内单筒慢动电动卷扬机	台班	8009081	7.26	7.93	8.28	10.24	12.10	8.37	8.82

单位:100m² 桥面

顺序号	项　目	单位	代　号	预应力混凝土梁						
				连续梁		连续刚构			斜拉桥	
				标准跨径(m)						
				100 以内	150 以内	150 以内	200 以内	270 以内	300 以内	500 以内
				1	2	3	4	5	6	7
104	100m 以内双笼施工电梯	台班	8009131	–	–	–	–	–	8.13	9.58
105	ϕ100mm 电动多级水泵(≤120m)	台班	8013011	3.16	3.4	3.68	4.31	5.13	3.28	3.47
106	32kV·A 以内交流电弧焊机	台班	8015028	8.40	7.84	8.27	9.61	11.01	9.61	10.42
107	100kV·A 以内交流对焊机	台班	8015048	0.53	0.47	0.51	0.6	0.75	0.62	0.70
108	368kW 以内内燃拖轮	台班	8019007	0.03	0.06	0.06	0.07	0.09	0.03	0.02
109	100m³/h 以内混凝土搅拌船	台班	8019056	–	–	–	–	–	1.08	0.57
110	150m³/h 以内混凝土搅拌船	台班	8019058	0.42	0.90	0.94	1.08	1.27	–	–
111	123kW 以内机动艇	台班	8019062	0.08	0.17	0.17	0.20	0.24	0.11	0.06
112	小型机具使用费	元	8099001	1909.6	2012.2	1925.6	2578.2	3241.1	1913.5	2167.2
113	基价	元	9999001	271431	281047	279755	325351	454904	287222	303494

顺序号	项 目	单位	代 号	箱形拱		钢管拱
				标准跨径(>100m)(m)		
				150 以内	200 以内	240 以内
				8	9	10
1	人工	工日	1001001	1447.1	1498.9	657.5
2	HPB300 钢筋	t	2001001	8.599	11.247	1.651
3	HRB400 钢筋	t	2001002	21.657	25.281	8.570
4	钢绞线	t	2001008	–	–	2.613
5	吊索	t	2001018	–	–	2.187
6	钢丝绳	t	2001019	0.151	0.210	0.173
7	8～12 号铁丝	kg	2001021	27.30	26.19	3.78
8	20～22 号铁丝	kg	2001022	105.15	139.54	30.09
9	索道钢丝绳	t	2001034	0.808	0.983	0.530
10	型钢	t	2003004	1.175	0.532	0.473
11	钢板	t	2003005	1.786	1.528	0.832
12	钢管	t	2003008	0.089	0.062	0.242
13	钢模板	t	2003025	2.751	0.365	0.400

顺序号	项　目	单位	代　号	箱形拱		钢管拱
				标准跨径(>100m)(m)		
				150 以内	200 以内	240 以内
				8	9	10
14	组合钢模板	t	2003026	0.094	0.214	0.021
15	钢管拱肋	t	2003039	–	–	35.913
16	铸铁	kg	2003040	86.72	77.07	62.92
17	铁皮	m²	2003044	12.89	14.05	–
18	钢钎	kg	2009002	0.16	1.43	–
19	电焊条	kg	2009011	169.07	165.13	255.87
20	钢筋连接套筒	个	2009012	–	–	–
21	螺栓	kg	2009013	224.90	235.34	18.68
22	铁件	kg	2009028	218.42	216.64	62.49
23	铁钉	kg	2009030	22.76	25.75	0.12
24	铸铁管	kg	2009033	159.04	5.21	42.36
25	石油沥青	t	3001001	0.015	0.013	0.001
26	煤	t	3005001	0.014	0.020	–
27	水	m³	3005004	462.88	371.75	212.80
28	原木	m³	4003001	4.997	3.501	0.247

顺序号	项　目	单位	代　号	箱形拱		钢管拱
				标准跨径(＞100m)(m)		
				150 以内	200 以内	240 以内
				8	9	10
29	锯材	m³	4003002	3.832	4.185	0.800
30	塑料波纹管 SBG-60Y	m	5001036	–	–	154.2
31	塑料波纹管 SBG-75Y	m	5001037	–	–	43.23
32	压浆料	t	5003003	–	–	0.609
33	硝铵炸药	kg	5005002	0.80	7.13	–
34	非电毫秒雷管	个	5005008	0.87	7.76	–
35	导爆索	m	5005009	0.46	4.12	–
36	油漆	kg	5009002	1.08	0.96	0.78
37	桥面防水涂料	kg	5009005	–	–	160.03
38	油毛毡	m²	5009012	1.94	1.73	23.02
39	中(粗)砂	m³	5503005	144.08	116.67	61.28
40	砂砾	m³	5503007	133.35	30.70	21.63
41	天然砂砾	m³	5503008	12.97	20.94	2.90
42	片石	m³	5505005	8.65	5.61	0.67
43	碎石(2cm)	m³	5505012	170.56	113.17	30.94

单位:100m² 桥面

顺序号	项 目	单位	代 号	箱形拱		钢管拱
				标准跨径(>100m)(m)		
				150 以内	200 以内	240 以内
				8	9	10
44	碎石(4cm)	m³	5505013	72.92	80.76	57.07
45	碎石(8cm)	m³	5505015	2.83	2.52	–
46	青(红)砖	千块	5507003	4.39	5.68	2.93
47	32.5 级水泥	t	5509001	48.004	51.729	26.872
48	42.5 级水泥	t	5509002	78.666	45.305	–
49	52.5 级水泥	t	5509003	–	–	28.431
50	四氟板式橡胶组合支座	dm³	6001002	–	2.30	1.89
51	板式橡胶支座	dm³	6001003	9.46	32.85	19.30
52	模数式伸缩装置 240 型	m	6003004	–	–	2.19
53	板式橡胶伸缩缝	m	6003010	1.68	1.16	–
54	钢绞线圆锚(3 孔)	套	6005005	–	–	–
55	钢绞线圆锚(4 孔)	套	6005006	–	–	–
56	钢绞线圆锚(7 孔)	套	6005009	–	–	28.85
57	钢绞线圆锚(9 孔)	套	6005011	–	–	–
58	钢绞线圆锚(10 孔)	套	6005012	–	–	–

单位:100m² 桥面

顺序号	项 目	单位	代 号	箱形拱		钢管拱
				标准跨径(>100m)(m)		
				150 以内	200 以内	240 以内
				8	9	10
59	钢绞线圆锚(12孔)	套	6005013	–	–	2.87
60	其他材料费	元	7801001	1393.2	1277.5	12084.2
61	设备摊销费	元	7901001	9243.4	14161.2	2847.0
62	75kW 以内履带式推土机	台班	8001002	0.49	0.64	0.33
63	135kW 以内履带式推土机	台班	8001006	0.49	1.15	–
64	1.0m³ 以内轮胎式装载机	台班	8001045	0.49	0.64	0.33
65	8~10t 光轮压路机	台班	8001079	0.19	0.24	0.12
66	12~15t 光轮压路机	台班	8001081	0.62	0.37	0.09
67	18~21t 光轮压路机	台班	8001083	0.20	0.01	0.04
68	4000L 以内沥青洒布车	台班	8003038	–	–	0.01
69	混凝土电动刻纹机	台班	8003083	–	–	0.57
70	混凝土电动切缝机	台班	8003085	0.90	0.87	0.04
71	250L 以内强制式混凝土搅拌机	台班	8005002	0.43	0.49	0.21

顺序号	项　目	单位	代　号	箱形拱		钢管拱
				标准跨径(>100m)(m)		
				150 以内	200 以内	240 以内
				8	9	10
72	6m³ 以内混凝土搅拌运输车	台班	8005031	1.96	2.55	1.32
73	60m³/h 以内混凝土输送泵	台班	8005051	－	－	1.61
74	60m³/h 以内混凝土搅拌站	台班	8005060	0.53	0.68	0.35
75	3000kN 以内预应力拉伸机	台班	8005076	－	－	49.77
76	智能张拉系统	台班	8005079	－	－	1.92
77	波纹管卷制机	台班	8005082	－	－	－
78	智能压浆系统	台班	8005084	－	－	0.07
79	4t 以内载货汽车	台班	8007003	1.07	0.95	－
80	40t 以内平板拖车组	台班	8007026	0.15	0.20	0.10
81	60t 以内平板拖车组	台班	8007028	0.62	1.09	－
82	1t 以内机动翻斗车	台班	8007046	0.63	0.68	0.09
83	25t 以内轮胎式起重机	台班	8009021	－	－	0.23
84	8t 以内汽车式起重机	台班	8009026	－	－	1.16

顺序号	项目	单位	代号	箱形拱		钢管拱
				标准跨径(>100m)(m)		
				150以内	200以内	240以内
				8	9	10
85	12t以内汽车式起重机	台班	8009027	0.11	0.22	0.16
86	20t以内汽车式起重机	台班	8009029	6.28	–	–
87	25t以内汽车式起重机	台班	8009030	11.52	2.18	–
88	30t以内汽车式起重机	台班	8009031	0.28	0.37	0.19
89	30kN以内单筒慢动电动卷扬机	台班	8009080	20.02	21.68	20.27
90	50kN以内单筒慢动电动卷扬机	台班	8009081	86.73	109.65	36.22
91	80kN以内单筒慢动电动卷扬机	台班	8009082	1.77	3.08	–
92	100kN以内单筒慢动电动卷扬机	台班	8009083	–	–	11.17
93	32kV·A以内交流电弧焊机	台班	8015028	29.85	30.71	17.21
94	42kV·A以内交流电弧焊机	台班	8015029	–	–	–
95	100kV·A以内交流对焊机	台班	8015048	0.60	0.64	0.22
96	小型机具使用费	元	8099001	1484.9	1583.4	1068.0
97	基价	元	9999001	459382	440788	608526

单位:10t

顺序号	项 目	单位	代 号	斜拉桥		悬索桥主缆	钢箱梁
				平行钢丝	钢绞丝		
				11	12	13	14
1	人工	工日	1001001	149.90	289.40	101.20	28.50
2	HPB300 钢筋	t	2001001	–	–	–	0.003
3	HRB400 钢筋	t	2001002	–	–	–	0.029
4	预应力粗钢筋	t	2001006	–	–	0.003	–
5	钢绞线	t	2001008	–	–	0.003	0.007
6	镀锌高强钢丝	t	2001014	–	–	0.259	–
7	平行钢丝斜拉索	t	2001015	10.000	–	–	–
8	钢绞线斜拉索	t	2001016	–	10.000	–	–
9	主缆索股	t	2001017	–	–	10.000	–
10	吊索	t	2001018	–	–	0.381	–
11	钢丝绳	t	2001019	0.041	0.029	0.141	0.180
12	8~12 号铁丝	kg	2001021	–	–	1.38	0.11
13	20~22 号铁丝	kg	2001022	–	–	–	0.07
14	镀锌高强钢丝绳	t	2001027	–	–	0.255	–

单位:10t

顺序号	项 目	单位	代 号	斜拉桥		悬索桥主缆	钢箱梁
				平行钢丝	钢绞丝		
				11	12	13	14
15	猫道编织网	m²	2001030	–	–	61.49	–
16	紧缆钢带	t	2003003	–	–	0.006	–
17	型钢	t	2003004	0.140	0.248	0.425	0.316
18	钢板	t	2003005	0.007	0.097	0.077	0.072
19	钢管	t	2003008	0.040	0.028	0.080	0.003
20	支座预埋钢板	kg	2003013	–	–	–	1.12
21	钢板桩	t	2003020	–	–	–	0.005
22	钢管桩	t	2003021	–	–	–	0.549
23	钢护筒	t	2003022	–	–	–	0.016
24	钢套箱	t	2003023	–	–	–	0.001
25	钢模板	t	2003025	–	–	–	0.001
26	钢格栅	t	2003029	–	–	0.021	–
27	索鞍构件	t	2003030	–	–	0.959	–

单位:10t

顺序号	项 目	单位	代 号	斜拉桥		悬索桥主缆	钢箱梁
				平行钢丝	钢绞丝		
				11	12	13	14
28	套管及拉杆构件	t	2003032	–	–	0.016	–
29	钢箱梁	t	2003036	–	–	–	10
30	不锈钢板	kg	2005002	–	–	86.27	0.44
31	不锈钢滑板	kg	2005003	–	–		0.38
32	斜拉索减振器	个	2009001	1.90	1.99	–	–
33	电焊条	kg	2009011	8.50	2.10	5.29	9.11
34	钢筋连接套筒	个	2009012	–	–	–	0.24
35	螺栓	kg	2009013	–	–	–	36.76
36	索夹	t	2009019	–	–	0.307	–
37	铁件	kg	2009028	–	–	2.78	29.29
38	铁钉	kg	2009030	–	–	–	0.06
39	水	m³	3005004	–	–	0.02	1.95
40	原木	m³	4003001	–	–	–	0.556

顺序号	项　目	单位	代　号	斜拉桥		悬索桥主缆	钢箱梁
				平行钢丝	钢绞丝		
				11	12	13	14
41	锯材	m³	4003002	0.030	0.040	0.421	0.302
42	枕木	m³	4003003	–	–	–	0.003
43	聚四氟乙烯滑块	块	5001002	–	–	–	0.32
44	橡胶条	kg	5001004	–	–	1.86	–
45	塑料波纹管 SBG-130Y	m	5001039	–	–	–	0.18
46	压浆料	t	5003003	–	–	–	0.002
47	环氧树脂	kg	5009009	–	–	–	0.11
48	黏土	m³	5501003	–	–	–	0.40
49	中(粗)砂	m³	5503005	–	–	0.01	0.26
50	砂砾	m³	5503007	–	–	–	3.82
51	碎石(2cm)	m³	5505012	–	–	0.01	–
52	碎石(4cm)	m³	5505013	–	–	–	0.36
53	32.5 级水泥	t	5509001	–	–	–	0.198

顺序号	项　目	单位	代　号	斜拉桥		悬索桥主缆	钢箱梁
				平行钢丝	钢绞丝		
				11	12	13	14
54	42.5 级水泥	t	5509002	–	–	0.002	0.010
55	52.5 级水泥	t	5509003	–	–	0.007	0.001
56	模数式伸缩装置 240 型	m	6003004	–	–	–	0.73
57	钢绞线圆锚(19 孔)	套	6005018	–	–	0.03	–
58	钢绞线圆锚(31 孔)	套	6005021	–	–	–	0.01
59	其他材料费	元	7801001	518.2	641.2	2153.3	2093.6
60	设备摊销费	元	7901001	–	–	3921.3	396.0
61	1.0m³ 以内轮胎式装载机	台班	8001045	–	4.85	–	–
62	12 ~ 15t 光轮压路机	台班	8001081	–	–	–	0.02
63	18 ~ 21t 光轮压路机	台班	8001083	–	–	–	0.01
64	6m³ 以内混凝土搅拌运输车	台班	8005031	–	–	–	0.01
65	600t 以内连续桥梁顶推设备	台班	8005072	–	–	0.07	0.41
66	900kN 以内预应力拉伸机	台班	8005074	–	10.82	0.15	–

顺序号	项 目	单位	代 号	斜拉桥		悬索桥主缆	钢箱梁
				平行钢丝	钢绞丝		
				11	12	13	14
67	3000kN以内预应力拉伸机	台班	8005076	19.52	–	0.05	–
68	5000kN以内预应力拉伸机	台班	8005077	–	10.82	–	–
69	钢绞线拉伸设备	台班	8005078	–	–	5.79	–
70	6t以内载货汽车	台班	8007005	–	–	0.01	–
71	8t以内载货汽车	台班	8007006	–	4.53	0.03	–
72	10t以内载货汽车	台班	8007007	–	–	0.50	–
73	20t以内载货汽车	台班	8007010	–	–	–	0.06
74	20t以内平板拖车组	台班	8007024	–	–	0.11	–
75	30t以内平板拖车组	台班	8007025	0.62	–	–	–
76	100t以内平板拖车组	台班	8007030	–	–	1.29	–
77	50t以内履带式起重机	台班	8009007	–	–	–	0.01
78	80t以内履带式起重机	台班	8009010	–	–	0.01	–
79	12t以内汽车式起重机	台班	8009027	–	–	0.06	1.14

顺序号	项 目	单位	代 号	斜拉桥		悬索桥主缆	钢箱梁
				平行钢丝	钢绞丝		
				11	12	13	14
80	16t 以内汽车式起重机	台班	8009028	–	4.94	0.01	–
81	20t 以内汽车式起重机	台班	8009029	0.62	–	0.02	0.01
82	25t 以内汽车式起重机	台班	8009030	–	–	0.28	–
83	30t 以内汽车式起重机	台班	8009031	–	–	–	0.14
84	40t 以内汽车式起重机	台班	8009032	0.62	–	–	–
85	75t 以内汽车式起重机	台班	8009034	–	–	0.01	–
86	12t 以内 150m 高塔式起重机	台班	8009056	–	–	0.45	–
87	12t 以内 200m 高塔式起重机	台班	8009057	–	–	1.18	–
88	跨缆吊机	台班	8009075	–	–	–	0.08
89	30kN 以内单筒慢动电动卷扬机	台班	8009080	–	24.80	–	0.23
90	50kN 以内单筒慢动电动卷扬机	台班	8009081	20.30	17.33	4.86	0.21
91	80kN 以内单筒慢动电动卷扬机	台班	8009082	9.87	–	2.41	1.51
92	100kN 以内单筒慢动电动卷扬机	台班	8009083	–	–	0.59	–

单位:10t

顺序号	项　目	单位	代　号	斜拉桥		悬索桥主缆	钢箱梁
				平行钢丝	钢绞丝		
				11	12	13	14
93	300kN 以内单筒慢动电动卷扬机	台班	8009085	–	–	2.51	–
94	250kN 以内双筒慢动电动卷扬机	台班	8009098	–	–	0.60	–
95	150m 以内单笼施工电梯	台班	8009130	–	–	0.45	–
96	200m 以内双笼施工电梯	台班	8009132	–	–	1.18	–
97	300kN 以内振动打拔桩机	台班	8011008	–	–	–	0.01
98	300kN 以内振动打拔桩锤	台班	8011012	–	–	–	0.01
99	600kN 以内振动打拔桩锤	台班	8011014	–	–	–	0.01
100	ϕ1500mm 以内回旋钻机	台班	8011035				0.05
101	泥浆搅拌机	台班	8011057				0.01
102	钢缆缠丝机	台班	8015011	–	–	0.53	–
103	钢缆压紧机	台班	8015012	–	–	0.21	–
104	32kV·A 以内交流电弧焊机	台班	8015028	35.45	–	1.65	1.00
105	50kV·A 以内短臂交流点焊机	台班	8015051	–	–	–	0.19

顺序号	项目	单位	代号	斜拉桥		悬索桥主缆	钢箱梁
				平行钢丝	钢绞丝		
				11	12	13	14
106	75kV·A 以内长臂交流点焊机	台班	8015052	–	–	0.32	–
107	88kW 以内内燃拖轮	台班	8019002	–	–	–	0.01
108	221kW 以内内燃拖轮	台班	8019005	–	–	0.01	0.18
109	80t 以内工程驳船	台班	8019020	–	–	–	0.01
110	100t 以内工程驳船	台班	8019021	–	–	–	0.10
111	200t 以内工程驳船	台班	8019023	–	–	–	0.82
112	300t 以内工程驳船	台班	8019024	–	–	0.03	–
113	334kN·m 以内船用柴油打桩锤	台班	8019041	–	–	–	0.64
114	198kW 以内机动艇	台班	8019063	–	–	0.01	–
115	小型机具使用费	元	8099001	93.6	29.9	733.7	66.7
116	基价	元	9999001	196855	220678	205013	113403

第五章 交 叉 工 程

说 明

本章指标包括互通式立体交叉、分离式立体交叉、立体交叉被交道、平面交叉、通道、人行天桥及渡槽等项目。

1. 互通式立体交叉：

(1) 匝道指标包括路基、路面、构造物以及其他附属设施等全部工程内容。

(2) 匝道指标是按注明的匝道路基宽度编制的；当设计匝道宽度与指标注明宽度值不同时，可按如下系数调整指标：

$$K = \frac{0.8(W_1 - W_0)}{W_0} + 1$$

式中：K——指标调整系数；

W_1——设计匝道路基宽度(m)；

W_0——匝道指标中所注明的匝道路基宽度(m)。

(3) 平原微丘区匝道若为借土填方，借方运距在 3km 以内时，指标不另增加费用；借方运距在 3km 以上时，则需按路基工程中土石方运输指标另计借方运输费用。

2. 分离式立体交叉：

(1) 分离式立体交叉的桥梁工程按第四章中的桥梁指标进行计算。

（2）顶进箱涵指标包括箱涵预制、顶进及洞口工程等内容。不含既有铁路线加固及防护网等工程，需要时另行计算。

3. 被交道指标包括路基、路面、构造物以及其他附属设施等全部工程内容。本指标仅指被交道的整修工程，如被交道属改线或为规划路、等级提高（改建）等情况，应根据设计数量套用相应的指标另行计算。

4. 平面交叉指标包括路基、路面、构造物以及其他附属设施等全部工程内容。

5. 通道：

（1）本指标仅适用于跨径为5m以内的涵式通道，桥式通道采用第四章的桥梁指标计算。

（2）通道指标包括通道本身、通道内路面等全部工程内容。指标中通道洞口按一般常用的标准洞口计算，1道通道按2座洞口计算，如通道只有1座洞口，则按0.5道计算；当为特殊洞口及有洞外工程时，可根据设计工程量，按照《公路工程概算定额》（JTG/T 3831—2018）计算。

（3）若有双孔通道时，按照单孔指标乘以第四章涵洞工程说明中盖板涵的双孔系数计算。

6. 人行天桥及渡槽仅适用于混凝土结构，不适用于钢结构。

7. 工程量计算规则：

（1）匝道工程量按匝道路基长度计算。

（2）匝道桥工程量按桥面面积计算，桥面面积的计算方法同第四章的规定。

（3）顶进箱涵的工程量为箱涵外缘宽度与箱涵长度的乘积。

（4）被交道工程量按设计整修长度计算。

（5）平面交叉工程量按需要设置的交叉处数量计算。

（6）通道洞身工程量按需要设置的总长度计算，洞口按需要设置的洞口数量计算。

（7）人行天桥和渡槽工程量按桥梁（渡槽）两端桥台台尾之间的水平距离（全桥长）乘以桥梁梁板或槽口外缘的宽度，以面积计算。

5-1 互通式立体交叉

工程内容 匝道:路基土、石方、排水与防护,特殊路基处理,路面,涵洞等工程的全部工作。

匝道桥:基础、下部、上部、桥面系(不含桥面面层铺装)、桥台等工程的全部工作。

单位:1km

顺序号	项 目	单位	代 号	匝道							
				平原微丘区				山岭重丘区			
				匝道宽度(m)							
				8.5	10.5	12.0	15.5	8.5	10.5	12.0	15.5
				1	2	3	4	5	6	7	8
1	人工	工日	1001001	7559.8	8265.8	8951.3	9982.5	13540.0	14821.3	15890.9	18626.6
2	HPB300 钢筋	t	2001001	2.911	3.465	3.847	4.696	5.906	5.616	6.027	7.845
3	HRB400 钢筋	t	2001002	12.175	14.376	15.977	19.522	28.463	33.249	36.685	45.466
4	钢丝绳	t	2001019	0.042	0.051	0.058	0.067	0.101	0.119	0.126	0.174
5	8~12 号铁丝	kg	2001021	92.35	93.89	94.98	96.60	411.89	414.20	415.04	421.12
6	20~22 号铁丝	kg	2001022	80.75	91.83	99.87	117.85	121.73	138.53	150.74	181.84
7	铁丝编织网	m²	2001026	109.86	109.86	109.86	109.86	533.17	533.17	533.17	533.18
8	型钢	t	2003004	0.678	0.729	0.769	0.857	0.898	0.963	1.013	1.166
9	钢板	t	2003005	0.033	0.037	0.040	0.046	0.162	0.165	0.168	0.178

顺序号	项 目	单位	代 号	匝道							
				平原微丘区				山岭重丘区			
				匝道宽度(m)							
				8.5	10.5	12.0	15.5	8.5	10.5	12.0	15.5
				1	2	3	4	5	6	7	8
10	钢轨	t	2003007	0.015	0.018	0.020	0.026	–	–	–	–
11	钢管	t	2003008	0.158	0.189	0.268	0.245	0.417	0.494	0.525	0.713
12	钢模板	t	2003025	1.820	2.041	2.195	2.463	3.189	3.711	3.959	5.159
13	组合钢模板	t	2003026	0.433	0.460	0.484	0.529	0.909	0.945	0.976	1.053
14	门式钢支架	t	2003027	0.007	0.009	0.010	0.013	0.046	0.057	0.065	0.084
15	铸铁	kg	2003040	–	–	101.13	–	–	–	–	–
16	空心钢钎	kg	2009003	82.49	95.16	105.28	122.97	747.30	889.74	1001.75	1263.54
17	φ50mm以内合金钻头	个	2009004	131.19	152.78	170.03	200.18	1035.17	1231.71	1386.25	1747.49
18	电焊条	kg	2009011	22.03	26.43	29.43	36.52	116.87	139.34	155.49	198.16
19	螺栓	kg	2009013	90.67	109.40	122.67	141.40	212.65	250.51	263.75	364.08
20	铁件	kg	2009028	340.45	379.34	423.99	463.50	1640.90	1704.59	1736.55	1895.11
21	铁钉	kg	2009030	21.46	25.69	28.62	35.03	34.16	38.05	40.11	48.62
22	U形锚钉	kg	2009034	361.73	377.33	388.18	440.27	854.23	859.73	863.55	872.86

顺序号	项目	单位	代号	匝道							
				平原微丘区				山岭重丘区			
				匝道宽度(m)							
				8.5	10.5	12.0	15.5	8.5	10.5	12.0	15.5
				1	2	3	4	5	6	7	8
23	石油沥青	t	3001001	110.008	136.162	155.076	200.131	109.992	135.739	155.06	200.115
24	改性沥青	t	3001002	49.473	61.114	69.845	90.216	49.473	61.114	69.845	90.216
25	煤	t	3005001	3.952	4.882	5.580	7.207	3.958	4.888	5.586	7.213
26	水	m³	3005004	6206.06	6547.67	6797.24	7351.95	8714.90	9115.77	9397.12	10217.51
27	原木	m³	4003001	1.073	1.093	1.109	1.139	4.730	4.795	4.841	4.960
28	锯材	m³	4003002	3.246	3.670	3.962	4.563	5.809	6.357	6.657	7.869
29	枕木	m³	4003003	0.011	0.013	0.015	0.020	–	–	–	–
30	草籽	kg	4013001	139.46	139.46	139.46	139.46	148.98	148.98	148.98	148.98
31	草皮	m²	4013002	355.57	355.57	355.57	355.57	–	–	–	–
32	三维植被网	m²	5001009	1175.89	1175.89	1175.89	1175.89	3294.17	3294.17	3294.17	3294.17
33	PVC 塑料管(φ50mm)	m	5001013	56.30	56.30	56.30	56.30	171.58	171.58	171.58	171.58
34	塑料打孔波纹管(φ100mm)	m	5001031	279.02	345.99	390.63	502.24	111.61	138.40	156.25	200.90
35	塑料排水板	m	5001051	1944.75	2353.14	2742.09	3539.44	–	–	–	–

顺序号	项目	单位	代号	匝道							
				平原微丘区				山岭重丘区			
				匝道宽度(m)							
				8.5	10.5	12.0	15.5	8.5	10.5	12.0	15.5
				1	2	3	4	5	6	7	8
36	纤维稳定剂	t	5003001	0.07	0.09	0.10	0.13	0.07	0.09	0.10	0.13
37	硝铵炸药	kg	5005002	967.30	1128.32	1257.01	1481.86	7486.06	8908.93	10027.75	12643.12
38	非电毫秒雷管	个	5005008	1091.39	1273.67	1419.33	1673.78	8932.88	10657.93	12014.69	15186.60
39	导爆索	m	5005009	573.61	670.48	747.90	883.18	4308.59	5126.95	5770.44	7274.68
40	土工布	m²	5007001	1473.83	1827.55	2075.07	2676.32	559.74	694.08	788.02	1016.30
41	土工格栅	m²	5007003	1530.67	1898.03	2158.25	2998.16	508.12	630.07	716.45	924.78
42	油漆	kg	5009002	–	–	1.26	–	–	–	–	–
43	油毛毡	m²	5009012	44.29	54.93	62.46	73.09	108.52	130.22	146.50	195.33
44	黏土	m³	5501003	7.36	7.36	7.36	7.36	42.26	42.26	42.26	42.26
45	种植土	m³	5501007	860.35	860.35	860.35	860.35	677.69	677.69	677.69	677.69
46	植物营养土	m³	5501008	41.75	41.75	41.75	41.75	141.95	141.95	141.95	141.95
47	熟石灰	t	5503003	12.051	14.943	16.871	21.692	12.051	14.943	16.871	21.692
48	中(粗)砂	m³	5503005	1685.19	1804.87	1901.63	2102.09	2698.20	2848.23	2952.53	3267.44

顺序号	项 目	单位	代 号	匝道							
				平原微丘区				山岭重丘区			
				匝道宽度（m）							
				8.5	10.5	12.0	15.5	8.5	10.5	12.0	15.5
				1	2	3	4	5	6	7	8
49	路面用机制砂	m³	5503006	167.37	206.75	236.29	305.21	167.37	206.75	236.29	305.21
50	砂砾	m³	5503007	3043.89	3468.23	3756.60	4469.31	3271.20	3566.24	3768.99	4268.54
51	天然砂砾	m³	5503008	18.76	22.51	26.27	33.77	18.76	22.51	26.27	33.77
52	石渣	m³	5503012	–	–	–	–	53.46	66.30	74.85	96.24
53	矿粉	t	5503013	137.761	170.457	194.494	251.215	137.761	170.176	194.494	251.215
54	石屑	m³	5503014	–	–	–	–	0.14	0.14	0.14	0.14
55	路面用石屑	m³	5503015	380.39	471.22	537.05	693.67	380.39	469.89	537.05	693.67
56	片石	m³	5505005	2642.21	2687.91	2730.27	2811.02	4755.45	4810.64	4853.63	4975.87
57	大卵石	m³	5505008	2.40	2.97	3.38	4.37	0.90	1.11	1.27	1.64
58	碎石(2cm)	m³	5505012	210.63	215.16	218.18	225.57	183.49	186.52	188.62	194.02
59	碎石(4cm)	m³	5505013	849.81	984.86	1086.90	1307.64	1137.32	1314.17	1433.76	1793.27
60	碎石(8cm)	m³	5505015	47.35	54.69	59.89	67.23	282.66	296.75	299.15	339.02
61	碎石	m³	5505016	8496.81	10624.30	11977.66	15458.46	7436.78	9188.77	10494.25	13550.43

顺序号	项目	单位	代号	匝道							
				平原微丘区				山岭重丘区			
				匝道宽度(m)							
				8.5	10.5	12.0	15.5	8.5	10.5	12.0	15.5
				1	2	3	4	5	6	7	8
62	路面用碎石(1.5cm)	m³	5505017	841.86	1043.55	1188.54	1535.16	841.86	1039.91	1188.54	1535.16
63	路面用碎石(2.5cm)	m³	5505018	490.29	605.68	692.22	894.09	490.29	605.68	692.22	894.09
64	路面用碎石(3.5cm)	m³	5505019	34.01	42.01	48.02	62.02	34.01	42.01	48.02	62.02
65	块石	m³	5505025	234.32	277.41	319.97	404.36	238.18	280.04	321.75	405.59
66	粗料石	m³	5505029	0.67	0.67	0.67	0.67	0.96	0.96	0.96	0.96
67	青(红)砖	千块	5507003	18.93	22.72	26.51	34.08	18.93	22.72	26.51	34.08
68	32.5级水泥	t	5509001	1225.256	1427.629	1564.983	1896.007	1577.262	1789.479	1942.613	2340.795
69	其他材料费	元	7801001	60222.1	63057.4	65161.4	69902.6	57728.9	51158.3	62043.0	68986.5
70	设备摊销费	元	7901001	6915.3	8412.9	9717.1	12518.6	6915.3	8404.7	9717.1	12518.6
71	75kW以内履带式推土机	台班	8001002	4.36	5.40	6.12	7.88	2.78	3.44	3.91	5.04
72	90kW以内履带式推土机	台班	8001003	2.55	3.08	3.46	4.48	7.90	9.48	10.66	13.82
73	105kW以内履带式推土机	台班	8001004	5.6	6.94	7.84	10.08	36.44	45.18	51.01	65.59
74	135kW以内履带式推土机	台班	8001006	5.08	6.10	6.86	8.65	15.05	18.0	20.31	25.81

顺序号	项　　目	单位	代　号	匝道							
				平原微丘区				山岭重丘区			
				匝道宽度（m）							
				8.5	10.5	12.0	15.5	8.5	10.5	12.0	15.5
				1	2	3	4	5	6	7	8
75	165kW 以内履带式推土机	台班	8001007	28.25	33.90	38.13	49.43	45.51	54.61	61.44	79.64
76	0.6m³ 以内履带式液压单斗挖掘机	台班	8001025	14.99	15.94	16.80	18.69	17.44	18.37	19.22	21.09
77	1.0m³ 以内履带式液压单斗挖掘机	台班	8001027	9.05	10.57	11.71	14.74	26.51	31.82	35.79	46.40
78	2.0m³ 以内履带式液压单斗挖掘机	台班	8001030	76.97	92.61	104.42	134.95	100.13	120.67	136.21	176.74
79	1.0m³ 以内履带式机械单斗挖掘机	台班	8001035	1.63	1.66	1.69	1.72	5.85	5.93	5.98	6.15
80	1.0m³ 以内轮胎式装载机	台班	8001045	21.64	22.09	22.41	23.11	39.06	39.63	39.99	41.11
81	2.0m³ 以内轮胎式装载机	台班	8001047	8.72	9.90	10.82	12.67	80.56	95.34	106.99	134.17
82	3.0m³ 以内轮胎式装载机	台班	8001049	23.21	28.64	32.29	41.75	26.16	31.94	36.27	46.91
83	120kW 以内自行式平地机	台班	8001058	74.90	89.53	100.50	129.73	73.61	88.05	98.88	127.74
84	60kW 以内履带式拖拉机	台班	8001065	0.61	0.61	0.61	0.61	0.76	0.76	0.76	0.76
85	8～10t 光轮压路机	台班	8001079	3.81	3.97	4.13	4.45	3.19	3.35	3.51	3.83
86	12～15t 光轮压路机	台班	8001081	7.02	8.47	17.76	11.95	4.24	2.60	5.70	7.69
87	18～21t 光轮压路机	台班	8001083	0.78	0.97	1.10	1.43	0.78	0.97	1.10	1.43

顺序号	项 目	单位	代 号	匝道							
				平原微丘区				山岭重丘区			
				匝道宽度(m)							
				8.5	10.5	12.0	15.5	8.5	10.5	12.0	15.5
				1	2	3	4	5	6	7	8
88	0.6t 以内手扶式振动碾	台班	8001085	23.17	28.62	33.18	42.25	23.17	28.62	33.18	42.25
89	20t 以内振动压路机	台班	8001090	105.69	127.62	143.86	186.27	157.99	179.05	215.81	280.46
90	蛙式夯土机	台班	8001095	14.19	14.19	14.19	14.19	–	–	–	–
91	1200kN·m 以内强夯机	台班	8001097	2.71	3.39	3.80	4.88	–	–	–	–
92	2000kN·m 以内强夯机	台班	8001098	9.25	11.56	12.95	16.65	–	–	–	–
93	φ38~170mm 液压锚固钻机	台班	8001116	–	–	–	–	9.47	9.47	9.47	9.47
94	液压喷播机	台班	8001132	7.76	7.76	7.76	7.76	10.12	10.12	10.12	10.12
95	235kW 以内稳定土拌和机	台班	8003005	0.18	0.22	0.25	0.32	0.18	0.22	0.25	0.32
96	300t/h 以内稳定土厂拌设备	台班	8003011	5.72	7.17	8.08	10.43	5.72	7.07	8.08	10.43
97	9.5m 以内稳定土摊铺机	台班	8003016	5.84	7.21	–	10.65	5.84	–	–	10.65
98	12.5m 以内稳定土摊铺机	台班	8003017	–	–	6.00	–	–	–	5.48	–
99	石屑撒布机	台班	8003030	0.1	0.13	0.15	0.19	0.10	0.13	0.15	0.19

单位:1km

顺序号	项　目	单位	代　号	匝道							
				平原微丘区				山岭重丘区			
				匝道宽度（m）							
				8.5	10.5	12.0	15.5	8.5	10.5	12.0	15.5
				1	2	3	4	5	6	7	8
100	8000L 以内沥青洒布车	台班	8003040	1.04	1.28	1.46	1.89	1.04	1.28	1.46	1.89
101	240t/h 以内沥青混合料拌和设备	台班	8003052	0.69	0.85	0.97	1.25	0.69	0.85	0.97	1.25
102	320t/h 以内沥青混合料拌和设备	台班	8003053	1.01	1.26	1.43	1.85	1.01	1.25	1.43	1.85
103	12.5m 以内沥青混合料摊铺机	台班	8003060	2.01	2.49	2.84	3.67	2.01	2.49	2.84	3.67
104	15t 以内振动压路机（双钢轮）	台班	8003065	7.37	9.12	10.40	13.44	7.37	9.10	10.40	13.44
105	9～16t 轮胎式压路机	台班	8003066	3.09	3.82	4.36	5.63	3.09	3.82	4.36	5.63
106	16～20t 轮胎式压路机	台班	8003067	9.48	11.72	13.38	17.29	9.48	3.50	12.58	17.29
107	20～25t 轮胎式压路机	台班	8003068	4.29	5.31	6.05	7.82	4.29	5.30	6.05	7.82
108	2.5～4.5m 轨道式水泥混凝土摊铺机	台班	8003077	0.78	0.97	1.10	1.43	0.78	0.97	1.10	1.43
109	混凝土电动刻纹机	台班	8003083	9.96	12.30	14.06	18.16	9.96	12.30	14.06	18.16
110	混凝土电动切缝机	台班	8003085	3.45	4.26	4.87	6.29	3.45	4.26	4.87	6.29
111	250L 以内强制式混凝土搅拌机	台班	8005002	23.44	24.39	25.22	27.00	35.45	36.39	37.22	39.43

顺序号	项目	单位	代号	匝道							
				平原微丘区				山岭重丘区			
				匝道宽度(m)							
				8.5	10.5	12.0	15.5	8.5	10.5	12.0	15.5
				1	2	3	4	5	6	7	8
112	500L 以内强制式混凝土搅拌机	台班	8005004	0.09	0.09	0.09	0.09	0.07	0.07	0.07	0.07
113	400L 以内灰浆搅拌机	台班	8005010	32.58	32.75	32.87	33.05	60.08	60.36	60.48	61.21
114	混凝土喷射机	台班	8005011	0.10	0.10	0.10	0.10	1.38	1.38	1.38	1.38
115	3m³ 以内混凝土搅拌运输车	台班	8005028	0.39	0.49	0.55	0.72	0.39	0.49	0.55	0.72
116	8m³ 以内混凝土搅拌运输车	台班	8005032	6.54	8.08	9.22	11.9	7.94	9.81	11.18	14.46
117	15m³/h 以内混凝土搅拌站	台班	8005056	0.21	0.26	0.30	0.39	0.21	0.26	0.30	0.39
118	60m³/h 以内混凝土搅拌站	台班	8005060	1.34	1.65	1.89	2.43	1.62	2.01	2.29	2.96
119	4t 以内载货汽车	台班	8007003	30.51	30.77	30.93	31.35	37.34	37.51	37.63	37.94
120	6t 以内载货汽车	台班	8007005	0.79	0.98	1.11	1.30	1.84	2.21	2.49	3.32
121	5t 以内自卸汽车	台班	8007012	1.92	2.37	2.70	3.49	1.92	2.37	2.70	3.49
122	12t 以内自卸汽车	台班	8007016	23.15	28.60	32.68	18.67	23.15	28.66	32.68	42.22
123	15t 以内自卸汽车	台班	8007017	575.03	691.26	778.90	1002.16	786.05	943.69	1064.12	1367.13

顺序号	项 目	单位	代 号	匝道							
				平原微丘区				山岭重丘区			
				匝道宽度(m)							
				8.5	10.5	12.0	15.5	8.5	10.5	12.0	15.5
				1	2	3	4	5	6	7	8
124	20t 以内平板拖车组	台班	8007024	2.56	3.07	3.58	4.60	2.56	3.07	3.58	4.60
125	40t 以内平板拖车组	台班	8007026	0.65	0.78	0.91	1.18	0.65	0.78	0.91	1.18
126	6000L 以内洒水汽车	台班	8007041	6.25	6.25	6.25	6.25	10.10	10.10	10.10	10.10
127	8000L 以内洒水汽车	台班	8007042	31.12	37.34	42.01	54.46	30.81	36.97	41.59	53.91
128	10000L 以内洒水汽车	台班	8007043	7.31	9.03	10.32	13.33	7.31	3.78	9.80	13.33
129	1t 以内机动翻斗车	台班	8007046	0.35	0.35	0.35	0.35	0.51	0.51	0.51	0.51
130	15t 以内履带式起重机	台班	8009002	1.13	1.36	1.59	2.05	–	–	–	–
131	5t 以内汽车式起重机	台班	8009025	4.89	6.07	6.85	8.73	4.98	6.12	6.92	9.04
132	8t 以内汽车式起重机	台班	8009026	2.45	2.98	3.36	3.90	10.04	11.14	11.96	14.43
133	12t 以内汽车式起重机	台班	8009027	2.6	3.16	3.63	4.67	11.51	13.59	15.11	18.84
134	20t 以内汽车式起重机	台班	8009029	0.53	0.65	0.74	0.95	3.41	4.22	4.78	6.20
135	25t 以内汽车式起重机	台班	8009030	6.5	7.85	8.81	10.16	15.09	17.77	18.69	25.84

顺序号	项 目	单位	代 号	匝道							
				平原微丘区				山岭重丘区			
				匝道宽度（m）							
				8.5	10.5	12.0	15.5	8.5	10.5	12.0	15.5
				1	2	3	4	5	6	7	8
136	30t 以内汽车式起重机	台班	8009031	1.22	1.46	1.70	2.19	1.22	1.46	1.70	2.19
137	40t 以内汽车式起重机	台班	8009032	4.74	5.69	6.64	8.53	4.74	5.69	6.64	8.53
138	75t 以内汽车式起重机	台班	8009034	4.38	5.26	6.14	7.89	4.38	5.26	6.14	7.89
139	30kN 以内单筒慢动电动卷扬机	台班	8009080	–	–	–	–	0.45	0.45	0.45	0.45
140	50kN 以内单筒慢动电动卷扬机	台班	8009081	0.13	0.16	0.18	0.22	0.32	0.38	0.43	0.58
141	袋装砂井机（不带门架）	台班	8011058	1.10	1.33	1.55	2.00	–	–	–	–
142	袋装砂井机（门架式）	台班	8011059	0.35	0.43	0.50	0.64	–	–	–	–
143	32kV·A 以内交流电弧焊机	台班	8015028	4.56	5.52	6.17	7.73	24.95	30.29	34.06	43.90
144	3m³/min 以内机动空压机	台班	8017047	0.81	0.92	1.00	1.11	6.84	7.06	7.15	7.72
145	9m³/min 以内机动空压机	台班	8017049	48.58	55.57	61.02	71.09	362.44	431.26	484.61	609.85
146	小型机具使用费	元	8099001	3703.7	4282.7	6087.8	5599.2	24192.0	28763.2	32263.8	40666.6
147	基价	元	9999001	5055865	5947564	6612517	8124486	7058752	8107944	9002425	11097049

单位:100m² 桥面

顺序号	项 目	单位	代 号	匝道桥				
				空心板		预应力 T 梁	箱梁	
				钢筋混凝土	预应力混凝土		钢筋混凝土	预应力混凝土
				9	10	11	12	13
1	人工	工日	1001001	604.3	625.2	561.9	537.4	526.2
2	HPB300 钢筋	t	2001001	3.291	4.844	2.646	3.441	2.806
3	HRB400 钢筋	t	2001002	14.194	15.621	17.278	23.008	16.820
4	钢绞线	t	2001008	–	1.593	1.504	–	2.392
5	钢丝绳	t	2001019	0.015	0.047	0.057	0.034	0.041
6	8~12 号铁丝	kg	2001021	10.59	1.53	2.69	0.72	1.20
7	20~22 号铁丝	kg	2001022	43.61	57.46	50.06	80.38	56.79
8	型钢	t	2003004	0.256	0.182	0.162	0.187	0.213
9	钢板	t	2003005	0.122	0.119	0.557	0.065	0.066
10	钢管	t	2003008	0.395	0.348	0.575	1.225	0.994
11	支座预埋钢板	kg	2003013	–	–	–	67.53	50.86
12	钢护筒	t	2003022	0.025	0.146	0.044	0.034	0.045

顺序号	项 目	单位	代 号	匝道桥				
				空心板		预应力T梁	箱梁	
				钢筋混凝土	预应力混凝土		钢筋混凝土	预应力混凝土
				9	10	11	12	13
13	钢模板	t	2003025	0.593	0.818	0.873	0.795	0.861
14	组合钢模板	t	2003026	0.029	0.013	0.020	0.011	0.014
15	安全爬梯	t	2003028	0.025	0.016	0.041	0.016	0.021
16	铸铁	kg	2003040	172.78	135.66	64.21	145.85	133.50
17	钢钎	kg	2009002	0.17	0.12	–	0.03	0.14
18	空心钢钎	kg	2009003	0.57	0.41	0.03	0.05	0.05
19	φ50mm 以内合金钻头	个	2009004	0.88	0.64	0.05	0.07	0.08
20	电焊条	kg	2009011	37.08	53.25	197.04	82.34	74.53
21	钢筋连接套筒	个	2009012	41.44	34.67	58.28	53.54	43.81
22	螺栓	kg	2009013	16.85	33.85	16.23	7.72	12.32
23	铁件	kg	2009028	101.18	133.90	256.99	81.78	99.93
24	铁钉	kg	2009030	2.55	0.96	1.10	0.25	0.54

单位:100m² 桥面

顺序号	项 目	单位	代 号	匝道桥				
				空心板		预应力 T 梁	箱梁	
				钢筋混凝土	预应力混凝土		钢筋混凝土	预应力混凝土
				9	10	11	12	13
25	铸铁管	kg	2009033	61.94	68.55	28.51	31.12	32.43
26	石油沥青	t	3001001	–	–	0.005	–	–
27	煤	t	3005001	–	–	0.001	–	–
28	水	m³	3005004	398.30	380.68	523.63	451.83	483.72
29	原木	m³	4003001	0.244	0.157	0.057	0.245	0.231
30	锯材	m³	4003002	0.716	0.600	0.883	0.552	0.627
31	枕木	m³	4003003	–	–	0.349	–	–
32	草皮	m²	4013002	36.46	8.44	3.93	0.87	1.37
33	塑料波纹管 SBG-50Y	m	5001035	–	92.83	–	–	27.19
34	塑料波纹管 SBG-60Y	m	5001036	–	154.63	75.10	–	107.53
35	塑料波纹管 SBG-75Y	m	5001037	–	–	70.20	–	34.45
36	塑料波纹管 SBG-100Y	m	5001038	–	–	–	–	43.92

单位:100m² 桥面

顺序号	项 目	单位	代 号	匝道桥				
				空心板		预应力 T 梁	箱梁	
				钢筋混凝土	预应力混凝土		钢筋混凝土	预应力混凝土
				9	10	11	12	13
37	塑料编织袋	个	5001052	–	–	–	–	18.75
38	压浆料	t	5003003	–	0.647	0.500	–	0.835
39	硝铵炸药	kg	5005002	11.06	7.55	0.34	1.35	3.90
40	非电毫秒雷管	个	5005008	19.18	12.74	0.43	2.58	8.58
41	导爆索	m	5005009	22.97	14.55	0.20	3.62	14.12
42	油漆	kg	5009002	2.15	1.69	0.80	1.81	1.66
43	桥面防水涂料	kg	5009005	88.19	74.88	152.53	90.36	269.64
44	环氧树脂	kg	5009009	–	–	–	3.37	2.34
45	黏土	m³	5501003	31.60	18.17	37.91	32.20	39.55
46	中(粗)砂	m³	5503005	145.65	114.56	120.81	98.96	106.53
47	砂砾	m³	5503007	47.16	23.39	34.65	24.33	21.08
48	天然砂砾	m³	5503008	–	–	2.29	1.87	2.13

顺序号	项　目	单位	代　号	匝道桥				
				空心板		预应力 T 梁	箱梁	
				钢筋混凝土	预应力混凝土		钢筋混凝土	预应力混凝土
				9	10	11	12	13
49	片石	m³	5505005	180.22	37.66	33.07	24.02	15.49
50	碎石(2cm)	m³	5505012	8.69	28.39	30.39	41.65	39.92
51	碎石(4cm)	m³	5505013	95.17	75.51	102.98	76.95	90.50
52	碎石(6cm)	m³	5505014	–	–	0.64	–	–
53	碎石(8cm)	m³	5505015	48.79	72.77	21.50	3.60	7.40
54	块石	m³	5505025	36.18	–	3.51	0.26	0.23
55	青(红)砖	千块	5507003	–	–	2.06	1.89	2.15
56	32.5 级水泥	t	5509001	72.220	59.138	66.949	45.910	52.034
57	42.5 级水泥	t	5509002	–	15.089	25.141	34.800	33.341
58	52.5 级水泥	t	5509003	–	–	–	0.014	0.011
59	四氟板式橡胶组合支座	dm³	6001002	0.89	5.23	6.37	3.71	3.08
60	板式橡胶支座	dm³	6001003	5.49	9.79	20.15	4.09	4.62

单位:100m² 桥面

顺序号	项 目	单位	代 号	匝道桥				
				空心板		预应力 T 梁	箱梁	
				钢筋混凝土	预应力混凝土		钢筋混凝土	预应力混凝土
				9	10	11	12	13
61	盆式橡胶支座(DX,3000kN)	套	6001061	–	–	–	0.64	0.19
62	盆式橡胶支座(DX,4000kN)	套	6001067	–	–	–	0.15	0.11
63	盆式橡胶支座(DX,5000kN)	套	6001070	–	–	–	0.16	0.11
64	盆式橡胶支座(DX,7000kN)	套	6001076	–	–	–	0.04	0.03
65	盆式橡胶支座(DX,10000kN)	套	6001085	–	–	–	0.01	0.02
66	盆式橡胶支座(DX,15000kN)	套	6001091	–	–	–	–	0.05
67	模数式伸缩装置 240 型	m	6003004	–	–	1.60	7.71	6.49
68	板式橡胶伸缩缝	m	6003010	4.21	3.20	–	–	0.12
69	钢绞线圆锚(3 孔)	套	6005005	–	12.21	–	–	3.59
70	钢绞线圆锚(7 孔)	套	6005009	–	16.15	5.01	–	6.16
71	钢绞线圆锚(12 孔)	套	6005013	–	–	3.99	–	1.82
72	钢绞线圆锚(19 孔)	套	6005018	–	–	–	–	1.05

顺序号	项 目	单位	代 号	匝道桥				
				空心板		预应力T梁	箱梁	
				钢筋混凝土	预应力混凝土		钢筋混凝土	预应力混凝土
				9	10	11	12	13
73	钢绞线圆锚(22孔)	套	6005019	–	–	–	–	0.66
74	其他材料费	元	7801001	757.8	1354.8	1252.3	966.5	1345.5
75	设备摊销费	元	7901001	785.2	1480.3	5856.3	2091.1	3044.3
76	75kW 以内履带式推土机	台班	8001002	–	–	0.61	0.43	0.51
77	0.6m³ 以内履带式液压单斗挖掘机	台班	8001025	–	–	0.05	0.12	0.27
78	1.0m³ 以内履带式机械单斗挖掘机	台班	8001035	0.03	0.04	0.05	0.09	0.14
79	1.0m³ 以内轮胎式装载机	台班	8001045	1.83	0.10	0.75	0.59	0.60
80	120kW 以内自行式平地机	台班	8001058	–	–	0.04	–	–
81	8~10t 光轮压路机	台班	8001079	–	–	0.10	0.08	0.09
82	12~15t 光轮压路机	台班	8001081	0.19	0.09	0.07	0.09	0.08
83	18~21t 光轮压路机	台班	8001083	0.07	0.04	0.07	0.03	0.03
84	235kW 以内稳定土拌和机	台班	8003005	–	–	0.01	–	–

顺序号	项　目	单位	代　号	匝道桥				
				空心板		预应力 T 梁	箱梁	
				钢筋混凝土	预应力混凝土		钢筋混凝土	预应力混凝土
				9	10	11	12	13
85	4000L 以内沥青洒布车	台班	8003038	–	–	0.01	–	0.01
86	混凝土电动真空吸水机组	台班	8003079	–	–	0.17	–	–
87	混凝土电动刻纹机	台班	8003083	0.26	0.57	0.44	0.25	0.65
88	混凝土电动切缝机	台班	8003085	0.13	0.30	0.17	–	–
89	250L 以内强制式混凝土搅拌机	台班	8005002	0.19	0.20	0.53	0.28	0.28
90	350L 以内强制式混凝土搅拌机	台班	8005003	3.77	–	–	–	–
91	500L 以内强制式混凝土搅拌机	台班	8005004	–	5.20	–	–	–
92	400L 以内灰浆搅拌机	台班	8005010	2.68	0.19	0.27	0.29	0.16
93	6m³ 以内混凝土搅拌运输车	台班	8005031	–	–	–	1.74	2.02
94	60m³/h 以内混凝土输送泵车	台班	8005039	–	–	–	0.45	0.39
95	60m³/h 以内混凝土输送泵	台班	8005051	0.06	0.12	0.85	0.85	1.00
96	40m³/h 以内混凝土搅拌站	台班	8005058	–	–	0.69	–	–

单位:100m² 桥面

顺序号	项　　目	单位	代　号	匝道桥				
				空心板		预应力T梁	箱梁	
				钢筋混凝土	预应力混凝土		钢筋混凝土	预应力混凝土
				9	10	11	12	13
97	60m³/h 以内混凝土搅拌站	台班	8005060	–	–	–	0.47	0.55
98	智能张拉系统	台班	8005079	–	1.79	0.79	–	1.09
99	智能压浆系统	台班	8005084	–	0.07	0.05	–	0.09
100	8t 以内载货汽车	台班	8007006	–	–	0.20	–	–
101	10t 以内载货汽车	台班	8007007	0.22	0.08	–	0.16	0.42
102	15t 以内载货汽车	台班	8007009	–	0.05	0.10	0.11	0.08
103	20t 以内平板拖车组	台班	8007024	–	–	0.03	–	–
104	40t 以内平板拖车组	台班	8007026	–	–	–	0.07	0.07
105	10000L 以内洒水汽车	台班	8007043	–	–	0.11	–	–
106	1t 以内机动翻斗车	台班	8007046	36.38	64.36	0.20	0.96	1.59
107	25t 以内轮胎式起重机	台班	8009021	0.21	–	–	–	–
108	12t 以内汽车式起重机	台班	8009027	1.26	1.07	2.51	0.36	0.31

单位:100m² 桥面

顺序号	项　　目	单位	代　号	匝道桥				
				空心板		预应力 T 梁	箱梁	
				钢筋混凝土	预应力混凝土		钢筋混凝土	预应力混凝土
				9	10	11	12	13
109	16t 以内汽车式起重机	台班	8009028	0.34	0.19	0.10	1.26	1.33
110	20t 以内汽车式起重机	台班	8009029	0.59	0.03	0.42	3.95	3.38
111	25t 以内汽车式起重机	台班	8009030	3.24	4.22	2.65	1.11	1.55
112	30t 以内汽车式起重机	台班	8009031	0.35	0.17	－	1.91	1.71
113	40t 以内汽车式起重机	台班	8009032	－	－	0.20	－	－
114	75t 以内汽车式起重机	台班	8009034	－	－	0.07	－	－
115	30kN 以内单筒慢动电动卷扬机	台班	8009080	0.08	2.75	3.54	2.30	3.09
116	50kN 以内单筒慢动电动卷扬机	台班	8009081	6.33	12.37	12.00	5.05	8.24
117	300kN 以内振动打拔桩锤	台班	8011012	－	0.03	－	－	－
118	JK8 型冲击钻机	台班	8011029	8.69	8.49	－	7.76	10.34
119	ϕ1500mm 以内回旋钻机	台班	8011035	－	2.13	0.99	4.12	3.70
120	ϕ2500mm 以内回旋钻机	台班	8011036	－	－	5.58	2.02	0.75

顺序号	项　　目	单位	代　号	匝道桥				
				空心板		预应力 T 梁	箱梁	
				钢筋混凝土	预应力混凝土		钢筋混凝土	预应力混凝土
				9	10	11	12	13
121	泥浆分离器	台班	8011056	0.05	0.16	0.16	0.23	0.20
122	泥浆搅拌机	台班	8011057	0.43	0.61	1.93	1.62	2.25
123	φ100mm 电动多级水泵(≤120m)	台班	8013011	–	–	–	1.44	1.25
124	φ100mm 以内泥浆泵	台班	8013024	0.15	0.28	–	0.18	0.20
125	32kV·A 以内交流电弧焊机	台班	8015028	7.63	9.91	30.08	15.7	14.24
126	42kV·A 以内交流电弧焊机	台班	8015029	0.12	0.15	0.12	0.23	0.23
127	100kV·A 以内交流对焊机	台班	8015048	–	–	0.28	0.54	0.34
128	3m³/min 以内机动空压机	台班	8017047	0.49	0.36	0.03	–	–
129	9m³/min 以内机动空压机	台班	8017049	0.53	0.33	–	0.12	0.42
130	147kW 以内内燃拖轮	台班	8019003	–	0.01	–	–	–
131	200t 以内工程驳船	台班	8019023	–	0.05	–	–	–
132	小型机具使用费	元	8099001	513.1	834.1	1146.1	730.0	804.7
133	基价	元	9999001	228676	254475	259611	272693	268688

5-2 分离式立体交叉

工程内容 箱涵预制、箱涵顶进设施、润滑隔离层、顶进后背及洞口工程等的全部工作。

单位:100m²

顺序号	项目	单位	代号	顶进箱涵
				1
1	人工	工日	1001001	5283.3
2	HRB400 钢筋	t	2001002	31.283
3	8~12 号铁丝	kg	2001021	73.50
4	20~22 号铁丝	kg	2001022	34.72
5	钢板网	m²	2001025	57.73
6	型钢	t	2003004	0.968
7	钢板	t	2003005	0.208
8	钢管	t	2003008	0.137
9	钢管立柱	t	2003015	0.186
10	钢模板	t	2003025	0.217
11	组合钢模板	t	2003026	0.604
12	门式钢支架	t	2003027	0.653

顺序号	项 目	单位	代 号	顶进箱涵
				1
13	钢钎	kg	2009002	0.08
14	空心钢钎	kg	2009003	2.45
15	φ50mm 以内合金钻头	个	2009004	3.75
16	电焊条	kg	2009011	164.10
17	螺栓	kg	2009013	13.32
18	铁件	kg	2009028	3355.32
19	铁钉	kg	2009030	4.84
20	U 形锚钉	kg	2009034	0.48
21	石油沥青	t	3001001	0.444
22	煤	t	3005001	0.005
23	水	m³	3005004	1107.3
24	原木	m³	4003001	1.655
25	锯材	m³	4003002	1.543
26	枕木	m³	4003003	4.37
27	PVC 塑料管(φ50mm)	m	5001013	52.75

顺序号	项　目	单位	代　号	顶进箱涵
				1
28	塑料打孔波纹管(φ100mm)	m	5001031	5.25
29	硝铵炸药	kg	5005002	28.94
30	非电毫秒雷管	个	5005008	37.04
31	导爆索	m	5005009	16.13
32	土工布	m²	5007001	7.36
33	油毛毡	m²	5009012	183.46
34	土	m³	5501002	618.98
35	黏土	m³	5501003	9.86
36	熟石灰	t	5503003	88.876
37	中(粗)砂	m³	5503005	424.51
38	砂砾	m³	5503007	440.99
39	片石	m³	5505005	225.74
40	碎石(2cm)	m³	5505012	1.88
41	碎石(4cm)	m³	5505013	380.65
42	碎石(8cm)	m³	5505015	183.63

顺序号	项 目	单位	代 号	顶进箱涵
				1
43	碎石	m³	5505016	0.70
44	32.5 级水泥	t	5509001	231.207
45	其他材料费	元	7801001	5156.7
46	设备摊销费	元	7901001	84610.3
47	1.0m³ 以内履带式机械单斗挖掘机	台班	8001035	0.68
48	1.0m³ 以内轮胎式装载机	台班	8001045	1.99
49	12～15t 光轮压路机	台班	8001081	0.60
50	18～21t 光轮压路机	台班	8001083	1.92
51	250L 以内强制式混凝土搅拌机	台班	8005002	21.58
52	400L 以内灰浆搅拌机	台班	8005010	3.01
53	2t 以内载货汽车	台班	8007001	0.64
54	4t 以内载货汽车	台班	8007003	0.36
55	10t 以内自卸汽车	台班	8007015	36.12
56	1t 以内机动翻斗车	台班	8007046	11.95
57	5t 以内汽车式起重机	台班	8009025	18.03

单位:100m²

顺序号	项 目	单位	代 号	顶进箱涵
				1
58	8t 以内汽车式起重机	台班	8009026	4.88
59	12t 以内汽车式起重机	台班	8009027	22.54
60	16t 以内汽车式起重机	台班	8009028	7.07
61	25t 以内汽车式起重机	台班	8009030	1.64
62	50kN 以内单筒慢动电动卷扬机	台班	8009081	71.27
63	2000t 以内箱涵顶进设备	台班	8009140	4.70
64	32kV·A 以内交流电弧焊机	台班	8015028	23.68
65	3m³/min 以内机动空压机	台班	8017047	0.38
66	9m³/min 以内机动空压机	台班	8017049	1.10
67	小型机具使用费	元	8099001	1492.1
68	基价	元	9999001	1125980

5-3 立体交叉被交道

工程内容 路基、路面,涵洞等工程的全部工作。

单位:1km

顺序号	项　目	单位	代　号	被交道			
				主线上跨			
				被交道等级			
				一级	二级	三级	四级
				1	2	3	4
1	人工	工日	1001001	6385.9	1938.5	1250.9	563.3
2	HPB300 钢筋	t	2001001	2.630	0.831	0.538	0.193
3	HRB400 钢筋	t	2001002	3.644	1.189	0.765	0.274
4	钢丝绳	t	2001019	0.014	0.006	0.003	-
5	8～12 号铁丝	kg	2001021	3.61	1.04	0.67	0.24
6	20～22 号铁丝	kg	2001022	50.78	16.56	10.69	3.82
7	型钢	t	2003004	0.098	0.008	-	0.048
8	钢管	t	2003008	0.051	0.019	0.009	0.003
9	钢模板	t	2003025	0.574	0.189	0.122	0.044
10	组合钢模板	t	2003026	0.187	0.006	0.003	-

顺序号	项 目	单位	代 号	被交道			
				主线上跨			
				被交道等级			
				一级	二级	三级	四级
				1	2	3	4
11	空心钢钎	kg	2009003	0.68	0.31	0.20	0.54
12	ϕ50mm 以内合金钻头	个	2009004	1.06	0.49	0.32	0.84
13	电焊条	kg	2009011	0.63	0.21	0.13	0.05
14	螺栓	kg	2009013	27.98	9.13	5.89	2.11
15	铁件	kg	2009028	115.65	12.05	7.77	2.78
16	铁钉	kg	2009030	7.88	2.57	1.66	0.59
17	石油沥青	t	3001001	60.857	25.515	16.379	13.153
18	乳化沥青	t	3001005	3.387	–	–	–
19	煤	t	3005001	2.310	1.849	1.188	0.421
20	水	m³	3005004	8143.79	2226.49	1436.83	510.18
21	原木	m³	4003001	0.079	0.003	–	–
22	锯材	m³	4003002	1.207	0.390	0.250	0.150
23	硝铵炸药	kg	5005002	7.80	3.57	2.31	6.17

顺序号	项 目	单位	代 号	被交道			
				主线上跨			
				被交道等级			
				一级	二级	三级	四级
				1	2	3	4
24	非电毫秒雷管	个	5005008	9.91	4.41	2.85	7.16
25	导爆索	m	5005009	4.53	2.11	1.36	3.74
26	油毛毡	m²	5009012	16.07	5.24	3.38	1.21
27	土	m³	5501002	–	46.94	30.29	10.83
28	黏土	m³	5501003	–	43.30	27.95	9.99
29	碎石土	m³	5501005	–	443.12	285.96	102.21
30	熟石灰	t	5503003	–	3.142	2.028	0.725
31	砂	m³	5503004	–	478.19	308.59	110.30
32	中(粗)砂	m³	5503005	3231.37	905.65	584.42	208.70
33	砂砾	m³	5503007	2580.29	897.42	579.06	194.03
34	天然砂砾	m³	5503008	61.4	–	–	–
35	矿粉	t	5503013	40.468	13.210	8.525	8.121
36	路面用石屑	m³	5503015	202.07	59.84	38.62	37.78

顺序号	项　目	单位	代　号	被交道			
				主线上跨			
				被交道等级			
				一级	二级	三级	四级
				1	2	3	4
37	片石	m³	5505005	4481.12	1429.18	922.29	329.74
38	碎石(2cm)	m³	5505012	71.36	23.27	15.02	5.37
39	碎石(4cm)	m³	5505013	2763.44	695.70	448.95	160.22
40	碎石(8cm)	m³	5505015	10.31	3.36	2.17	0.78
41	碎石	m³	5505016	8813.65	1933.56	1247.79	446.01
42	路面用碎石(1.5cm)	m³	5505017	352.52	152.65	98.51	100.93
43	路面用碎石(2.5cm)	m³	5505018	106.03	39.61	25.56	9.14
44	路面用碎石(3.5cm)	m³	5505019	–	32.63	21.05	7.53
45	块石	m³	5505025	145.81	11.36	7.33	2.62
46	粗料石	m³	5505029	1.17	0.38	0.24	0.09
47	青(红)砖	千块	5507003	61.96	–	–	–
48	32.5级水泥	t	5509001	2354.702	650.696	419.869	150.029
49	其他材料费	元	7801001	17317.1	4916.8	3173	1124.4

单位:1km

顺序号	项 目	单位	代 号	被交道 主线上跨 被交道等级			
				一级	二级	三级	四级
				1	2	3	4
50	设备摊销费	元	7901001	2790.2	476.8	307.7	286.3
51	75kW 以内履带式推土机	台班	8001002	8.97	–	–	–
52	0.6m³ 以内履带式液压单斗挖掘机	台班	8001025	10.60	5.69	3.68	0.67
53	1.0m³ 以内履带式液压单斗挖掘机	台班	8001027	121.12	39.98	25.80	9.00
54	2.0m³ 以内履带式液压单斗挖掘机	台班	8001030	10.00	3.28	2.14	0.78
55	1.0m³ 以内履带式机械单斗挖掘机	台班	8001035	0.05	0.02	0.01	–
56	1.0m³ 以内轮胎式装载机	台班	8001045	46.49	12.31	7.84	2.87
57	2.0m³ 以内轮胎式装载机	台班	8001047	2.19	1.01	0.65	0.68
58	3.0m³ 以内轮胎式装载机	台班	8001049	16.45	–	–	–
59	120kW 以内自行式平地机	台班	8001058	26.21	12.10	7.80	2.76
60	75kW 以内履带式拖拉机	台班	8001066	–	0.02	0.01	–
61	8～10t 光轮压路机	台班	8001079	5.63	0.76	0.49	0.12

顺序号	项　　目	单位	代　号	被交道			
				主线上跨			
				被交道等级			
				一级	二级	三级	四级
				1	2	3	4
62	12～15t 光轮压路机	台班	8001081	4.3	4.8	3.1	1.0
63	18～21t 光轮压路机	台班	8001083	0.91	8.61	5.56	1.98
64	10t 以内振动压路机(单钢轮)	台班	8001088	－	11.86	7.65	2.18
65	15t 以内振动压路机(单钢轮)	台班	8001089	40.07	0.41	0.27	0.09
66	20t 以内振动压路机	台班	8001090	13.95	－	－	－
67	蛙式夯土机	台班	8001095	14.19	6.87	4.43	－
68	液压喷播机	台班	8001132	－	－	－	－
69	235kW 以内稳定土拌和机	台班	8003005	－	2.01	1.30	0.47
70	300t/h 以内稳定土厂拌设备	台班	8003011	7.78	－	－	－
71	12.5m 以内稳定土摊铺机	台班	8003017	5.44	－	－	－
72	石屑撒布机	台班	8003030	－	0.51	0.33	0.12
73	8000L 以内沥青洒布车	台班	8003040	0.64	0.45	0.29	0.11
74	120t/h 以内沥青混合料拌和设备	台班	8003050	－	0.47	0.30	0.31

顺序号	项 目	单位	代 号	被交道			
				主线上跨			
				被交道等级			
				一级	二级	三级	四级
				1	2	3	4
75	240t/h 以内沥青混合料拌和设备	台班	8003052	0.68	–	–	–
76	6.0m 以内沥青混合料摊铺机	台班	8003058	–	0.56	0.36	0.38
77	12.5m 以内沥青混合料摊铺机	台班	8003060	0.81	–	–	–
78	10t 以内振动压路机(双钢轮)	台班	8003063	–	1.59	1.02	1.07
79	15t 以内振动压路机(双钢轮)	台班	8003065	2.27	–	–	–
80	9~16t 轮胎式压路机	台班	8003066	1.80	0.26	0.17	0.06
81	16~20t 轮胎式压路机	台班	8003067	9.64	0.76	0.49	0.51
82	20~25t 轮胎式压路机	台班	8003068	1.09	1.62	1.05	0.52
83	3.0~9.0m 滑模式水泥混凝土摊铺机	台班	8003076	5.51	1.37	0.88	–
84	混凝土电动真空吸水机组	台班	8003079	–	–	–	2.10
85	混凝土电动刻纹机	台班	8003083	81.66	26.63	17.18	–
86	混凝土电动切缝机	台班	8003085	31.98	10.43	6.73	2.12

顺序号	项　目	单位	代　号	被交道			
				主线上跨			
				被交道等级			
				一级	二级	三级	四级
				1	2	3	4
87	250L 以内强制式混凝土搅拌机	台班	8005002	5.43	0.51	0.33	5.05
88	400L 以内灰浆搅拌机	台班	8005010	57.74	18.86	12.15	4.27
89	8m³ 以内混凝土搅拌运输车	台班	8005032	46.99	–	–	–
90	60m³/h 以内混凝土搅拌站	台班	8005060	9.61	–	–	–
91	4t 以内载货汽车	台班	8007003	5.88	1.92	1.24	0.44
92	6t 以内载货汽车	台班	8007005	0.27	0.09	0.06	0.02
93	5t 以内自卸汽车	台班	8007012	0.70	0.54	0.35	0.36
94	8t 以内自卸汽车	台班	8007014	608.46	198.45	128.01	45.77
95	12t 以内自卸汽车	台班	8007016	10.97	–	–	–
96	15t 以内自卸汽车	台班	8007017	66.52	–	–	–
97	20t 以内平板拖车组	台班	8007024	1.75	–	–	–
98	40t 以内平板拖车组	台班	8007026	2.14	–	–	–

顺序号	项 目	单位	代 号	被交道			
				主线上跨			
				被交道等级			
				一级	二级	三级	四级
				1	2	3	4
99	10000L 以内洒水汽车	台班	8007043	22.92	8.53	5.50	1.67
100	5t 以内汽车式起重机	台班	8009025	5.70	1.86	1.20	0.43
101	8t 以内汽车式起重机	台班	8009026	0.81	0.27	0.17	0.06
102	12t 以内汽车式起重机	台班	8009027	2.10	–	–	–
103	25t 以内汽车式起重机	台班	8009030	1.98	0.65	0.42	0.15
104	30t 以内汽车式起重机	台班	8009031	3.98	–	–	–
105	40t 以内汽车式起重机	台班	8009032	3.14	–	–	–
106	75t 以内汽车式起重机	台班	8009034	2.91	–	–	–
107	50kN 以内单筒慢动电动卷扬机	台班	8009081	0.05	0.02	0.01	–
108	32kV·A 以内交流电弧焊机	台班	8015028	0.11	0.04	0.02	0.01
109	3m³/min 以内机动空压机	台班	8017047	0.60	0.27	0.18	0.47
110	小型机具使用费	元	8099001	375.5	85.0	54.8	266.3
111	基价	元	9999001	4570617	1332267	859117	366419

顺序号	项目	单位	代号	被交道			
				主线下穿			
				被交道等级			
				一级	二级	三级	四级
				5	6	7	8
1	人工	工日	1001001	4383.6	3198.4	2252.1	2101.7
2	HPB300 钢筋	t	2001001	0.014	–	0.003	0.003
3	8~12 号铁丝	kg	2001021	64.39	97.25	78.14	64.64
4	型钢	t	2003004	0.323	0.237	0.203	0.186
5	钢板	t	2003005	0.009	0.011	0.007	0.007
6	钢模板	t	2003025	0.698	0.616	0.455	0.665
7	组合钢模板	t	2003026	0.253	0.153	0.228	0.151
8	空心钢钎	kg	2009003	0.61	0.96	0.78	0.57
9	$\phi50mm$ 以内合金钻头	个	2009004	0.93	1.47	1.20	0.87
10	电焊条	kg	2009011	0.88	1.09	0.67	0.67
11	铁件	kg	2009028	157.19	469.22	708.41	490.37
12	铁钉	kg	2009030	31.72	18.71	10.69	6.26

顺序号	项　　目	单位	代　号	被交道			
				主线下穿			
				被交道等级			
				一级	二级	三级	四级
				5	6	7	8
13	U 形锚钉	kg	2009034	387.61	285.53	40.47	－
14	石油沥青	t	3001001	482.366	171.024	87.832	14.946
15	乳化沥青	t	3001005	11.289	5.346	3.508	3.007
16	煤	t	3005001	4.382	2.110	1.411	1.313
17	水	m³	3005004	4345.20	3054.59	2005.52	1517.86
18	原木	m³	4003001	0.486	0.930	0.910	0.733
19	锯材	m³	4003002	0.673	0.701	0.535	0.649
20	草籽	kg	4013001	45.39	41.45	13.07	－
21	草皮	m²	4013002	3361.95	3025.75	2689.56	2353.36
22	PVC 塑料管(ϕ50mm)	m	5001013	－	15.43	24.30	16.96
23	塑料打孔波纹管(ϕ100mm)	m	5001031	498.74	258.40	－	－
24	硝铵炸药	kg	5005002	6.95	10.92	8.87	6.43

单位:1km

顺序号	项 目	单位	代 号	被交道			
				主线下穿			
				被交道等级			
				一级	二级	三级	四级
				5	6	7	8
25	非电毫秒雷管	个	5005008	8.80	13.74	11.29	8.18
26	导爆索	m	5005009	4.04	6.37	5.14	3.73
27	土工布	m²	5007001	6199.63	3212.13	1639.83	803.86
28	土工格栅	m²	5007003	6523.89	4081.49	1367.13	—
29	黏土	m³	5501003	2.84	3.52	2.22	1.63
30	种植土	m³	5501007	162.03	147.99	46.64	—
31	熟石灰	t	5503003	148.199	54.737	—	1.308
32	砂	m³	5503004	1268.87	657.43	365.25	179.05
33	中(粗)砂	m³	5503005	816.73	750.98	574.70	473.52
34	砂砾	m³	5503007	500.96	1794.12	1657.49	1888.99
35	天然砂砾	m³	5503008	10.23	—	—	—
36	矿粉	t	5503013	377.958	134.607	65.960	6.531

单位:1km

顺序号	项　目	单位	代　号	被交道			
				主线下穿			
				被交道等级			
				一级	二级	三级	四级
				5	6	7	8
37	路面用石屑	m³	5503015	1578.58	574.23	286.04	46.66
38	片石	m³	5505005	1282.93	1126.70	790.55	603.29
39	大卵石	m³	5505008	11.67	6.05	3.36	1.65
40	碎石(2cm)	m³	5505012	131.35	115.86	85.54	125.23
41	碎石(4cm)	m³	5505013	271.64	343.45	244.37	196.30
42	碎石(8cm)	m³	5505015	60.31	73.81	114.22	79.76
43	碎石	m³	5505016	20071.95	6867.07	4201.38	1989.13
44	路面用碎石(1.5cm)	m³	5505017	3381.93	1121.53	593.07	58.07
45	路面用碎石(2.5cm)	m³	5505018	934.94	395.24	161.39	16.38
46	路面用碎石(3.5cm)	m³	5505019	–	29.71	–	–
47	块石	m³	5505025	221.95	92.23	72.32	–
48	青(红)砖	千块	5507003	10.33	–	–	–

单位:1km

顺序号	项 目	单位	代 号	被交道			
				主线下穿			
				被交道等级			
				一级	二级	三级	四级
				5	6	7	8
49	32.5 级水泥	t	5509001	1794.893	935.545	669.317	491.267
50	其他材料费	元	7801001	45570.0	24547.8	12660.6	8130.7
51	设备摊销费	元	7901001	13210.3	5545.2	3665.2	260.8
52	75kW 以内履带式推土机	台班	8001002	3.11	0.83	0.46	0.23
53	0.6m³ 以内履带式液压单斗挖掘机	台班	8001025	10.54	8.42	3.49	2.61
54	1.0m³ 以内履带式液压单斗挖掘机	台班	8001027	1.46	1.29	0.30	94.45
55	2.0m³ 以内履带式液压单斗挖掘机	台班	8001030	168.80	91.16	16.18	0.09
56	1.0m³ 以内履带式机械单斗挖掘机	台班	8001035	0.47	0.59	0.37	0.27
57	1.0m³ 以内轮胎式装载机	台班	8001045	11.15	9.32	6.49	5.35
58	2.0m³ 以内轮胎式装载机	台班	8001047	20.69	9.11	14.85	0.50
59	3.0m³ 以内轮胎式装载机	台班	8001049	37.47	15.10	–	–
60	120kW 以内自行式平地机	台班	8001058	162.15	91.95	15.06	58.08

单位:1km

顺序号	项　目	单位	代　号	被交道			
				主线下穿			
				被交道等级			
				一级	二级	三级	四级
				5	6	7	8
61	8~10t 光轮压路机	台班	8001079	3.44	1.01	0.50	0.50
62	12~15t 光轮压路机	台班	8001081	9.09	3.76	2.87	3.94
63	18~21t 光轮压路机	台班	8001083	–	–	3.99	11.82
64	10t 以内振动压路机(单钢轮)	台班	8001088	–	–	16.16	64.94
65	15t 以内振动压路机(单钢轮)	台班	8001089	269.62	102.52	–	–
66	20t 以内振动压路机	台班	8001090	33.10	10.43	5.38	–
67	蛙式夯土机	台班	8001095	14.19	9.16	4.53	4.53
68	液压喷播机	台班	8001132	2.32	2.11	0.67	–
69	235kW 以内稳定土拌和机	台班	8003005	–	–	1.29	2.97
70	200t/h 以内稳定土厂拌设备	台班	8003010	–	–	5.02	–
71	300t/h 以内稳定土厂拌设备	台班	8003011	16.02	6.89	–	–
72	9.5m 以内稳定土摊铺机	台班	8003016	–	–	3.04	–

顺序号	项 目	单位	代 号	被交道 主线下穿 被交道等级			
				一级	二级	三级	四级
				5	6	7	8
73	12.5m 以内稳定土摊铺机	台班	8003017	12.70	4.40	–	–
74	8000L 以内沥青洒布车	台班	8003040	1.60	0.76	0.51	0.46
75	120t/h 以内沥青混合料拌和设备	台班	8003050	–	–	2.35	0.23
76	160t/h 以内沥青混合料拌和设备	台班	8003051	–	3.41	–	–
77	240t/h 以内沥青混合料拌和设备	台班	8003052	6.39	–	–	–
78	6.0m 以内沥青混合料摊铺机	台班	8003058	–	–	2.83	0.28
79	9.0m 以内沥青混合料摊铺机	台班	8003059	–	4.05	–	–
80	12.5m 以内沥青混合料摊铺机	台班	8003060	7.64	–	–	–
81	10t 以内振动压路机(双钢轮)	台班	8003063	–	15.29	8.00	0.79
82	15t 以内振动压路机(双钢轮)	台班	8003065	21.40	–	–	–
83	9~16t 轮胎式压路机	台班	8003066	3.33	1.58	1.06	0.99
84	16~20t 轮胎式压路机	台班	8003067	30.55	9.56	7.12	0.38

单位:1km

顺序号	项　目	单位	代　号	被交道 主线下穿 被交道等级 一级 5	二级 6	三级 7	四级 8
85	20~25t 轮胎式压路机	台班	8003068	10.28	4.68	1.63	0.16
86	3.0~9.0m 滑模式水泥混凝土摊铺机	台班	8003076	0.30	0.49	–	–
87	混凝土电动真空吸水机组	台班	8003079	–	–	2.12	1.81
88	混凝土电动刻纹机	台班	8003083	4.50	7.94	–	–
89	混凝土电动切缝机	台班	8003085	1.76	3.11	2.13	1.83
90	250L 以内强制式混凝土搅拌机	台班	8005002	11.78	11.18	15.63	14.08
91	400L 以内灰浆搅拌机	台班	8005010	14.45	13.99	9.73	8.03
92	6m³ 以内混凝土搅拌运输车	台班	8005031	–	3.24	–	–
93	8m³ 以内混凝土搅拌运输车	台班	8005032	8.96	–	–	–
94	60m³/h 以内混凝土搅拌站	台班	8005060	1.62	–	–	–
95	4t 以内载货汽车	台班	8007003	14.23	12.61	8.61	11.83
96	6t 以内载货汽车	台班	8007005	–	–	–	–

单位:1km

顺序号	项　目	单位	代　号	被交道			
				主线下穿			
				被交道等级			
				一级	二级	三级	四级
				5	6	7	8
97	5t 以内自卸汽车	台班	8007012	6.59	3.69	2.71	0.27
98	8t 以内自卸汽车	台班	8007014	–	–	–	341.50
99	10t 以内自卸汽车	台班	8007015	–	–	75.61	7.68
100	12t 以内自卸汽车	台班	8007016	73.79	393.38	–	–
101	15t 以内自卸汽车	台班	8007017	766.81	35.22	30.77	–
102	15t 以内平板拖车组	台班	8007023	–	–	0.58	–
103	20t 以内平板拖车组	台班	8007024	3.50	1.21	0.46	–
104	40t 以内平板拖车组	台班	8007026	0.36	–	–	–
105	6000L 以内洒水汽车	台班	8007041	1.74	1.59	0.50	–
106	10000L 以内洒水汽车	台班	8007043	15.61	6.59	4.79	4.04
107	8t 以内汽车式起重机	台班	8009026	–	2.01	3.17	2.21
108	12t 以内汽车式起重机	台班	8009027	3.76	0.36	0.25	–

顺序号	项　目	单位	代　号	被交道			
				主线下穿			
				被交道等级			
				一级	二级	三级	四级
				5	6	7	8
109	20t 以内汽车式起重机	台班	8009029	—	1.47	1.33	—
110	30t 以内汽车式起重机	台班	8009031	0.66	—	—	—
111	40t 以内汽车式起重机	台班	8009032	6.29	0.94	2.12	—
112	75t 以内汽车式起重机	台班	8009034	5.81	2.20	0.75	—
113	粉体发送设备	台班	8011073	15.19	5.61	—	—
114	15m 以内深层喷射搅拌机	台班	8011075	12.09	4.47	—	—
115	25m 以内深层喷射搅拌机	台班	8011077	3.24	1.20	—	—
116	32kV·A 以内交流电弧焊机	台班	8015028	0.18	0.22	0.13	0.13
117	3m³/min 以内机动空压机	台班	8017047	15.47	6.00	0.36	0.26
118	9m³/min 以内机动空压机	台班	8017049	2.18	2.07	0.74	0.14
119	小型机具使用费	元	8099001	1604.1	822.9	664.1	458.1
120	基价	元	9999001	8188986	3633246	1897600	1393651

5-4 平面交叉

工程内容 路基土石方、排水与防护、软基处理、路面、涵洞等工程的全部工作。

单位:1 处

顺序号	项 目	单位	代 号	被交道等级				
				一级	二级	三级	四级	等外
				1	2	3	4	5
1	人工	工日	1001001	256.9	182.4	82.9	36.8	10.1
2	HPB300 钢筋	t	2001001	0.037	0.020	0.008	0.004	0.001
3	HRB400 钢筋	t	2001002	1.776	0.934	0.404	0.205	0.053
4	20～22 号铁丝	kg	2001022	9.00	4.73	2.05	1.04	0.27
5	型钢	t	2003004	0.055	0.033	0.013	0.006	0.001
6	石油沥青	t	3001001	20.795	18.032	7.793	3.920	1.010
7	改性沥青	t	3001002	26.291	–	–	–	–
8	乳化沥青	t	3001005	2.509	1.469	1.555	0.268	0.069
9	煤	t	3005001	0.020	0.012	0.005	0.002	–
10	水	m³	3005004	246.71	132.03	61.42	23.05	3.09
11	锯材	m³	4003002	0.050	0.034	0.015	0.007	0.002
12	碎石土	m³	5501005	–	–	–	–	7.70

顺序号	项 目	单位	代 号	被交道等级				
				一级	二级	三级	四级	等外
				1	2	3	4	5
13	中(粗)砂	m³	5503005	92.80	56.63	22.54	10.29	2.52
14	砂砾	m³	5503007	–	305.79	250.29	112.58	37.37
15	矿粉	t	5503013	44.094	16.083	6.953	3.645	0.939
16	路面用石屑	m³	5503015	167.51	62.55	29.86	13.63	3.51
17	碎石(4cm)	m³	5505013	167.48	102.20	40.67	18.57	4.56
18	碎石	m³	5505016	2619.86	1042.95	355.97	166.82	37.39
19	路面用碎石(1.5cm)	m³	5505017	271.07	116.40	50.32	23.52	6.06
20	路面用碎石(2.5cm)	m³	5505018	190.68	56.78	24.55	14.63	3.77
21	路面用碎石(3.5cm)	m³	5505019	14.330	–	–	–	–
22	32.5级水泥	t	5509001	264.225	143.399	62.924	28.747	8.061
23	其他材料费	元	7801001	2321.8	3890.6	1602.6	340.2	105.5
24	设备摊销费	元	7901001	986.3	386.5	186.8	94.0	24.2
25	2.0m³ 以内履带式液压单斗挖掘机	台班	8001030	5.19	3.55	2.04	1.43	0.37
26	2.0m³ 以内轮胎式装载机	台班	8001047	2.24	1.03	0.50	0.26	0.07

顺序号	项　目	单位	代　号	被交道等级				
				一级	二级	三级	四级	等外
				1	2	3	4	5
27	3.0m³ 以内轮胎式装载机	台班	8001049	4.77	2.44	1.11	0.38	0.04
28	120kW 以内自行式平地机	台班	8001058	5.28	3.60	4.46	0.87	0.29
29	12~15t 光轮压路机	台班	8001081	0.73	1.14	0.47	0.15	0.09
30	18~21t 光轮压路机	台班	8001083	0.35	0.24	0.10	0.25	0.25
31	0.6t 以内手扶式振动碾	台班	8001085	0.32	0.32	0.32	0.32	0.08
32	10t 以内振动压路机(单钢轮)	台班	8001088	–	3.97	5.36	0.93	0.24
33	15t 以内振动压路机(单钢轮)	台班	8001089	8.54	0.98	–	–	–
34	20t 以内振动压路机	台班	8001090	2.60	4.60	1.88	0.32	0.04
35	235kW 以内稳定土拌和机	台班	8003005	–	–	–	0.05	0.05
36	300t/h 以内稳定土厂拌设备	台班	8003011	2.04	1.07	0.51	0.18	0.02
37	7.5m 以内稳定土摊铺机	台班	8003015	–	2.18	1.31	0.25	0.03
38	9.5m 以内稳定土摊铺机	台班	8003016	0.78	0.51	0.21	–	–
39	12.5m 以内稳定土摊铺机	台班	8003017	0.53	0.52	–	–	–
40	8000L 以内沥青洒布车	台班	8003040	0.13	0.08	0.09	0.02	–

单位:1处

顺序号	项 目	单位	代 号	被交道等级				
				一级	二级	三级	四级	等外
				1	2	3	4	5
41	120t/h 以内沥青混合料拌和设备	台班	8003050	–	–	0.24	0.12	0.03
42	160t/h 以内沥青混合料拌和设备	台班	8003051	–	0.38	–	–	–
43	240t/h 以内沥青混合料拌和设备	台班	8003052	0.70	–	–	–	–
44	6.0m 以内沥青混合料摊铺机	台班	8003058	–	–	0.28	0.14	0.04
45	9.0m 以内沥青混合料摊铺机	台班	8003059	–	0.46	–	–	–
46	12.5m 以内沥青混合料摊铺机	台班	8003060	0.83	–	–	–	–
47	10t 以内振动压路机(双钢轮)	台班	8003063	–	1.72	0.79	0.40	0.10
48	15t 以内振动压路机(双钢轮)	台班	8003065	2.31	–	–	–	–
49	9~16t 轮胎式压路机	台班	8003066	0.24	0.16	0.21	0.04	0.01
50	16~20t 轮胎式压路机	台班	8003067	2.76	3.22	1.55	0.39	0.07
51	20~25t 轮胎式压路机	台班	8003068	1.11	0.53	0.16	0.08	0.02
52	混凝土电动真空吸水机组	台班	8003079	1.78	1.22	0.53	0.26	0.07
53	混凝土电动切缝机	台班	8003085	1.79	1.22	0.53	0.27	0.07
54	250L 以内强制式混凝土搅拌机	台班	8005002	5.30	3.24	1.29	0.59	0.15

顺序号	项 目	单位	代 号	被交道等级				
				一级	二级	三级	四级	等外
				1	2	3	4	5
55	6m³ 以内混凝土搅拌运输车	台班	8005031	3.27	1.69	0.67	0.31	–
56	5t 以内自卸汽车	台班	8007012	0.72	0.42	0.27	0.14	0.04
57	8t 以内自卸汽车	台班	8007014	–	–	0.70	0.36	0.09
58	10t 以内自卸汽车	台班	8007015	–	–	–	1.99	0.28
59	12t 以内自卸汽车	台班	8007016	–	6.62	2.70	–	–
60	15t 以内自卸汽车	台班	8007017	23.24	–	–	–	–
61	10000L 以内洒水汽车	台班	8007043	2.25	2.72	1.13	0.34	0.11
62	小型机具使用费	元	8099001	270.6	163.7	65.5	30.1	7.4
63	基价	元	9999001	771079	354763	163030	71683	18725

5－5　通　道

工程内容　挖基、垫层、基础、洞口圬工和钢筋、支架、拱盔、排水设施、防渗层、被交道土方、路面等工程的全部工作。

单位:表列单位

顺序号	项目	单位	代号	涵式通道	
				洞身(10延米)	洞口(1道)
				1	2
1	人工	工日	1001001	625.3	73.9
2	HPB300钢筋	t	2001001	0.608	－
3	HRB400钢筋	t	2001002	1.795	－
4	钢丝绳	t	2001019	0.026	0.003
5	8~12号铁丝	kg	2001021	18.34	1.13
6	20~22号铁丝	kg	2001022	7.91	－
7	型钢	t	2003004	0.026	－
8	钢管	t	2003008	0.118	0.015
9	钢模板	t	2003025	0.579	0.057
10	组合钢模板	t	2003026	0.036	－
11	空心钢钎	kg	2009003	0.56	0.23
12	ϕ50mm以内合金钻头	个	2009004	0.84	0.36
13	电焊条	kg	2009011	2.18	－

顺序号	项 目	单位	代 号	涵式通道	
				洞身(10 延米)	洞口(1 道)
				1	2
14	螺栓	kg	2009013	62.14	7.11
15	铁件	kg	2009028	115.41	7.18
16	铁钉	kg	2009030	10.85	0.46
17	石油沥青	t	3001001	0.014	–
18	煤	t	3005001	0.003	–
19	水	m³	3005004	303.03	28.44
20	原木	m³	4003001	0.164	–
21	锯材	m³	4003002	1.262	0.067
22	硝铵炸药	kg	5005002	6.23	2.63
23	非电毫秒雷管	个	5005008	7.98	3.36
24	导爆索	m	5005009	3.61	1.52
25	油毛毡	m²	5009012	30.41	–
26	中(粗)砂	m³	5503005	133.46	14.32
27	砂砾	m³	5503007	19.97	8.58
28	片石	m³	5505005	50.66	42.10
29	碎石(2cm)	m³	5505012	9.9	–

顺序号	项 目	单位	代 号	涵式通道	
				洞身(10 延米)	洞口(1 道)
				1	2
30	碎石(4cm)	m³	5505013	107.15	6.75
31	碎石(8cm)	m³	5505015	40.88	2.68
32	块石	m³	5505025	73.27	15.41
33	粗料石	m³	5505029	–	0.51
34	32.5 级水泥	t	5509001	71.39	5.32
35	其他材料费	元	7801001	1151	95
36	1.0m³ 以内履带式机械单斗挖掘机	台班	8001035	0.11	–
37	1.0m³ 以内轮胎式装载机	台班	8001045	1.08	0.43
38	12~15t 光轮压路机	台班	8001081	0.02	–
39	18~21t 光轮压路机	台班	8001083	0.03	–
40	混凝土电动真空吸水机组	台班	8003079	0.35	–
41	混凝土电动切缝机	台班	8003085	0.35	–
42	250L 以内强制式混凝土搅拌机	台班	8005002	6.59	0.56
43	750L 以内强制式混凝土搅拌机	台班	8005005	–	0.28
44	400L 以内灰浆搅拌机	台班	8005010	1.54	0.35
45	6t 以内载货汽车	台班	8007005	0.94	–

顺序号	项　目	单位	代　号	涵式通道	
				洞身(10 延米)	洞口(1 道)
				1	2
46	10000L 以内洒水汽车	台班	8007043	0.16	–
47	1t 以内机动翻斗车	台班	8007046	4.30	–
48	5t 以内汽车式起重机	台班	8009025	0.62	–
49	8t 以内汽车式起重机	台班	8009026	1.54	–
50	25t 以内汽车式起重机	台班	8009030	5.32	0.48
51	50kN 以内单筒慢动电动卷扬机	台班	8009081	0.09	–
52	32kV·A 以内交流电弧焊机	台班	8015028	0.37	–
53	3m³/min 以内机动空压机	台班	8017047	0.47	0.20
54	小型机具使用费	元	8099001	258.4	18.8
55	基价	元	9999001	155018	18173

注:桥式通道采用桥梁指示计算。

5-6 人行天桥及渡槽

工程内容 人行天桥:挖基,基础、下部、上部混凝土及圬工、钢筋、支座,伸缩缝,混凝土护栏,防抛网,台阶楼梯及防滑条等全部工作。

渡槽:挖基,基础、下部、上部混凝土及圬工、钢筋、支座,接头及伸缩缝,槽内防水等全部工作。

单位:100m²

顺序号	项 目	单位	代 号	人行天桥	渡槽
				1	2
1	人工	工日	1001001	784.4	588.9
2	HPB300 钢筋	t	2001001	4.319	1.587
3	HRB400 钢筋	t	2001002	19.110	17.551
4	钢绞线	t	2001008	0.821	0.248
5	钢丝绳	t	2001019	0.032	0.027
6	8~12 号铁丝	kg	2001021	12.36	9.46
7	20~22 号铁丝	kg	2001022	57.48	63.36
8	钢板网	m²	2001025	95.03	—
9	索道钢丝绳	t	2001034	0.066	—
10	型钢	t	2003004	1.144	0.427
11	钢板	t	2003005	0.097	0.016
12	圆钢	t	2003006	0.002	0.004

顺序序号	项　目	单位	代　号	人行天桥	渡槽
				1	2
13	钢管	t	2003008	0.813	1.987
14	支座预埋钢板	kg	2003013	7.36	－
15	钢管立柱	t	2003015	0.306	－
16	钢护筒	t	2003022	0.017	0.022
17	钢模板	t	2003025	0.766	0.659
18	组合钢模板	t	2003026	0.060	0.018
19	安全爬梯	t	2003028	0.008	0.027
20	铸铁	kg	2003040	403.9	－
21	铁皮	m²	2003044	5.45	6.17
22	空心钢钎	kg	2009003	0.79	0.29
23	$\phi50mm$ 以内合金钻头	个	2009004	1.20	0.44
24	电焊条	kg	2009011	123.24	37.61
25	钢筋连接套筒	个	2009012	18.75	15.10
26	螺栓	kg	2009013	19.45	15.53
27	铁件	kg	2009028	310.82	136.01
28	铁钉	kg	2009030	6.25	6.23
29	铸铁管	kg	2009033	199.13	201.14

顺序号	项　目	单位	代　号	人行天桥	渡槽
				1	2
30	石油沥青	t	3001001	0.089	0.104
31	水	m³	3005004	402.93	261.92
32	原木	m³	4003001	3.729	0.174
33	锯材	m³	4003002	2.451	2.624
34	草皮	m²	4013002	8.58	3.21
35	橡胶条	kg	5001004	1.59	–
36	塑料波纹管 SBG-60Y	m	5001036	43.20	–
37	塑料波纹管 SBG-75Y	m	5001037	10.05	–
38	塑料波纹管 SBG-100Y	m	5001038	5.16	–
39	压浆料	t	5003003	0.2	–
40	硝铵炸药	kg	5005002	8.99	3.25
41	非电毫秒雷管	个	5005008	11.50	4.16
42	导爆索	m	5005009	5.19	1.88
43	油漆	kg	5009002	5.02	–
44	桥面防水涂料	kg	5009005	33.52	351.88
45	环氧树脂	kg	5009009	0.39	–
46	油毛毡	m²	5009012	57.76	28.72

顺序号	项 目	单位	代 号	人行天桥	渡槽
				1	2
47	黏土	m³	5501003	14.28	7.00
48	中(粗)砂	m³	5503005	135.37	83.78
49	砂砾	m³	5503007	39.55	76.51
50	天然砂砾	m³	5503008	0.10	0.22
51	片石	m³	5505005	46.57	7.82
52	碎石(2cm)	m³	5505012	27.47	9.53
53	碎石(4cm)	m³	5505013	90.35	89.24
54	碎石(8cm)	m³	5505015	110.71	75.82
55	块石	m³	5505025	6.59	–
56	32.5 级水泥	t	5509001	70.987	51.387
57	42.5 级水泥	t	5509002	13.259	5.292
58	52.5 级水泥	t	5509003	0.001	
59	四氟板式橡胶组合支座	dm³	6001002	4.33	–
60	板式橡胶支座	dm³	6001003	2.74	–
61	盆式橡胶支座(DX,3000kN)	套	6001061	0.13	
62	模数式伸缩装置240 型	m	6003004	0.89	
63	板式橡胶伸缩缝	m	6003010	13.03	

单位:100m²

顺序号	项 目	单位	代 号	人行天桥	渡槽
				1	2
64	钢绞线圆锚(7孔)	套	6005009	2.58	–
65	钢绞线圆锚(12孔)	套	6005013	0.36	–
66	钢绞线圆锚(22孔)	套	6005019	0.10	–
67	其他材料费	元	7801001	1055.2	863.2
68	设备摊销费	元	7901001	1661.2	54.0
69	0.6m³以内履带式液压单斗挖掘机	台班	8001025	0.41	0.15
70	1.0m³以内履带式机械单斗挖掘机	台班	8001035	0.24	0.09
71	1.0m³以内轮胎式装载机	台班	8001045	0.40	–
72	12~15t光轮压路机	台班	8001081	0.17	0.32
73	18~21t光轮压路机	台班	8001083	0.06	0.12
74	4000L以内沥青洒布车	台班	8003038	–	0.01
75	混凝土电动刻纹机	台班	8003083	0.06	–
76	混凝土电动切缝机	台班	8003085	0.85	0.05
77	250L以内强制式混凝土搅拌机	台班	8005002	0.38	0.03
78	350L以内强制式混凝土搅拌机	台班	8005003	6.57	–
79	500L以内强制式混凝土搅拌机	台班	8005004	–	3.99
80	400L以内灰浆搅拌机	台班	8005010	0.62	–

顺序号	项　目	单位	代　号	人行天桥	渡槽
				1	2
81	60m³/h 以内混凝土输送泵	台班	8005051	0.02	0.01
82	900kN 以内预应力拉伸机	台班	8005074	0.09	0.10
83	5000kN 以内预应力拉伸机	台班	8005077	0.10	0.11
84	智能张拉系统	台班	8005079	0.28	－
85	智能压浆系统	台班	8005084	0.02	－
86	2t 以内载货汽车	台班	8007001	1.06	－
87	15t 以内载货汽车	台班	8007009	0.12	0.04
88	1t 以内机动翻斗车	台班	8007046	9.68	5.86
89	25t 以内轮胎式起重机	台班	8009021	0.67	0.48
90	8t 以内汽车式起重机	台班	8009026	2.88	1.40
91	12t 以内汽车式起重机	台班	8009027	0.48	1.06
92	16t 以内汽车式起重机	台班	8009028	0.72	2.67
93	20t 以内汽车式起重机	台班	8009029	1.46	0.25
94	25t 以内汽车式起重机	台班	8009030	3.23	3.27
95	30t 以内汽车式起重机	台班	8009031	0.73	0.28
96	30kN 以内单筒慢动电动卷扬机	台班	8009080	1.81	0.27
97	50kN 以内单筒慢动电动卷扬机	台班	8009081	6.94	2.28

单位:100m²

顺序号	项　目	单位	代　号	人行天桥	渡槽
				1	2
98	φ1500mm 以内回旋钻机	台班	8011035	2.80	0.80
99	泥浆分离器	台班	8011056	0.15	0.05
100	泥浆搅拌机	台班	8011057	0.44	0.21
101	φ100mm 电动多级水泵（≤120m）	台班	8013011	0.52	—
102	φ500mm 以内木工圆锯机	台班	8015013	0.57	—
103	32kV·A 以内交流电弧焊机	台班	8015028	22.20	6.55
104	42kV·A 以内交流电弧焊机	台班	8015029	0.03	0.01
105	100kV·A 以内交流对焊机	台班	8015048	0.09	0.38
106	9m³/min 以内机动空压机	台班	8017049	0.41	0.15
107	小型机具使用费	元	8099001	917.0	583.1
108	基价	元	9999001	297298	213255

第六章　交　通　工　程

说　　明

本章指标包括安全设施、监控系统、通信系统、收费系统、隧道工程机电设施、独立大桥工程机电设施、管理养护服务房屋等项目。

1. 安全设施

(1)高速公路安全设施指标主线按四车道编制、互通式立体交叉匝道按双车道编制;一级公路指标按四车道编制。

(2)高速公路路基(主线)安全设施指标综合了小桥、通道桥、天桥及被交道等的安全设施。

(3)隧道安全设施指标综合了隧道进出口两侧路基因隧道而设置的所有安全设施。

(4)桥梁安全设施(小桥、通道桥、天桥除外)指标综合了桥头两侧路基因桥梁而设置的所有安全设施及跨线桥防护网等,但不包括桥梁钢筋混凝土防撞护栏及钢桥的钢护栏。

(5)互通式立体交叉匝道安全设施指标综合了匝道路基范围内(不含匝道桥等)所有的安全设施。

(6)一级公路、二级公路、三级公路、四级公路安全设施指标综合了路线范围(包括桥梁、隧道、互通式立体交叉匝道、被交道等)内所有的安全设施。

(7)建设项目若有连接线时,连接线的安全设施根据其道路等级另行计算。

2. 监控系统

(1)指标综合了路段和监控中心的全部工程。

(2)一般监控指路线范围内对局部路段进行的监控。

3. 通信系统

(1)通信系统指标综合了光缆工程及通信设施的全部工程。

(2)通信管道指标综合了管道敷设、包封及管沟开挖等的全部工程。

4. 收费系统指标综合了收费岛、收费亭、收费棚及其他收费设施等全部工程。

5. 隧道工程机电设施指标分为监控系统、通风系统、消防系统、供配电及照明、预留预埋件等项目。

6. 独立大桥工程机电设施指标仅适用于跨江、跨海的特大型桥梁(主桥)工程,不适用于独立大桥的引桥及路线项目中的一般桥梁工程。

7. 管理养护服务房屋指建设项目所需的服务区、停车区、养护工区、收费站(不含收费棚)及管理房屋等。管理养护服务房屋指标不含场区平整、硬化及绿化工程。

8. 本章指标均不包括外供电,需要时按有关规定另行计算。

9. 工程量计算规则

(1)安全设施:高速公路路基(主线)工程量按设计路基长度计算;隧道工程量按隧道双洞长度计算;桥梁(小桥、通道桥、天桥除外)工程量按桥长计算;互通式立体交叉匝道按匝道路基长度计算。一级、二级、三级、四级公路安全设施工程量按建设项目主线路线长度计算。

(2)互通式立体交叉匝道桥安全设施按主线桥梁安全设施指标的 0.5 倍计算,2 车道以外的车道按每增加 1 个车道指标另行计算。

(3)监控系统工程量按建设项目路线总长度扣除隧道(双洞)的长度计算。

（4）通信系统工程量按建设项目路线总长度计算。

（5）收费系统指标单位为每条收费车道，工程量按建设项目主线和匝道收费所需的车道（包括进与出）数之和计算。

（6）隧道工程机电设施工程量以隧道双洞长度计算；若隧道为单洞，则需将指标乘以0.5的系数。

（7）独立大桥工程机电设施指标工程量按新建独立大桥主桥长度进行计算。

（8）管理养护服务房屋工程量按房屋建筑面积计算；指标不含场区平整、硬化及绿化工程，需要时另行计算。

6-1 安全设施

工程内容:护栏、隔离栅、防眩板(网)、标志牌、轮廓标、路面标线、里程碑、百米桩、界碑等工程的全部工作。

单位:表列单位

顺序号	项 目	单位	代 号	公路等级				一级(1 公路公里)
				高速(1km)				平原微丘区
				路基(主线)	隧道	桥梁	互通匝道	
				1	2	3	4	5
1	人工	工日	1001001	2009.7	135	217.7	703.6	1048.2
2	HPB300 钢筋	t	2001001	18.442	0.069	0.117	3.232	3.621
3	钢丝绳	t	2001019	0.454	–	–	0.500	0.682
4	8~12 号铁丝	kg	2001021	18.46			5.30	5.21
5	20~22 号铁丝	kg	2001022	90.77	0.35	0.58	15.86	17.37
6	刺铁丝	kg	2001023	840.58	–	–	241.39	237.11
7	电焊网排	m²	2001024	1804.55	–	–	532.59	–
8	铁丝编织网	m²	2001026	1553.92			458.62	–
9	型钢	t	2003004	4.347	0.004	0.078	1.280	0.010
10	钢板	t	2003005	1.007	–	–	1.488	2.158

单位:表列单位

顺序号	项　目	单位	代　号	公路等级				
				高速(1km)				一级(1公路公里)
				路基(主线)	隧道	桥梁	互通匝道	平原微丘区
				1	2	3	4	5
11	钢管	t	2003008	–	–	–	1.144	0.087
12	镀锌钢板	t	2003012	1.867	0.018	1.825	0.025	0.135
13	钢管立柱	t	2003015	55.939	1.294	4.252	37.97	70.405
14	型钢立柱	t	2003016	3.647	–	–	1.076	2.744
15	波形钢板	t	2003017	58.897		–	64.899	85.940
16	钢模板	t	2003025	3.839			0.517	0.581
17	组合钢模板	t	2003026	0.096	0.007	0.008	0.051	0.029
18	电焊条	kg	2009011	954.04	0.11	133.19	384.99	399.12
19	螺栓	kg	2009013	3119.8	–	–	3437.72	4521.46
20	镀锌螺栓	kg	2009014	133.93	–	176.49	–	4.70
21	镀锌膨胀螺栓	套	2009016	151	–	108	–	13
22	铁件	kg	2009028	678.81	3.41	3.84	127.97	102.57
23	镀锌铁件	kg	2009029	7429.49	639.59	869.20	3665.36	1869.79
24	石油沥青	t	3001001	0.013	–	–	–	0.03

顺序号	项目	单位	代号	公路等级				
				高速(1km)				一级(1公路公里)
				路基(主线)	隧道	桥梁	互通匝道	平原微丘区
				1	2	3	4	5
25	水	m³	3005004	720.14	12.40	13.96	193.94	168.14
26	原木	m³	4003001	1.63	–	–	0.21	0.25
27	锯材	m³	4003002	2.30	–	–	0.30	0.35
28	油漆	kg	5009002	1.64			63.39	7.04
29	底油	kg	5009007	79.00	40.05	30.56	14.61	–
30	热熔涂料	kg	5009008	8781.81	5191.34	3299.42	5235.86	4698.25
31	反光油漆	kg	5009014	4.57	51.86	–	29.35	–
32	冷塑路面材料底漆	kg	5009015	11.84	1108.61		6.58	–
33	冷塑路面材料面漆	kg	5009016	7.49	700.75		4.16	–
34	中(粗)砂	m³	5503005	287.71	4.78	5.08	76.70	68.75
35	碎石(2cm)	m³	5505012	5.03	–	–	1.38	2.07
36	碎石(4cm)	m³	5505013	387.52	8.25	8.78	91.08	63.50
37	碎石(8cm)	m³	5505015	90.45	–	–	33.91	46.68

顺序号	项　目	单位	代　号	公路等级				一级(1 公路公里)
				高速(1km)				平原微丘区
				路基(主线)	隧道	桥梁	互通匝道	
				1	2	3	4	5
38	32.5 级水泥	t	5509001	190.59	3.33	3.54	49.92	42.55
39	铝合金标志	t	6007002	2.40	0.24	0.30	1.16	0.57
40	反光玻璃珠	kg	6007003	783.17	455.66	294.82	429.19	370.65
41	反光膜	m²	6007004	338.78	36.03	44.27	164.45	83.37
42	反光突起路钮	个	6007005	372.22	595.92	106.19	646.84	380.98
43	防眩板	块	6007006	191.88	–	205.92	–	37.00
44	柱式轮廓标	根	6007008	37.73	–	–	–	–
45	振动标线涂料	kg	6007010	2676.49	1365.71	1022.48	477.70	–
46	双组分标线涂料	kg	6007011	100.10	4.88	104.63	107.46	–
47	防滑砂	kg	6007012	40.20	3763.81	–	22.33	–
48	防撞垫	套	6007014	0.37	1.41	0.06	1.87	0.18
49	中央分隔带开口护栏	m	6007016	19.87	–	–	–	4.87
50	防眩网	m²	6007017	479.69	–	585.11	–	–
51	玻璃钢防眩板	块	6007018	287.82	–	308.88	–	40.22
52	护栏防撞端头	套	6007019	0.19	–	–	–	0.26
53	其他材料费	元	7801001	6909.1	4249.5	2719.3	4001.3	3308.3
54	热熔标线设备	台班	8003070	8.97	5.30	3.37	5.35	4.80

单位:表列单位

顺序号	项目	单位	代号	公路等级				
				高速(1km)				一级(1公路公里)
				路基(主线)	隧道	桥梁	互通匝道	平原微丘区
				1	2	3	4	5
55	突起振动标线机	台班	8003075	4.66	2.38	1.78	0.83	–
56	250L 以内强制式混凝土搅拌机	台班	8005002	11.47	–	–	1.57	1.78
57	2t 以内载货汽车	台班	8007001	38.76	–	13.03	15.57	31.58
58	4t 以内载货汽车	台班	8007003	27.43	28.97	7.01	14.74	10.13
59	6t 以内载货汽车	台班	8007005	2.25	0.19	0.22	2.63	0.58
60	10t 以内载货汽车	台班	8007007	1.22	0.19	0.09	0.42	0.37
61	1t 以内机动翻斗车	台班	8007046	10.51	–	–	1.10	1.65
62	5t 以内汽车式起重机	台班	8009025	3.13	0.19	0.20	3.39	0.51
63	8t 以内汽车式起重机	台班	8009026	1.21	0.01	0.08	0.21	0.32
64	10m 以内高空作业车	台班	8009046	0.13		0.01	0.04	0.04
65	护栏液压打桩(钻孔)机	台班	8011087	0.38	–	–	–	0.16
66	32kV·A 以内交流电弧焊机	台班	8015028	137.77	0.02	19.63	54.41	47.02
67	6m³/min 以内机动空压机	台班	8017048	0.24	0.35	0.02	0.47	0.08
68	小型机具使用费	元	8099001	3317.5	672.5	450.4	2153.4	2957.4
69	基价	元	9999001	1585062	254405	154416	961706	1154581

注:若为匝道桥工程,则按桥梁工程指标乘以 0.5 的系数。

顺序号	项 目	单位	代 号	公路等级			
				一级	高速、一级	二级	
				山岭重丘区	每增加一个车道	平原微丘区	山岭重丘区
				6	7	8	9
1	人工	工日	1001001	1010	11.6	68.9	114.5
2	HPB300 钢筋	t	2001001	6.593	–	0.487	1.096
3	钢丝绳	t	2001019	0.582	–	0.013	0.029
4	8～12 号铁丝	kg	2001021	10.60	–	–	–
5	20～22 号铁丝	kg	2001022	32.32	–	2.37	5.27
6	刺铁丝	kg	2001023	482.66	–	–	–
7	型钢	t	2003004	0.007	–	0.004	0.005
8	钢板	t	2003005	1.630	–	0.044	0.101
9	钢管	t	2003008	0.061	–	–	–
10	镀锌钢板	t	2003012	0.162	–	0.001	0.001
11	钢管立柱	t	2003015	53.116	0.398	2.475	5.229
12	型钢立柱	t	2003016	1.628	–	0.020	–
13	波形钢板	t	2003017	71.37	–	1.588	3.583

单位:1 公路公里

顺序号	项　　目	单位	代　号	公路等级			
				一级	高速、一级	二级	
				山岭重丘区	每增加一个车道	平原微丘区	山岭重丘区
				6	7	8	9
14	钢模板	t	2003025	1.156	–	0.046	0.205
15	组合钢模板	t	2003026	0.035		0.009	0.011
16	电焊条	kg	2009011	302.64	0.02	8.32	19.13
17	螺栓	kg	2009013	3779.88	–	84.12	189.77
18	镀锌螺栓	kg	2009014	7.35		–	–
19	镀锌膨胀螺栓	套	2009016	15		–	–
20	铁件	kg	2009028	171.87	–	10.65	32.56
21	镀锌铁件	kg	2009029	1205.09	175.44	590.27	1019.32
22	铁钉	kg	2009030	–		6.38	0.90
23	石油沥青	t	3001001	0.03		–	–
24	水	m³	3005004	240.67	–	21.89	40.66
25	原木	m³	4003001	0.50		0.02	0.09
26	锯材	m³	4003002	0.70		0.24	0.16

顺序号	项　目	单位	代　号	公路等级			
				一级	高速、一级	二级	
				山岭重丘区	每增加一个车道	平原微丘区	山岭重丘区
				6	7	8	9
27	油漆	kg	5009002	5.61	–	13.92	4.00
28	底油	kg	5009007	–	16.8	–	–
29	热熔涂料	kg	5009008	4347.52	882.32	2218.80	2512.18
30	冷塑路面材料底漆	kg	5009015	–	0.80	–	–
31	冷塑路面材料面漆	kg	5009016	–	0.51	–	–
32	中(粗)砂	m³	5503005	100.69	–	6.67	12.56
33	碎石(2cm)	m³	5505012	3.93	–	2.04	0.55
34	碎石(4cm)	m³	5505013	110.10	–	8.64	20.36
35	碎石(8cm)	m³	5505015	52.54	–	4.74	1.22
36	32.5级水泥	t	5509001	64.23	–	4.45	8.59
37	钢板标志	t	6007001	–	–	0.01	0.01
38	铝合金标志	t	6007002	0.42	0.07	0.19	0.32

顺序号	项 目	单位	代 号	公路等级			
				一级	高速、一级	二级	
				山岭重丘区	每增加一个车道	平原微丘区	山岭重丘区
				6	7	8	9
39	反光玻璃珠	kg	6007003	342.98	88.89	175.04	198.19
40	反光膜	m²	6007004	60.64	10.41	26.98	46.26
41	反光突起路钮	个	6007005	281.78	—	—	—
42	防眩板	块	6007006	42	—	—	—
43	柱式轮廓标	根	6007008	—	—	3.20	22.11
44	振动标线涂料	kg	6007010	—	571.19	—	—
45	双组分标线涂料	kg	6007011	—	10.09	—	—
46	防滑砂	kg	6007012	—	2.71	—	—
47	防撞垫	套	6007014	0.29	—	—	—
48	中央分隔带开口护栏	m	6007016	3.96	—	—	—
49	玻璃钢防眩板	块	6007018	63	—	—	—
50	护栏防撞端头	套	6007019	0.35	—	—	—
51	其他材料费	元	7801001	3021.9	507.6	993.6	1150.3
52	热熔标线设备	台班	8003070	4.44	0.90	2.27	2.57
53	突起振动标线机	台班	8003075	—	1.00	—	—

单位:1 公路公里

顺序号	项　目	单位	代号	公路等级			
				一级	高速、一级	二级	
				山岭重丘区	每增加一个车道	平原微丘区	山岭重丘区
				6	7	8	9
54	250L 以内强制式混凝土搅拌机	台班	8005002	3.54	–	0.15	0.61
55	2t 以内载货汽车	台班	8007001	23.49	–	0.56	1.39
56	3t 以内载货汽车	台班	8007002	–	–	0.50	0.07
57	4t 以内载货汽车	台班	8007003	9.42	2.79	2.22	2.62
58	6t 以内载货汽车	台班	8007005	0.44	–	0.26	0.14
59	10t 以内载货汽车	台班	8007007	0.22	0.05	0.07	0.18
60	1t 以内机动翻斗车	台班	8007046	3.27	–	0.13	0.58
61	5t 以内汽车式起重机	台班	8009025	0.39	–	0.23	0.13
62	8t 以内汽车式起重机	台班	8009026	0.13	0.05	0.07	0.19
63	10m 以内高空作业车	台班	8009046	0.01	0.01	0.01	0.03
64	护栏液压打桩(钻孔)机	台班	8011087	0.17	–	–	–
65	32kV·A 以内交流电弧焊机	台班	8015028	35.61	–	0.98	2.25
66	6m³/min 以内机动空压机	台班	8017048	0.1	–	–	–
67	小型机具使用费	元	8099001	2376.9	2.2	71.5	159.0
68	基价	元	9999001	986752	19462	61309	108239

单位:1 公路公里

顺序号	项目	单位	代号	公路等级			
				三级		四级	
				平原微丘区	山岭重丘区	平原微丘区	山岭重丘区
				10	11	12	13
1	人工	工日	1001001	45.6	100.1	41.4	83.3
2	HPB300 钢筋	t	2001001	0.257	0.90	0.272	0.750
3	钢丝绳	t	2001019	0.007	0.014	0.008	0.016
4	20~22 号铁丝	kg	2001022	1.19	4.45	1.27	3.66
5	型钢	t	2003004	0.002	0.003	0.002	0.002
6	钢板	t	2003005	0.026	0.053	0.028	0.063
7	钢管立柱	t	2003015	1.237	2.206	1.122	2.256
8	型钢立柱	t	2003016	–	–	–	0.005
9	波形钢板	t	2003017	0.928	1.723	1.032	2.068
10	钢模板	t	2003025	0.024	0.139	0.026	0.125
11	组合钢模板	t	2003026	0.006	0.007	0.005	0.006
12	电焊条	kg	2009011	4.84	9.93	5.36	11.88
13	螺栓	kg	2009013	49.18	91.29	54.64	109.55

续前页

顺序号	项 目	单位	代 号	公路等级			
				三级		四级	
				平原微丘区	山岭重丘区	平原微丘区	山岭重丘区
				10	11	12	13
14	铁件	kg	2009028	6.17	21.88	6.11	19.45
15	镀锌铁件	kg	2009029	236.73	304.83	141.75	161.69
16	铁钉	kg	2009030	3.26	8.10	3.86	5.03
17	水	m³	3005004	12.694	43.624	11.129	32.861
18	原木	m³	4003001	0.01	0.06	0.01	0.06
19	锯材	m³	4003002	0.12	0.35	0.14	0.24
20	油漆	kg	5009002	10.37	38.63	10.13	25.33
21	热熔涂料	kg	5009008	2345.19	2714.33	1648.78	1972.31
22	中(粗)砂	m³	5503005	4.24	13.34	3.83	10.91
23	碎石(2cm)	m³	5505012	1.19	2.50	1.35	1.67
24	碎石(4cm)	m³	5505013	4.88	15.18	4.29	13.45
25	碎石(8cm)	m³	5505015	2.73	5.84	3.12	3.86
26	块石	m³	5505025	0.81	8.28	0.30	5.31

单位:1公路公里

顺序号	项 目	单位	代 号	公路等级			
				三级		四级	
				平原微丘区	山岭重丘区	平原微丘区	山岭重丘区
				10	11	12	13
27	32.5 级水泥	t	5509001	2.66	7.80	2.460	6.60
28	钢板标志	t	6007001	0.02	0.04	0.01	0.03
29	铝合金标志	t	6007002	0.05	0.07	0.04	0.03
30	反光玻璃珠	kg	6007003	185.02	214.14	130.07	155.60
31	反光膜	m²	6007004	9.41	13.07	6.26	6.84
32	柱式轮廓标	根	6007008	0.33	–	–	–
33	其他材料费	元	7801001	1011.4	1220.1	721.4	894.7
34	热熔标线设备	台班	8003070	2.40	2.77	1.68	2.01
35	250L 以内强制式混凝土搅拌机	台班	8005002	0.08	0.42	0.09	0.38
36	2t 以内载货汽车	台班	8007001	0.31	0.62	0.34	0.75
37	3t 以内载货汽车	台班	8007002	0.25	0.63	0.30	0.39
38	4t 以内载货汽车	台班	8007003	2.30	2.69	1.65	2.02
39	6t 以内载货汽车	台班	8007005	0.12	0.19	0.13	0.16

顺序号	项 目	单位	代 号	公路等级			
				三级		四级	
				平原微丘区	山岭重丘区	平原微丘区	山岭重丘区
				10	11	12	13
40	10t 以内载货汽车	台班	8007007	0.02	0.03	0.01	–
41	1t 以内机动翻斗车	台班	8007046	0.07	0.40	0.07	0.36
42	5t 以内汽车式起重机	台班	8009025	0.11	0.16	0.11	0.14
43	8t 以内汽车式起重机	台班	8009026	0.02	0.03	0.01	–
44	10m 以内高空作业车	台班	8009046	–	0.01	–	–
45	32kV·A 以内交流电弧焊机	台班	8015028	0.57	1.17	0.63	1.40
46	小型机具使用费	元	8099001	40.8	92.6	44.9	101.9
47	基价	元	9999001	38813	66812	32822	57882

6－2 监控系统

工程内容 一般监控、路段全程监控工程的全部工作。

单位:1km

顺序号	项　目	单位	代　号	一般监控	路段全程监控
				1	2
1	人工	工日	1001001	71.8	185.3
2	HPB300 钢筋	t	2001001	0.002	－
3	钢丝绳	t	2001019	0.017	－
4	8～12 号铁丝	kg	2001021	4.71	5.29
5	镀锌钢板	t	2003012	－	0.001
6	电焊条	kg	2009011	－	0.10
7	螺栓	kg	2009013	1.57	3.04
8	镀锌螺栓	kg	2009014	9.91	21.85
9	膨胀螺栓	套	2009015	109.28	239.32
10	塑料软管	kg	5001017	0.20	0.49
11	塑料弹簧软管(ϕ50mm)	m	5001018	1.83	5.24
12	环氧树脂	kg	5009009	0.49	－

单位:1km

顺序号	项 目	单位	代 号	一般监控	路段全程监控
				1	2
13	中(粗)砂	m³	5503005	5.90	163.08
14	青(红)砖	千块	5507003	0.50	13.93
15	电缆	m	7001001	722.02	1482.74
16	电线	m	7001004	11.77	–
17	光缆	m	7003001	7.85	–
18	线槽	m	7005012	1.96	–
19	其他材料费	元	7801001	878.5	2896.2
20	混凝土电动切缝机	台班	8003085	0.09	–
21	4t以内载货汽车	台班	8007003	0.62	1.11
22	6t以内载货汽车	台班	8007005	0.17	0.35
23	20t以内平板拖车组	台班	8007024	0.10	–
24	3t以内电瓶车	台班	8007055	0.06	0.05
25	5t以内汽车式起重机	台班	8009025	0.29	0.45
26	20t以内汽车式起重机	台班	8009029	0.10	–
27	4t以内内燃叉车	台班	8009122	0.06	0.03

单位：1km

顺序号	项　目	单位	代　号	一般监控	路段全程监控
				1	2
28	300kg 以内液压升降机	台班	8009153	0.20	0.27
29	32kV·A 以内交流电弧焊机	台班	8015028	0.03	0.04
30	网络分析仪	台班	8021007	0.05	－
31	光纤熔接机	台班	8021014	0.03	－
32	光时域反射仪	台班	8021016	0.72	0.40
33	直流高压发生器	台班	8021030	0.05	－
34	轻型试验变压器	台班	8021031	0.05	－
35	小型机具使用费	元	8099001	115.4	107.1
36	基价	元	9999001	38348	100211

6-3 通信系统

工程内容 通信系统、通信管道等工程的全部工作。

单位:1公路公里

顺序号	项目	单位	代号	通信系统 1	通信管道 2
1	人工	工日	1001001	91.1	285.1
2	HPB300 钢筋	t	2001001	–	0.220
3	HRB400 钢筋	t	2001002	–	0.241
4	钢丝绳	t	2001019	–	0.002
5	8～12 号铁丝	kg	2001021	0.58	–
6	20～22 号铁丝	kg	2001022	–	0.20
7	型钢	t	2003004	–	0.025
8	钢板	t	2003005	–	0.404
9	钢管	t	2003008	–	0.006
10	镀锌钢管	t	2003009	–	0.240
11	钢模板	t	2003025	–	0.003

单位:1 公路公里

顺序号	项目	单位	代号	通信系统	通信管道
				1	2
12	组合钢模板	t	2003026	–	0.032
13	门式钢支架	t	2003027	–	0.006
14	铸铁	kg	2003040	–	360.31
15	电焊条	kg	2009011	–	28.66
16	螺栓	kg	2009013	0.39	216.70
17	镀锌螺栓	kg	2009014	0.19	–
18	膨胀螺栓	套	2009015	0.19	–
19	铁件	kg	2009028	–	17.93
20	镀锌铁件	kg	2009029	–	31.23
21	乳化沥青	t	3001005	–	0.236
22	水	m³	3005004	–	20.69
23	原木	m³	4003001	–	0.03
24	锯材	m³	4003002	–	0.50
25	中(粗)砂	m³	5503005	–	10.26

单位:1 公路公里

顺序号	项 目	单位	代 号	通信系统	通信管道
				1	2
26	碎石(2cm)	m³	5505012	–	20.92
27	32.5 级水泥	t	5509001	–	5.938
28	电缆	m	7001001	39.57	–
29	电线	m	7001004	–	13.79
30	光缆	m	7003001	2719.37	–
31	硅芯管	m	7005001	–	18461.86
32	光缆接头盒	套	7005004	0.29	–
33	光缆终端盒(48 芯以内)	个	7005005	1.93	–
34	线槽	m	7005012	10.62	–
35	其他材料费	元	7801001	894.5	38931.1
36	250L 以内强制式混凝土搅拌机	台班	8005002	–	0.38
37	4t 以内载货汽车	台班	8007003	1.43	0.53
38	3t 以内电瓶车	台班	8007055	0.02	
39	5t 以内汽车式起重机	台班	8009025	–	0.53

顺序号	项　　目	单位	代　号	通信系统	通信管道
				1	2
40	4t 以内内燃叉车	台班	8009122	0.05	－
41	32kV·A 以内交流电弧焊机	台班	8015028	－	1.55
42	光纤测试仪	台班	8021001	1.07	－
43	误码率测试仪	台班	8021004	0.04	－
44	PCM 通道测试仪	台班	8021005	0.37	－
45	光纤熔接机	台班	8021014	2.70	－
46	光时域反射仪	台班	8021016	0.53	－
47	小型机具使用费	元	8099001	320.3	666.8
48	基价	元	9999001	26235	202589

6-4 收 费 系 统

工程内容 收费岛、收费亭、收费棚及其他收费设施的全部工作。

单位:每条收费车道

顺序号	项 目	单位	代 号	收费系统
				1
1	人工	工日	1001001	288.3
2	HPB300 钢筋	t	2001001	1.578
3	HRB400 钢筋	t	2001002	0.010
4	钢丝绳	t	2001019	0.003
5	8~12 号铁丝	kg	2001021	4.59
6	20~22 号铁丝	kg	2001022	7.74
7	型钢	t	2003004	0.082
8	钢板	t	2003005	0.152
9	钢管	t	2003008	3.355
10	镀锌钢管	t	2003009	0.539
11	镀锌钢板	t	2003012	0.005
12	钢模板	t	2003025	0.032

顺序号	项 目	单位	代 号	收费系统
				1
13	组合钢模板	t	2003026	0.002
14	铸铁	kg	2003040	15.57
15	电焊条	kg	2009011	12.87
16	螺栓	kg	2009013	112.95
17	镀锌螺栓	kg	2009014	12.33
18	膨胀螺栓	套	2009015	153.27
19	铁件	kg	2009028	22.32
20	镀锌铁件	kg	2009029	1.35
21	乳化沥青	t	3001005	22.356
22	电	kW·h	3005002	4.5
23	水	m³	3005004	27.9
24	锯材	m³	4003002	0.02
25	PVC 塑料管(φ50mm)	m	5001013	0.56
26	塑料软管	kg	5001017	1.44
27	塑料弹簧软管(φ50mm)	m	5001018	1.78

顺序号	项 目	单位	代 号	收费系统
				1
28	标线漆	kg	5009003	13.41
29	环氧树脂	kg	5009009	1.80
30	中(粗)砂	m³	5503005	14.57
31	碎石(2cm)	m³	5505012	1.60
32	碎石(4cm)	m³	5505013	17.43
33	32.5 级水泥	t	5509001	7.84
34	反光膜	m²	6007004	28.44
35	电缆	m	7001001	848.7
36	电线	m	7001004	177.3
37	裸铝(铜)线	m	7001005	9.0
38	橡皮线	m	7001006	2.7
39	光缆	m	7003001	97.2
40	光缆终端盒(48 芯以内)	个	7005005	0.45
41	桥架	m	7005013	15.3
42	单向收费亭	个	7501056	0.25

顺序号	项　目	单位	代　号	收费系统
				1
43	双向收费亭	个	7501057	0.75
44	照明灯具	盏	7509001	0.9
45	其他材料费	元	7801001	131974.6
46	混凝土电动切缝机	台班	8003085	0.47
47	250L以内强制式混凝土搅拌机	台班	8005002	0.82
48	4t以内载货汽车	台班	8007003	0.86
49	6t以内载货汽车	台班	8007005	0.05
50	8t以内载货汽车	台班	8007006	0.09
51	3t以内电瓶车	台班	8007055	1.12
52	5t以内汽车式起重机	台班	8009025	0.15
53	12t以内汽车式起重机	台班	8009027	0.27
54	16t以内汽车式起重机	台班	8009028	0.07
55	50t以内汽车式起重机	台班	8009033	0.14
56	15m以内高空作业车	台班	8009047	0.28
57	30kN以内单筒慢动电动卷扬机	台班	8009080	0.02

顺序号	项　　目	单位	代　号	收费系统
				1
58	4t 以内内燃叉车	台班	8009122	0.66
59	300kg 以内液压升降机	台班	8009153	0.63
60	32kV·A 以内交流电弧焊机	台班	8015028	4.08
61	光纤测试仪	台班	8021001	0.06
62	微机硬盘测试仪	台班	8021003	0.24
63	网络分析仪	台班	8021007	0.48
64	光纤熔接机	台班	8021014	0.46
65	光时域反射仪	台班	8021016	0.28
66	直流高压发生器	台班	8021030	0.04
67	轻型试验变压器	台班	8021031	0.04
68	小型机具使用费	元	8099001	847.80
69	基价	元	9999001	342859

6－5 隧道工程机电设施

工程内容 隧道监控系统、通风系统、消防系统、供配电及照明、预留预埋等工程的全部工作。

单位:1km

顺序号	项　目	单位	代　号	监控系统	通风系统		消防系统	供配电及照明	预留预埋
					隧道长度(m)				
					5000 以下	5000 以上			
				1	2	3	4	5	6
1	人工	工日	1001001	764.7	464.8	522.1	898.7	1626.2	2954.1
2	HPB300 钢筋	t	2001001	－	1.789	3.043	－	－	－
3	HRB400 钢筋	t	2001002	－	3.747	6.395	－	－	－
4	8～12 号铁丝	kg	2001021	30.14	7.70	11.39	24.38	81.7	－
5	20～22 号铁丝	kg	2001022	－	27.03	28.81	－	－	198.80
6	型钢	t	2003004	－	0.236	0.201	－	－	－
7	钢板	t	2003005	－	2.565	3.134	0.823	0.020	－
8	钢管	t	2003008	－	0.112	0.095	39.568	－	－
9	镀锌钢管	t	2003009	－	－	－	0.002	－	－
10	压制弯头	kg	2003011	－	－	－	483.41	－	－
11	镀锌钢板	t	2003012	0.003	－	－	0.009	0.096	5.248
12	电焊条	kg	2009011	0.3	61.44	102.24	323.31	4.80	288.2

顺序号	项 目	单位	代 号	监控系统	通风系统		消防系统	供配电及照明	预留预埋
					隧道长度（m）				
					5000 以下	5000 以上			
				1	2	3	4	5	6
13	螺栓	kg	2009013	13.59	–	–	247.75	0.20	177.60
14	镀锌螺栓	kg	2009014	80.77	14.65	16.85	5.46	445.00	–
15	膨胀螺栓	套	2009015	1166.14	165.33	190.13	48.65	2608.90	–
16	法兰	kg	2009017	–	–	–	595.63	–	–
17	螺纹截止阀	个	2009022	–	–	–	5.85	–	–
18	法兰阀门（DN80）	个	2009023	–	–	–	61.43	–	–
19	法兰阀门（DN100）	个	2009024	–	–	–	2.93	–	–
20	法兰阀门（DN150）	个	2009025	–	–	–	5.85	–	–
21	铁件	kg	2009028	–	92.26	107.02	2.34	–	–
22	镀锌铁件	kg	2009029	–	–	–	–	–	68.80
23	电	kW·h	3005002	–	–	–	49.73	145.00	–
24	水	m³	3005004	–	–	–	134.55	–	–
25	锯材	m³	4003002	–	0.290	0.276	–	0.070	–
26	塑料软管	kg	5001017	0.49	–	–	0.59	10.00	–
27	塑料弹簧软管（φ50mm）	m	5001018	–	–	–	–	84.17	–

顺序号	项 目	单位	代 号	监控系统	通风系统		消防系统	供配电及照明	预留预埋
					隧道长度(m)				
					5000 以下	5000 以上			
				1	2	3	4	5	6
28	中(粗)砂	m³	5503005	–	0.27	0.31	0.03	–	–
29	碎石(2cm)	m³	5505012	–	0.45	0.52	0.05	–	–
30	32.5 级水泥	t	5509001	–	0.207	0.238	0.021	–	–
31	电缆	m	7001001	11901.76	1030.59	1185.18	303.23	–	–
32	屏蔽线	m	7001003	132.98	–	–	–	–	–
33	电线	m	7001004	238.37	–	–	–	112.00	–
34	光缆	m	7003001	2345.29	–	–	–	–	–
35	光缆终端盒(48 芯以内)	个	7005005	–	–	–	1.37	–	–
36	接线箱	个	7005018	–	–	–	–	–	740.10
37	照明灯具	盏	7509001	39.4	–	–	–	–	–
38	其他材料费	元	7801001	6284.5	1640.0	3012.7	228872.8	2622364.9	1243564.8
39	4t 以内载货汽车	台班	8007003	19.88	2.20	2.50	0.13	1.44	–
40	6t 以内载货汽车	台班	8007005	0.83	10.73	11.64	4.25	14.48	–
41	8t 以内载货汽车	台班	8007006	–	–	–	–	0.12	–
42	20t 以内平板拖车组	台班	8007024	0.62	–	–	–	–	–

顺序号	项　目	单位	代　号	监控系统	通风系统		消防系统	供配电及照明	预留预埋
					隧道长度(m)				
					5000 以下	5000 以上			
				1	2	3	4	5	6
43	5t 以内汽车式起重机	台班	8009025	4.13	11.18	12.02	0.24	4.95	—
44	12t 以内汽车式起重机	台班	8009027	—	—	0.53	—	13.31	—
45	20t 以内汽车式起重机	台班	8009029	0.62	—	—	—	—	—
46	15m 以内高空作业车	台班	8009047	—	—	—	—	0.85	—
47	50kN 以内单筒慢动电动卷扬机	台班	8009081	—	—	2.01	20.70	—	—
48	4t 以内内燃叉车	台班	8009122	0.06	—	—	—	1.08	—
49	5t 以内内燃叉车	台班	8009123	—	—	—	0.12	—	—
50	300kg 以内液压升降机	台班	8009153	3.55	—	—	—	—	—
51	32kV·A 以内交流电弧焊机	台班	8015028	0.12	22.86	38.04	76.93	2.01	157.19
52	光纤测试仪	台班	8021001	5.65	—	—	—	—	—
53	网络分析仪	台班	8021007	1.05	—	—	—	—	—
54	光纤熔接机	台班	8021014	—	—	—	1.05	—	—
55	光时域反射仪	台班	8021016	0.12	—	—	—	—	—
56	小型机具使用费	元	8099001	2980.3	938.0	889.1	1290.1	324.4	1385.1
57	基价	元	9999001	581502	138844	171781	563157	2839427	1967695

6－6　独立大桥工程机电设施

工程内容　独立大桥监控系统、通信系统、供配电及照明、消防等工程的全部工作。

单位:10 桥长米

顺序号	项　　目	单位	代　号	独立大桥工程机电设施
				1
1	人工	工日	1001001	1025.1
2	HPB300 钢筋	t	2001001	0.277
3	钢丝绳	t	2001019	0.009
4	8～12 号铁丝	kg	2001021	67.80
5	型钢	t	2003004	0.019
6	钢板	t	2003005	0.058
7	钢管	t	2003008	0.017
8	镀锌钢管	t	2003009	5.397
9	镀锌钢板	t	2003012	0.399
10	组合钢模板	t	2003026	0.002
11	铸铁	kg	2003040	164.91
12	电焊条	kg	2009011	19.89
13	螺栓	kg	2009013	44.55

顺序号	项 目	单位	代 号	独立大桥工程机电设施
				1
14	镀锌螺栓	kg	2009014	162.03
15	膨胀螺栓	套	2009015	251.61
16	铁件	kg	2009028	12.27
17	镀锌铁件	kg	2009029	119.97
18	电	kW·h	3005002	68.1
19	水	m³	3005004	2.40
20	原木	m³	4003001	1.14
21	锯材	m³	4003002	0.02
22	PVC 塑料管(ϕ50mm)	m	5001013	152.02
23	塑料软管	kg	5001017	0.30
24	塑料弹簧软管(ϕ50mm)	m	5001018	24.41
25	中(粗)砂	m³	5503005	76.33
26	碎石(2cm)	m³	5505012	0.87
27	青(红)砖	千块	5507003	7.65
28	32.5 级水泥	t	5509001	0.528

顺序号	项 目	单位	代 号	独立大桥工程机电设施
				1
29	电缆	m	7001001	2389.2
30	屏蔽线	m	7001003	1.5
31	电线	m	7001004	282.6
32	裸铝(铜)线	m	7001005	149.7
33	橡皮线	m	7001006	326.7
34	光缆	m	7003001	557.1
35	光缆终端盒(48芯以内)	个	7005005	0.42
36	桥架	m	7005013	12.6
37	照明灯具	盏	7509001	60.9
38	其他材料费	元	7801001	13874.6
39	设备摊销费	元	7901001	1494.7
40	250L以内强制式混凝土搅拌机	台班	8005002	0.09
41	4t以内载货汽车	台班	8007003	3.69
42	6t以内载货汽车	台班	8007005	1.49
43	8t以内载货汽车	台班	8007006	0.08

单位:10 桥长米

顺序号	项　目	单位	代　号	独立大桥工程机电设施
				1
44	20t 以内平板拖车组	台班	8007024	0.02
45	3t 以内电瓶车	台班	8007055	0.07
46	5t 以内汽车式起重机	台班	8009025	1.23
47	12t 以内汽车式起重机	台班	8009027	8.15
48	16t 以内汽车式起重机	台班	8009028	0.13
49	20t 以内汽车式起重机	台班	8009029	0.02
50	50t 以内汽车式起重机	台班	8009033	4.92
51	10m 以内高空作业车	台班	8009046	0.30
52	20m 以内高空作业车	台班	8009048	0.07
53	4t 以内内燃叉车	台班	8009122	0.12
54	300kg 以内液压升降机	台班	8009153	0.05
55	32kV·A 以内交流电弧焊机	台班	8015028	6.69
56	光纤测试仪	台班	8021001	0.12
57	微机硬盘测试仪	台班	8021003	0.03
58	PCM 通道测试仪	台班	8021005	0.20

顺序号	项 目	单位	代 号	独立大桥工程机电设施
				1
59	网络分析仪	台班	8021007	0.13
60	继电保护测试仪	台班	8021009	0.05
61	三相精密测试电源	台班	8021010	0.04
62	光纤熔接机	台班	8021014	0.49
63	光时域反射仪	台班	8021016	0.49
64	直流高压发生器	台班	8021030	8.23
65	轻型试验变压器	台班	8021031	8.23
66	小型机具使用费	元	8099001	3576.1
67	基价	元	9999001	318827

6-7 管理养护服务房屋

工程内容 管理养护房屋、给排水、供暖、污水处理、厂区供电、照明、监控、消防等的全部工作。

单位:1m²

顺序号	项 目	单位	代 号	管理养护服务房屋
				1
1	人工	工日	1001001	6.2
2	HPB300 钢筋	t	2001001	0.015
3	HRB400 钢筋	t	2001002	0.053
4	钢丝绳	t	2001019	0.004
5	8~12 号铁丝	kg	2001021	1.55
6	20~22 号铁丝	kg	2001022	0.88
7	型钢	t	2003004	0.016
8	钢板	t	2003005	0.010
9	钢管	t	2003008	0.009
10	镀锌钢管	t	2003009	0.004
11	承插式铸铁管	t	2003010	0.015
12	钢模板	t	2003025	0.004
13	门式钢支架	t	2003027	0.005

单位:1m²

顺序号	项 目	单位	代 号	管理养护服务房屋
				1
14	电焊条	kg	2009011	3.29
15	螺栓	kg	2009013	0.80
16	镀锌螺栓	kg	2009014	0.67
17	膨胀螺栓	套	2009015	4.91
18	法兰	kg	2009017	0.80
19	铁件	kg	2009028	2.56
20	铁钉	kg	2009030	0.94
21	铸铁管	kg	2009033	1.68
22	石油沥青	t	3001001	0.014
23	电	kW·h	3005002	2.02
24	水	m³	3005004	8.06
25	原木	m³	4003001	0.007
26	锯材	m³	4003002	0.022
27	木柴	kg	4003007	2.15
28	油毛毡	m²	5009012	2.29

顺序号	项 目	单位	代 号	管理养护服务房屋
				1
29	熟石灰	t	5503003	0.088
30	砂	m³	5503004	0.61
31	中(粗)砂	m³	5503005	0.27
32	碎石(4cm)	m³	5505013	0.42
33	瓷砖	m²	5507002	1.01
34	青(红)砖	千块	5507003	0.16
35	42.5 级水泥	t	5509002	0.254
36	白水泥	t	5509005	0.016
37	石膏板	m²	5513001	1.34
38	其他材料费	元	7801001	462.8
39	500L 以内强制式混凝土搅拌机	台班	8005004	0.03
40	200L 以内灰浆搅拌机	台班	8005009	0.16
41	4m³/h 以内灰浆输送泵	台班	8005014	0.23
42	60m³/h 以内混凝土输送泵	台班	8005051	0.03
43	10t 以内载货汽车	台班	8007007	0.08

单位:1m²

顺序号	项　　目	单位	代　号	管理养护服务房屋
				1
44	30t 以内汽车式起重机	台班	8009031	0.03
45	8t 以内 80m 高塔式起重机	台班	8009052	0.03
46	50kN 以内单筒快动卷扬机	台班	8009090	0.11
47	φ100mm 电动多级水泵(≤120m)	台班	8013011	0.19
48	42kV·A 以内交流电弧焊机	台班	8015029	0.69
49	小型机具使用费	元	8099001	51.4
50	基价	元	9999001	2712

第七章　临　时　工　程

说　　明

本指标包括临时便道、临时便桥、临时码头、其他临时工程等项目。

1. 临时便道分简易便道和复杂便道，复杂便道是指山岭重丘区的高速公路或独立长大隧道修建时所需的便道，其余为简易便道。复杂便道的设置可结合当地农村路网规划统筹考虑。

2. 临时便桥指标包括钢便桥和钢栈桥。钢便桥仅为一般性简易便桥，对特殊的便桥应按公路工程概预算定额另行计算。

3. 本章指标中不包括拆除旧建筑物、构造物、三改工程(改河、改沟、改路)，应根据公路工程概算定额另行计算。

4. 工程量计算规则

(1)临时便道工程量按需修建的便道长度计算。

(2)钢便桥上部构造按修建的长度计算；基础、下部构造根据桥墩钢管桩的长度以座计量。钢栈桥上部按桥面面积计算，下部按钢管桩的重量计算。

(3)临时码头按座数进行计算。

(4)其他临时工程指标按建设项目路线总长度计算。

7-1 临时便道

工程内容 简易便道:路基、路面、养护等工程的全部工作。

复杂便道:路基、路面、桥涵、排水防护、养护等工程的全部工作。

单位:1km

顺序号	项　目	单位	代　号	简易便道				复杂便道
				路基宽度(m)				
				7		4.5		4.5
				平原微丘区	山岭重丘区	平原微丘区	山岭重丘区	山岭重丘区
				1	2	3	4	5
1	人工	工日	1001001	242.2	318.5	160.7	211.8	3144.2
2	HPB300 钢筋	t	2001001	-	-	-	-	0.302
3	HRB400 钢筋	t	2001002	-	-	-	-	1.313
4	钢丝绳	t	2001019	-	-	-	-	0.021
5	8~12 号铁丝	kg	2001021	-	-	-	-	26.97
6	20~22 号铁丝	kg	2001022	-	-	-	-	4.19
7	型钢	t	2003004	-	-	-	-	0.014
8	钢管	t	2003008	-	-	-	-	0.145
9	钢模板	t	2003025	-	-	-	-	0.742
10	组合钢模板	t	2003026	-	-	-	-	0.009

单位:1km

顺序号	项　目	单位	代　号	简易便道				复杂便道
				路基宽度(m)				
				7		4.5		4.5
				平原微丘区	山岭重丘区	平原微丘区	山岭重丘区	山岭重丘区
				1	2	3	4	5
11	钢钎	kg	2009002	–	–	–	–	96.84
12	空心钢钎	kg	2009003	–	–	–	–	160.10
13	φ50mm 以内合金钻头	个	2009004	–	–	–	–	222.41
14	电焊条	kg	2009011	–	–	–	–	1.39
15	螺栓	kg	2009013	–	–	–	–	59.39
16	铁件	kg	2009028	–	–	–	–	104.83
17	铁钉	kg	2009030	–	–	–	–	4.48
18	铸铁管	kg	2009033	–	–	–	–	24.15
19	煤	t	3005001	–	–	–	–	0.92
20	水	m³	3005004	124.94	128.80	74.71	77.14	1005.41
21	原木	m³	4003001	–	–	–	–	0.228
22	锯材	m³	4003002	–	–	–	–	0.768
23	草皮	m²	4013002	–	–	–	–	5.11
24	硝铵炸药	kg	5005002	–	–	–	–	2305.43

单位:1km

顺序号	项　目	单位	代　号	简易便道				复杂便道
				路基宽度（m）				
				7		4.5		4.5
				平原微丘区	山岭重丘区	平原微丘区	山岭重丘区	山岭重丘区
				1	2	3	4	5
25	非电毫秒雷管	个	5005008	–	–	–	–	2553.37
26	导爆索	m	5005009	–	–	–	–	1352.19
27	油毛毡	m²	5009012	–	–	–	–	21.78
28	土	m³	5501002	–	–	–	–	142.12
29	黏土	m³	5501003	–	–	–	–	118.03
30	熟石灰	t	5503003	–	–	–	–	7.922
31	中(粗)砂	m³	5503005	–	–	–	–	252.16
32	砂砾	m³	5503007	–	–	–	–	351.48
33	天然级配	m³	5503009	1680.44	1732.41	965.96	990.25	305.73
34	片石	m³	5505005	–	–	–	–	391.59
35	碎石(4cm)	m³	5505013	–	–	–	–	70.82
36	碎石(8cm)	m³	5505015	–	–	–	–	64.50
37	碎石	m³	5505016	–	–	–	–	498.03
38	块石	m³	5505025	–	–	–	–	101.76

单位:1km

顺序号	项　目	单位	代　号	简易便道				复杂便道
				路基宽度(m)				
				7		4.5		4.5
				平原微丘区	山岭重丘区	平原微丘区	山岭重丘区	山岭重丘区
				1	2	3	4	5
39	32.5 级水泥	t	5509001	－	－	－	－	99.803
40	其他材料费	元	7801001	－	－	－	－	1895.2
41	75kW 以内履带式推土机	台班	8001002	10.33	21.20	7.40	14.82	－
42	105kW 以内履带式推土机	台班	8001004	－	－	－	－	40.70
43	135kW 以内履带式推土机	台班	8001006	－	－	－	－	32.74
44	0.6m³ 以内履带式液压单斗挖掘机	台班	8001025	－	－	－	－	1.81
45	1.0m³ 以内轮胎式装载机	台班	8001045	－	－	－	－	3.78
46	120kW 以内自行式平地机	台班	8001058	－	－	－	－	7.92
47	6 ~ 8t 光轮压路机	台班	8001078	38.32	40.22	18.57	18.94	32.75
48	8 ~ 10t 光轮压路机	台班	8001079	1.90	2.42	1.18	1.55	－
49	10 ~ 12t 光轮压路机	台班	8001080	－	－	－	－	15.08
50	12 ~ 15t 光轮压路机	台班	8001081	5.27	7.32	3.33	4.86	1.42
51	18 ~ 21t 光轮压路机	台班	8001083	－	－	－	－	2.68
52	0.6t 以内手扶式振动碾	台班	8001085	4.81	4.96	4.81	4.97	－

单位:1km

顺序号	项 目	单位	代 号	简易便道				复杂便道
				路基宽度(m)				
				7		4.5		4.5
				平原微丘区	山岭重丘区	平原微丘区	山岭重丘区	山岭重丘区
				1	2	3	4	5
53	10t 以内振动压路机(单钢轮)	台班	8001088	–	–	–	–	8.23
54	400L 以内灰浆搅拌机	台班	8005010	–	–	–	–	6.38
55	6t 以内载货汽车	台班	8007005	–	–	–	–	0.21
56	1t 以内机动翻斗车	台班	8007046	–	–	–	–	3.03
57	5t 以内汽车式起重机	台班	8009025	–	–	–	–	0.14
58	8t 以内汽车式起重机	台班	8009026	–	–	–	–	0.63
59	12t 以内汽车式起重机	台班	8009027	–	–	–	–	0.31
60	25t 以内汽车式起重机	台班	8009030	–	–	–	–	5.94
61	32kV·A 以内交流电弧焊机	台班	8015028	–	–	–	–	0.24
62	3m³/min 以内机动空压机	台班	8017047	–	–	–	–	0.28
63	9m³/min 以内机动空压机	台班	8017049	–	–	–	–	63.66
64	小型机具使用费	元	8099001	–	–	–	–	4096.8
65	基价	元	9999001	154834	177813	91885	106551	779050

7-2 临 时 便 桥

工程内容 临时便桥基础、下部构造、上部构造等全部工作。

单位:表列单位

顺序号	项 目	单位	代 号	钢便桥上部 10m	墩桩长10m以内 1座	墩桩长20m以内 1座	钢栈桥上部 100m²	钢栈桥下部 10t 钢管桩
				1	2	3	4	5
1	人工	工日	1001001	29.6	1.5	6.2	21.7	2.4
2	型钢	t	2003004	–	0.093	0.125	2.436	0.830
3	钢板	t	2003005	–	–	–	4.807	–
4	钢管	t	2003008	–	–	–	0.567	0.210
5	钢管桩	t	2003021	–	0.157	0.439	–	2.940
6	电焊条	kg	2009011	–	1.44	1.96	0.18	1.37
7	铁件	kg	2009028	16.58	13.7	41.51	–	1.21
8	原木	m³	4003001	0.176	0.216	0.608	–	–
9	锯材	m³	4003002	5.32	0.113	0.268	–	–
10	其他材料费	元	7801001	384.0	6.3	11.9	899.7	429.9
11	设备摊销费	元	7901001	3222.7	–	–	4151.2	–
12	80t以内履带式起重机	台班	8009010	–	–	–	2.23	1.96

顺序号	项 目	单位	代 号	钢便桥上部	墩桩长 10m 以内	墩桩长 20m 以内	钢栈桥上部	钢栈桥下部
				10m	1 座	1 座	100m²	10t 钢管桩
				1	2	3	4	5
13	25t 以内轮胎式起重机	台班	8009021	–	0.10	0.25	–	–
14	50kN 以内单筒慢动卷扬机	台班	8009081	2.43	–	–	–	–
15	300kN 以内振动打拔桩锤	台班	8011012	–	0.21	0.57	–	–
16	600kN 以内振动打拔桩锤	台班	8011014	–	–	–	–	1.97
17	32kV·A 以内交流电弧焊机	台班	8015028	–	0.16	0.23	4.55	0.39
18	44kW 以内内燃拖轮	台班	8019001	–	0.08	0.18	–	–
19	80t 以内工程驳船	台班	8019020	–	0.52	1.40	–	–
20	小型机具使用费	元	8099001	5.7	7.3	10.1	335.6	115.1
21	基价	元	9999001	15481	2135	5507	42506	25316

注:1. 本指标中的设备摊销费按使用四个月编制的,若使用期不同时,可予以调整。

　　2. 本指标中的钢管桩为使用一年的消耗量,若使用期不同时,可予以调整。

7-3 临 时 码 头

工程内容 临时码头全部工作。

单位:1 座

顺序号	项 目	单位	代 号	临时码头
				1
1	人工	工日	1001001	542.5
2	HPB300 钢筋	t	2001001	1.386
3	钢丝绳	t	2001019	0.09
4	8~12 号铁丝	kg	2001021	29.34
5	20~22 号铁丝	kg	2001022	6.60
6	型钢	t	2003004	0.036
7	钢管	t	2003008	0.029
8	组合钢模板	t	2003026	0.060
9	电焊条	kg	2009011	4.20
10	铁件	kg	2009028	38.70
11	铁钉	kg	2009030	1.08
12	水	m³	3005004	146.40
13	草袋	个	4001002	4428

单位:1 座

顺序号	项目	单位	代号	临时码头
				1
14	原木	m³	4003001	0.761
15	锯材	m³	4003002	7.712
16	黏土	m³	5501003	1.80
17	中(粗)砂	m³	5503005	70.43
18	天然级配	m³	5503009	246.92
19	片石	m³	5505005	135.68
20	碎石(4cm)	m³	5505013	2.59
21	碎石(8cm)	m³	5505015	30.87
22	32.5级水泥	t	5509001	21.079
23	其他材料费	元	7801001	713.0
24	设备摊销费	元	7901001	65676.9
25	12~15t光轮压路机	台班	8001081	1.31
26	250L以内强制式混凝土搅拌机	台班	8005002	3.10
27	8t以内载货汽车	台班	8007006	3.88
28	5t以内汽车式起重机	台班	8009025	1.09

单位:1座

顺序号	项　目	单位	代　号	临时码头
				1
29	16t 以内汽车式起重机	台班	8009028	0.56
30	30kN 以内单筒慢动卷扬机	台班	8009080	2.88
31	50kN 以内单筒慢动卷扬机	台班	8009081	2.36
32	32kV·A 以内交流电弧焊机	台班	8015028	1.35
33	44kW 以内内燃拖轮	台班	8019001	2.98
34	80t 以内工程驳船	台班	8019020	5.57
35	小型机具使用费	元	8099001	110.3
36	基价	元	9999001	202792

7-4 其他临时工程

工程内容 临时电力线路、其他临时零星工程、交工前等全部工作。

顺序号	项 目	单位	代 号	公路等级			
				高速		一级	
				平原微丘区	山岭重丘区	平原微丘区	山岭重丘区
				1	2	3	4
1	人工	工日	1001001	364.6	371.6	263.2	268.1
2	8~12 号铁丝	kg	2001021	3.78	9.71	2.64	6.80
3	型钢	t	2003004	0.014	0.035	0.009	0.024
4	钢板	t	2003005	0.045	0.116	0.031	0.081
5	铁件	kg	2009028	10.35	26.59	7.22	18.61
6	铁钉	kg	2009030	–	0.01	–	0.01
7	水	m³	3005004	0.01	0.02	0.01	0.02
8	油漆	kg	5009002	0.01	0.01	–	0.01
9	中(粗)砂	m³	5503005	0.02	0.07	0.02	0.05
10	碎石(4cm)	m³	5505013	0.04	0.12	0.03	0.08
11	32.5 级水泥	t	5509001	0.020	0.053	0.014	0.037

单位:1公路公里

顺序号	项　目	单位	代号	公路等级			
				高速		一级	
				平原微丘区	山岭重丘区	平原微丘区	山岭重丘区
				1	2	3	4
12	钢筋混凝土电杆(7m)	根	5511002	2.70	6.94	1.88	4.86
13	120/20 聚乙烯绝缘电力电缆	m	7001009	283.50	728.19	197.66	509.77
14	其他材料费	元	7801001	142.1	365.0	99.1	255.5
15	设备摊销费	元	7901001	3328.1	8548.4	2320.4	5984.3
16	90kW 以内履带式推土机	台班	8001003	0.16	0.36	0.11	0.25
17	小型机具使用费	元	8099001	0.1	0.2	0.1	0.1
18	基价	元	9999001	47359	61556	33970	43934

顺序号	项 目	单位	代 号	公路等级					
				二级		三级		四级	
				平原微丘区	山岭重丘区	平原微丘区	山岭重丘区	平原微丘区	山岭重丘区
				5	6	7	8	9	10
1	人工	工日	1001001	199.2	223.1	153	161.7	120.4	132
2	8～12 号铁丝	kg	2001021	2.09	4.80	1.53	3.49	1.19	3.16
3	型钢	t	2003004	0.007	0.017	0.005	0.012	0.004	0.011
4	钢板	t	2003005	0.025	0.057	0.018	0.042	0.014	0.038
5	铁件	kg	2009028	5.71	13.15	4.19	9.56	3.26	8.66
6	水	m³	3005004	0.01	0.01	–	0.01	–	0.01
7	油漆	kg	5009002	–	0.01	–	–	–	–
8	中(粗)砂	m³	5503005	0.01	0.03	0.01	0.02	0.01	0.02
9	碎石(4cm)	m³	5505013	0.02	0.06	0.02	0.04	0.01	0.04
10	32.5 级水泥	t	5509001	0.011	0.026	0.008	0.019	0.006	0.017
11	钢筋混凝土电杆(7m)	根	5511002	1.49	3.43	1.09	2.50	0.85	2.26
12	120/20 聚乙烯绝缘电力电缆	m	7001009	156.48	360.19	114.85	261.95	89.35	237.14
13	其他材料费	元	7801001	78.4	180.5	57.6	131.3	44.8	118.9
14	设备摊销费	元	7901001	1837.0	4228.4	1348.3	3075.2	1048.9	2783.8
15	90kW 以内履带式推土机	台班	8001003	0.09	0.18	0.06	0.13	0.05	0.12
16	小型机具使用费	元	8099001	–	0.1	–	0.1	–	0.1
17	基价	元	9999001	25922	34622	19740	25122	15507	21216

附录一　设备购置费参考值

顺序号	项目名称		单 位	金额(元)	备　注
1	监控系统	一般监控	公路公里	50000	
2		重点路段监控	公路公里	80000	
3	通信系统		公路公里	150000	
4	收费系统		每车道数	273917	若为计重收费,另增加30万元/车道;若为ETC收费,另增加20万元/车道
5	隧道	监控	1km	1819369	
6		通风 5000m 以内	1km	1625384	
7		通风 5000m 以上	1km	3951416	
8		消防	1km	281722	
9		供配电及照明	1km	2441966	

顺序号	项 目 名 称	单 位	金额(元)	备 注
10	管理养护服务房屋	m²	420	按建筑面积计算
11	除湿系统	套	500000	
12	塔内维修电梯	台	1000000	
13	桥区 VTS 系统	套	2000000	

注:1.本指标适用于高速公路和一级公路。

2.工程量应按本指标中的相关规定进行计算。